大国征途

科学社会主义的时代战略

Great Power's Expedition
The Modern Strategy Of
Scientific Socialism

徐实　秦博　○　著

中国社会科学出版社

图书在版编目（CIP）数据

大国征途：科学社会主义的时代战略/徐实，秦博著 . —北京：中国社会科学出版社，2019.1

ISBN 978 - 7 - 5203 - 4049 - 6

Ⅰ.①大…　Ⅱ.①徐…②秦…　Ⅲ.①科学社会主义理论—研究

Ⅳ.①D0 - 0

中国版本图书馆 CIP 数据核字（2019）第 027246 号

出 版 人	赵剑英
责任编辑	徐沐熙
责任校对	许　正
责任印制	戴　宽

出　　版	中国社会科学出版社
社　　址	北京鼓楼西大街甲 158 号
邮　　编	100720
网　　址	http://www.csspw.cn
发 行 部	010 - 84083685
门 市 部	010 - 84029450
经　　销	新华书店及其他书店

印刷装订	北京君升印刷有限公司
版　　次	2019 年 1 月第 1 版
印　　次	2019 年 1 月第 1 次印刷

开　　本	710×1000　1/16
印　　张	18.5
插　　页	2
字　　数	258 千字
定　　价	78.00 元

凡购买中国社会科学出版社图书，如有质量问题请与本社营销中心联系调换

电话：010 - 84083683

序　言　一

国家的发展建设需要科学理论的导航。马克思主义理论研究，如同开发高效的"导航系统"，让国家的发展建设事半功倍、少走弯路。开发"导航系统"必然是一项艰巨而浩大的工程，需要有志者将火种代代相传，使得理论创新永不止步。

徐实、秦博这两位年轻后辈，凭着个人兴趣写出了精彩作品，让我感到非常欣喜。进步的历史是由劳动人民书写的。衷心希望越来越多的年轻人自觉接过理论的火种，并且勇于实践，共同书写我们这个时代的历史！

这本让读者感到"眼睛一亮"的好书，有几个难得之处：

1）题材生动

书中文章探讨的问题，既有宏观的"国计"，也有微观的"民生"。产业与就业，医疗与养老，无不关联着民心。正因为如此，这是一本极为"接地气"的读物，读者大可找到感兴趣的热点话题，由此更深刻地了解当下中国和时代环境。

可读性强

作者在写作方法上独辟蹊径——避开一切艰深的理论，将马克思主义的基本原理灵活地用于分析现实社会的具体问题，正可谓"润物细无声"。书中收录的文章不仅知识量大，而且笔触形象生动，全无晦涩的书卷气。可以说，这是一本可读性极强的科普读物，让人既理解了当下社会，也理解了马克思主义。

2）视角独特

由于作者具有复合型人才的背景，他们得以跳出一些传统的话语体系，开创了独特的跨学科视角——笔下既有精彩的政治经济学分析，又有脚踏实地的管理学经验；既有历史唯物主义的立场，又能灵活地分析当下时局。更可贵的是，他们并不是满足于做"阐释者"，而是为解决当前问题提供了可操作的解决方案。这才是真正的活学活用马克思主义。

诚如马克思所言："哲学家们只是用不同的方式解释世界，而问题在于改变世界。"鲜活的马克思主义理论不来源于书斋，而来源于实践，且最终是为指导实践服务的。这样"接地气"的作品，正是当下所稀缺的，多多益善。而且我衷心鼓励徐实、秦博这两位作者更上一层楼，写出更加精彩的作品来。

程恩富

全国人大教科文卫委员会委员

中国社会科学院学部委员、学部主席团成员

中国社会科学院大学学术委员会副主任、首席教授

序　言　二

　　《大国征途》两位作者嘱我作序，我欣然应允。近年来在不同场合，我断断续续阅读过徐实、秦博在各种媒体上刊发的文章，总体上给人感觉充满着正能量。两位作者涉猎广泛，国内政治、经济、文化和民生以及中国与世界关系，体现了家国情怀，有些认识具有深刻的洞察力，而且近年来发生的一些重大事件也印证了两位作者的判断。近年来我自己除了紧张繁重的学术研究和教学外，也先后在各种媒体上就中国现实重大问题以及中美问题发表过 100 多篇评论性文章，引起较大关注和反响。应该说很多看法和判断，我与本书作者有着相似的认识。在很多方面，我们有着共识。

　　每一个时代有着每一个时代的问题，当然不同时代有着不同的答案。当前人类社会正经历着一个巨变时代，中国经济的崛起不但会改变世界经济的格局，也会巅覆几百年来西方对中国的传统认识。可以预期，当中国经济总量达到一定程度时，中国问题必然成为世界问题，中国现象一定成为世界的重要现象。中国作为世界上从辉煌到衰落、又再次从衰落走向复兴的国家，保持了 5000 多年连绵不断的灿烂文化，其本身的实践探索和发展历程就是一部厚重的发展教科书。而中国问题作为从 13 多亿人口大国、发展转型、社会主义等诸多元素中抽象、提炼出来的认识和判断，必然具备广泛性、独特性、多样性、适用性等特点，不但具有世界意义，更具有史诗般的历史意义。

在驶向民族复兴彼岸的海面上，中国航船的经纬度也在不断变化。对于中国的认知，我认为，今后必然会经历四个转变：从向世界解释中国到中国走向世界；从世界视野看中国到从中国看世界（进一步明确西方经验错在哪，中国经验可以更好地丰富世界发展）；从融入世界到引领世界；"从西方中心比较中国"到"从以中国为中心比较世界"。这是中国崛起和复兴的必然过程，更是中国震撼世界、中国走向世界的印证。

过去很长一段时间以来，我国一些人的认识总是摆不脱西方中心论的束缚，只愿意在西方理论的囚笼中跳舞，拾人牙慧，亦步亦趋，甚至一度妄自菲薄、自惭形秽。正是为了让人们走出上述误区，习近平总书记明确提出了中国特色社会主义的道路自信、理论自信、制度自信、文化自信。自党的十八大以来，对中国认知的西化、洋化问题得到重大扭转。今天，我们已经站在中国发展新的历史起点上，正日益走近世界舞台的中央，处在第一个百年目标胜券在握、第二个百年目标之征程徐徐开启的新时代，置身于国际"新全球化"和国内"新常态"的大格局下。全面审视和准确把握当今世界和当代中国这"两个大局"的发展大势，客观认识中国，客观认识世界，努力建设美好中国，努力建设美好世界，为实现伟大中华民族复兴的中国梦，是每一个中国人的使命和担当。毋庸置疑，在这样一个伟大的巨变时代，中国的实践发展和世界经济的发展，都强烈需要更多中国人贡献智慧、贡献方案。

最后祝两位作者持续推进研究，有更多作品，有更大作为，是为序。

周 文

复旦大学教授

2019 年 3 月 1 日

目　　录

第一章　马列主义之魂

第二章 民生领域之问

第三章　经世济民之道

第四章　强国复兴之路

第五章　国际形势之思

作者的话

自 20 世纪中叶以来，中国已成为世界上最成功的后发国家。经过近 70 年的发展，中华人民共和国由一穷二白的农业国跃升为世界第二大经济体，迅速完成了工业化进程。然而，许多人的认识水平却不见得能够跟上国家发展的脚步，信息不对称性很容易造就偏见。时至今日仍有不少人对祖国满怀怨气，觉得国内这也不好、那也不行，只有西方国家才算得上"乐土"。进而这些人产生了对西方理论和道理的盲目迷信，其思想观念脱离了国情，更脱离了人民群众。

对当前国情的清醒认识，正是目前中国舆论场上稀缺的声音。本书希望为读者提供一个崭新的视角，用当代马克思主义鲜活地诠释国内外的形式。书斋里的主义是缺乏生气的，与实践结合的思想才是富有生气的。全书上下没有晦涩的理论，但是却灵活地运用马克思主义政治经济学和政治学思想，从各个维度分析近年来的各种社会现象——从民生领域到产业经济，从社会治理到国际关系。本书收录的多数文章都曾在媒体上发表，并受到广泛好评。

本书的两位作者，既有在海外求学、工作的经历，又适时地融入了祖国的发展进程，因此对于西方国家和中国的实际状况都有比较深刻的了解。有对比才有结论——认识了真实的西方国家，再反过来观察自己的祖国，就会对许多事情产生更为深刻的认识。文化自信、道路自信、理论自信、制度自信，正来源于"读万卷书、行万里路"

之后的深刻思考。

　　"发达"是个相对而非绝对的概念。中国城市居民的人均年收入已经超越了20世纪80年代许多中等发达国家的水平。许多人误以为发达国家的老百姓整天优哉游哉、吃香喝辣，这可真是天大的笑话。发达国家绝不是天堂——它们不仅存在严重的贫富分化、阶级矛盾，现在还面临着制度僵化、生产力发展停滞等诸多深刻的社会问题。

　　诚然，中国还有很多不美好、不完善的地方，例如，社会保障水平低于人民群众的期待、收入分配改革尚未收到成效、基层政权建设仍不够完善等等。但党的十八大以后，举国上下以空前的力度推行各项改革，使得中国社会出现了积极的、快速的进化。而诸多西方国家却因为政治制度的原因，近年来难以推动有意义的社会变革，收入分配失调等社会矛盾不仅得不到解决，反而愈演愈烈。在未来的几十年中，我们将成为世界文明史的见证者——西方文明中心论走向终结，中华文明重新成为主角之一。

　　我们很想为各位读者提供一个站在世界角度看中国的视角，分享一些真实阅历和真知灼见。读过本书之后，相信各位读者会认识到中国的优势和不足，并且在国家发展的进程中找到自己的机遇。

徐实　秦博

第 一 章

马列主义之魂

建设新时代的中国社会科学

秦博　　徐实

中国的复兴步伐日益加快，这意味着社会主义建设的探索愈发需要社会科学理论的支持。加强立足国情、有全球视角的研究，成为我国社会科学界在新时代的重要任务。然而要做到这些，就必须从方法论上建立学术的自信与自觉，走出西方话语体系的桎梏。社会科学健康的发展方向，应该植根于科学社会主义理论与传统文化的深厚积淀，大胆地挑战基于西方文明中心论的、非科学范式的人文社科知识建构模式。

一　西方中心主义是配合霸权扩张的理论体系

从近现代西方文化的发展历程中不难看出一些规律：19 世纪以来，西方文明中心论在西方社会科学研究中长期占据主导地位。这并不令人感到奇怪，因为在西方国家占据统治地位的资产阶级就是这么思考问题的。

例如，美国早期的政治家将美国视为罗马文明的延伸。这种理念不仅表现在他们的著作《联邦党人文集》中，还嵌入了美国的政治制度：美国参议院与罗马元老院在英语中是同一个词——Senate。美国统治阶级认为，美国是罗马文明的延伸，于是他们也继承了一部分罗马的世界观——在罗马人看来，罗马之外的文明都不是文明。古国迦太基的文明发展水平并不比罗马低，但是罗马并不承认迦太基是与罗马同等水平的文明国家，必先摧毁之而后快。放到今天来说，美国统治阶级会认为中国是与美国平起平坐的文明国家吗？答案显而易见。

西方中心主义影响下的社会科学研究，只考虑西方的发展历程，而非西方的文明不过是被西方话语描述的"边缘地带"。这种话语体系服务于一个根本目的——就是要塑造西方人的心理优越感，从而肩负起拯救世界的使命，实质上是服务于西方国家的对外扩张。正因如此，西方话语体系下的社会科学研究并不能满足当代中国的需要——其诉求和议题与中国国情缺乏实质性联系，其非科学的研究范式更不可能为中国当前的问题提供合理的解决方案。

世界范围内的社会科学研究绝非西方学者的禁脔。中国是占世界人口五分之一的大国，中国学者理应代表中华文明，在世界社会科学研究中占据举足轻重的地位。然而，我国的社会科学研究长期以来缺乏必要的文化自信和理论自信——不仅为西方制造出来的话语体系所绑架，而且非常缺乏全球格局，甚至局限于用中国的经验数据验证西方的理论。如此"邯郸学步"，意味着不敢也不愿创造新的知识体系，甘愿沦为西方理论的低端"复读机"。

西方中心主义下的社会科学研究往往严重缺乏客观性，隐含着两种逻辑：一是自负地认为，以西方经验发展出来的理论学说拥有普遍的解释力，可以自动推广到不同社会；二是根深蒂固地认为中华文明不具备西方文明宗教伦理的特征，所以没有资格成为现代文明的知识生产者。由于对外国社会缺乏从感性到理性的认识，我国许多社会科学研究者对于外部世界的认识还停留在集体想象和狭隘经验之上。严重的信息不对称性，造就了普通大众乃至学术界对于西方社会不切实际的幻想。而这样的幻想，进一步助长了西方话语体系对中国社会科学研究的侵蚀。

中国社会科学研究的落后方法造就了尴尬的局面：一方面，许多研究课题严重脱离国情、脱离社会实践，沦为小圈子里面的自说自话。这无疑降低了社会科学研究的社会影响力，抛去小圈子内部的相互吹捧，社会上普遍存在"社会科学研究能管什么用"的质疑情绪。另一方面，某些学者将西方理论生搬硬套用于解释中国问题，由于理论"水土不服"而难以自圆其说。即便如此，这些学者仍然将"挟洋自重"的研究模式奉为学术的"正朔"和捷径，这导致社会科学界充斥着老生常谈的陈词滥调，而对于中国当下需要解决的问题，却很难提出有可操作性的解决方案。

二 中国社会科学研究的机遇和挑战

随着我国的综合国力显著提升、国际影响力逐渐增强，中国的社会科学研究者理应怀着文化自信和理论自信，平等地开展与西方国家社会科学界的互动。推动以全球社会为对象的经验研究，是我国在全球化背景下日益迫切的知识需求。这既是我们制定科学的国际战略和外交政策的前提条件，也是我们开展区域合作，共同营造和平稳定、合作共赢国际环境的基础。

从认识世界的角度来观察中国，从认识中国的角度来观察世界，不仅是为了中国社会科学研究面向未来的新格局，也是对世界文明的贡献。社会科学的繁荣和发达，往往和社会田野调查的视野有着重要关系。例如，"民族志"是一个社会科学基础学科"人类学"的术语，本应指深入异文化所进行的田野研究。然而长期以来，中国的人类学家、人文社科研究者仅仅将民族志作为家乡、本土、本族和本国研究的手段，这种研究倒是好做，却缺乏必要的世界眼光和全球意识。

从知识形成和传递的角度来说，西方社会科学的兴起，伴随着西方文明近代以来处于世界主导地位、享有文化霸权的历史背景。19世纪以来，西方社科学术作品清晰地表明，以西方文化的视角观察非西方社群，几乎是所有研究者的思维定式。这就造成了一种不平等的定势，即西方人是研究者，而非西方人或非西方社会沦为社会科学

"手术台"上的被解剖对象。这种思维定式的后果，就是非西方社会的叙事不断沦为一种西方学界和大众的猎奇心态，造成了原型偏见（即西方人固定的认为东方人就是这样或那样，反之亦然）。

"去动物园看猴"的猎奇心态，在观念上不断强化了西方社群和非西方社群之间"中心"和"边缘"的不平等关系。如果西方社群和非西方社群的相互表述是不平等的，西方学者在社会知识的建构中占据优势地位，那么就很容易使得西方学者产生虚妄的优越感，自封为"普世价值"的设立者、世界规则的制定者，这无疑是遗憾的。

社会的叙事是支撑社会科学理论架构的砖瓦。西方社会科学用全球范围的社会叙事支撑自己，而中国社会科学研究仍局限于本土的社会叙事，格局还不够大。更糟糕的是，某些"挟洋自重"的中国社会科学研究者，仍然以西方的话语体系来研究问题，中华文明历史积淀所孕育的哲学和政治思想反倒没有参与到当代理论的构建中。

有些中国学者即使有幸出国交流学习，却想当然地把西方社会当作只能仰视的圣殿，不懂得以客观的视角观察西方社会。最后，他们带着所学的西方社会科学理论回国，有意或无意之中沦为西方学术的"二级传教士"，这是一种巨大的损失和不平衡。

社会科学并非束之高阁的象牙塔，它也有应用研究的层面，也要讲究学以致用。但当下不少研究受西方中心主义思想影响严重，完全依照西方话语体系来研究中国问题，其思想和研究结果都沦为不切实际的笑柄。例如，我国部分经济学家的观点，与经济运行和发展的方向完全不符，严重偏离人民群众的实际感观。北大教授张维迎鼓吹，国家不应该向基础研究投资，产业政策都是无效的。这种低级的言论已经达到了反智的程度，沦为舆论的笑柄。美国在国际范围内领先的产业，早期的研发大都获得过政府的大力支持，例如，推动航天高科技产业发展的"阿波罗计划"。这些事实将张维迎的观点驳斥得体无完肤。

同时，张维迎在其思想上也显示出了惊人的幼稚，他在北大光华管理学院的毕业典礼上鼓吹"近代500年里，中国在发明创新方面对世界的贡献几乎为零，不要说与美国、英国比，我们甚至连瑞士的一个零头也达不到"。而事实又如何呢？华为的 5G 通信技术专利，潘建伟院士的量子通信技术，国防科技大学的超级计算机设计等大量中国当代高科技科研成果，都是世界公认的伟大创新，张维迎等崇洋媚外之徒的说辞不攻自破。

三　以马克思主义为指导，建设拥有国际格局的社会科学

马克思主义能够适合各个国家的国情，只不过有一个本土化的过程。而西方的"普世价值"，说穿了就是把资产阶级一个阶级的价值观强制推行到别的阶级脑袋上，而且还是以霸权甚至暴力为主的手段。这是列宁的《国家与革命》所说的阶级压迫的延伸。马克思主义为我们反驳"西方文明中心论"提供了绝佳的理论资源。

首先，马克思肯定地认为，非西方地区有选择自己发展道路的可能性。马克思揭示了人类社会发展的一般规律，但这种规律绝不是针对某个国家、地区发展道路或阶段的归纳，而是认为每个国家由于自身特殊的自然和人文条件，必然会走出具有自身特色的发展道路。历史上，俄国自由主义民粹派代表米海洛夫斯基试图论证农奴制改革后的俄国必须先发展资本主义而后才能向社会主义过渡时，曾经以马克思的理论做论据。而马克思本人对此予以坚决驳斥，强调自己有关生产方式依次更替的论断是从西欧历史发展道路归纳出的结论，它只适用于西欧。

其次，马克思毕生为解放被压迫者而从事学术研究，努力通过揭示资本主义的运行规律阐明无产阶级的解放之路。晚年，他集中精力对非西方社会进行研究，写下了《人类学笔记》。马克思同情包括非欧洲地区在内的被压迫和被剥削人民，坚决反对"西方文明中心论"。受马克思的影响，西方的马克思主义学者大都对"西方文明中心论"持反对态度，对第三世界人民抱以同情。中国社会科学应该明

确以马克思主义为指导，汲取上述理论的养分。

平等的国际互动调研可以为社会科学研究者拓展视野。更开阔的眼界有利于议题的选择、对象的甄选、观念的形成，由国际社会经验提供的论说将更具说服力。在这个全球化的时代，中国学者的调研没必要局限于本国社会。既然有功夫学外语，就应该使用外语去阅读更多的原文资料、调研更多的国际社区，身体力行"读万卷书、行万里路"的治学精神。

当然，我们也不能因为民族主义的观点或研究框架而放弃学术研究的公正性。明清统治阶级的"中华文明中心论"曾经严重阻碍对外交流，使得中华文明的发展出现了停滞。故步自封的错误岂能重演？

习总书记为中国的社会科学研究指明了正途，即"立足中国、借鉴国外，挖掘历史、把握当代，关怀人类、面向未来"。其中，关键还是要以马克思主义为指导，以国情为中心来研究和解答国内外重大理论和实践问题，把我国改革开放和社会主义现代化建设的实践经验总结好，提炼出科学的、有指导意义的理论。这个任务完成得好，就不仅能够为中华民族伟大复兴提供方法论的支撑，也能够为人类现代文明的发展提供智慧和力量的保障。

社会科学集中体现着国家和民族的思维能力、理论素养和精神状况，是国家极其重要的软实力，甚至关系到国家的意识形态安全。国家若想有效地维护意识形态安全，那就很有必要建立科学的、符合国情的社会科学理论体系。反之，就有可能失去创造本民族文化的机会，在世界文化的舞台上沦为别国的附庸。某些掌握文化霸权和理论制高点的西方国度，就会用他们的"手术刀"任意解剖甚至丑化我们国家和民族的文化和形象，进而产生一系列阻碍国家发展的不良因素。从这个意义上来讲，占据社会科学的理论制高点和主导权，主动清除西方中心主义在人文社科研究上带来的明显弊端，提高方法论层面的自信与自觉，具有历史性的意义，中国的社会科学研究也将因此进入一个更加繁荣的新时期。

完善人民民主，有效回击"普世价值"

徐实　秦博

一　引言

近年来，以"普世价值""宪政民主"为口号的西方思潮已对我国意识形态领域产生了不小的影响。这种思潮的宣传充斥着网络空间，俘获了大量知识分子和部分群众，使得"言必称美国""美国体制就是好"成为这些人的思维习惯，甚至在党员干部群体中，也有一部分人认为效仿美国才是中国的出路。毫不夸张地说，我国的意识形态安全已经面临空前严峻的挑战。

"知己知彼，百战不殆"。想击败对手，必须先了解对手。应该清醒地意识到，"普世价值""宪政民主"的背后是一套完整的资产阶级政治学思想体系。这种思潮注定不会像小虫子那样一踩就死，与它的斗争容不得一点大意：局部的、浅层次的批驳不足以动摇整个思想体系的影响力。

现代战争是体系对体系的对抗，意识形态领域的斗争亦然。捍卫社会主义道路、回击"普世价值"的最佳方式，就是发展和完善马列主义政治学的思想体系，为现实中的社会问题提出更好的解决方案。唯有如此，共产党人才能够在体系对体系的意识形态斗争中胜出。

正如马克思所说："哲学家用不同的方式解释世界，而关键在于改造世界。"思想付诸行动才会产生战斗力。本书探讨的内容，是对资产阶级民主制度的剖析，对马列主义政治学的创造性发展，以及由此推导出的现实战略。

二 美式政体等于"钱主政治"

国内很多人向往美国的政治制度，只是因为并不了解真正的美国，所以想当然地以为自由、民主、平等是美国政治的突出特点。殊不知经济基础决定上层建筑，没有经济上的平等，就不可能有真正的政治平等。美国的政治制度的突出特点就是用钱来购买话语权。

美国重要的政府职位和代议机构都通过竞选产生，竞选过程花钱如流水：打竞选广告要钱，办竞选集会要钱，养竞选团队要钱，和选民见面的竞选旅行也要钱。没有钱就意味着没有传播渠道，根本没人知道你是谁，更不要说你的政治理念。从县级、州级到联邦级的竞选，层次越高花钱越多。一个州议员席位的选举开销达100万美元，而同期美国家庭年收入的中位数不过5.4万美元。闭着眼睛想都知道，能够在选举游戏中唱主角的不可能是普通百姓，在"民主政治"的幌子下，其实是"钱主政治"当道。2014年美国最高法院取消了政治捐款限额，更使"钱主政治"畅通无阻。截至2016年6月，希拉里（Hillary Clinton）为2016年总统竞选募集的资金达2亿美元，主要捐助者是花旗集团、高盛、摩根大通、时代华纳集团。再闭着眼睛想想，这样的领导人上台之后会代表谁的利益？是工薪阶层还是大财团？

在"钱主政治"的游戏规则当中，竞选的获胜者总要进行"封赏"作为必要的利益回报。例如，小布什（George W. Bush）在2000年当选总统后，给予246名顶级赞助人丰厚的回报：其中至少24位赞助人本人或配偶当上了美国大使，其中大部分被派往欧洲国家，美国驻法大使的肥缺就落在加州银行家霍华德·利奇（Honard Leech）

头上。另外，至少57名赞助人本人或配偶被任命到一些委员会。例如，华盛顿律师詹姆斯·兰登（Jarnes Landon）成为布什的国外情报顾问委员会成员。还有3名主要赞助人进入了内阁，他们是商务部长埃文斯、劳工部长赵小兰和国土安全部长里奇。当然，"投桃报李"并非小布什的专利：克林顿在第一个任期也任命了5名10万美元以上赞助人担任驻外大使。以国家公器作为私人回报的方式，是中国政治伦理所不能容忍的：哪怕封建士大夫都不耻于这种行径，更不用说接受过社会主义教育的现代中国人。可是在美国，法律为资产阶级喜闻乐见的利益输送留足空间——站在资产阶级政权的立场上来看，合法的都不算腐败；而站在人民群众的立场上来看，这种利益输送恰恰是合法的腐败，格外可恶。"钱主政治"下的竞选不过是资产阶级的赌博——他们按照自己的利益需要下注，赌赢了就按照下注的数额进行"分红"。

《纸牌屋》是一部极有教育意义的现实主义影视作品。要不是有这样的作品及时面世，还不知有多少国人沉浸在对美国政治制度的幻想之中。正如《纸牌屋》中的写实描绘，拿钱买话语权在美国属于常态，以致院外游说已经形成一种"正式工作"。能源企业、军火企业、金融集团，皆有自己的游说集团常驻华盛顿，无时无刻不在影响着国会和政府的决策。议案和政府文件的核心思想，往往就出自这些寄生虫般的游说集团。例如，美国枪支暴力泛滥却无法实现有效控枪，这正是美国步枪协会的院外游说集团长期活动的结果。

恩格斯和列宁早在100年前就对资本主义民主制度的固有缺陷做出了精辟论述。时至今日，尽管资本主义民主制度披上了"普世价值"等漂亮包装，其固有缺陷却没有改变：普通群众的政治权利主要限于几年行使一次的投票权；选举过后，群众对选举产生的掌权者缺乏监督和制约，无法约束其执政期间的行为。因为上述固有缺陷，所有采取资本主义民主制度的国家和地区，资产阶级和政界之间都存在普遍的、严重的利益输送。美国的利益输送相对隐蔽，主要体现在封官行赏、政策倾斜和政府采购（特别是军工订单）等方面。其他移植了美国政治制度的国家，利益输送更加明目张胆：韩国数任总统卢泰愚、金泳三、金大中、李明博、朴槿惠的亲属和亲信皆深陷腐败丑闻；菲律宾、罗马尼亚等"失败国家"的政界已基本烂透。正因为在台上的政客极少受到人民群众的监督和制约，利益输送才会使政治成为一门生意。

三　"普世价值"迷思的根源

　　某些大款、大腕向往美国政治制度并不奇怪——立场决定观点，他们当然希望能够用钱购买更多的话语权，把政府官员变成他们的附庸和利益代言人。于是在当下中国，向往美国政治制度、追捧"普世价值"的工薪阶层也大有人在。这是被人卖了还替人数钱的荒唐觉悟——美式"钱主政治"意味着资产阶级垄断话语权，所以美国从来不提共同富裕，更不会有精准扶贫和保障房建设，因为那些举措不符合所谓的"市场规律"。弱肉强食、赢家通吃的社会格局，对工薪阶层而言将是无穷的噩梦。"房奴"哪还会有说话的机会？

　　一部分工薪阶层对"普世价值"的崇拜显然是错误的："普世价值"背后的政治制度不但不会增加他们的话语权，反而给了资产阶级痛痛快快碾压他们的机会。但是，思想并非凭空产生，哪怕是错误的思想，也必然有其产生的根源。工薪阶层崇拜"普世价值"的根源，是表达诉求的渠道还不够健全。

　　群众因受教育程度的提高而拥有更多的思想和认识，希望更多参与到社会治理中来，是在世界范围内被普遍印证的客观规律。群众诉求往往与切身利益密切相关，例如，提高社保水平，稳定房价物价，解决"就学难""看病难"问题等等。现实社会中经常出现群众利益受到损害的现象，比如遭遇腐败分子的吃拿卡要，升职机会被"关系户"抢走，受到黑恶势力的威胁等等。如果群众没有表达诉求、纠正不公正现象的有效渠道，那么不公正的遭遇就很容易转化为对现行制度的怨气。如果这时候再有敌对势力的文化渗透，那么群众就容易被

"洗脑"，想当然地认为"普世价值"更好。

在宣传上驳斥"普世价值"当然有必要，但是远远不够。对"普世价值"最有力的回击，就是为人民群众提供充裕的表达诉求的渠道，唯有如此，才能够彻底消灭错误思想的根源，西方国家的宣传渗透也将自行破产。打个通俗的比方：如果群众天天吃的是蛋糕和香肠，那么就算别有用心的人天天宣传窝窝头更好吃，又有谁会相信那些胡说八道？

谈到为人民群众提供充裕的表达诉求的渠道，基于国情的人民民主必定是一条胜过"普世价值"的道路。五星红旗上的四颗小五角星，象征着工人阶级、农民阶级、小资产阶级和民族资产阶级，中华人民共和国的成立有赖于这四个阶级的团结和联合。近70年后的今天，中国仍呈现这四个阶级并存的格局。兼顾四个阶级的利益、强调协商、凝聚社会共识的民主制度，就是我国宪法中的"人民民主"。近70年间，新中国举世瞩目的工业化成就极大地改变了社会形态。因此，"人民民主"也必须通过形式创新来适应社会形态的变化。坚定不移地发展和完善"人民民主"，恰恰是为了战胜资本主义民主制度的固有缺陷，不断巩固政权的群众基础。

资本主义民主制度绝无可能战胜固有缺陷：如果以无产阶级为主体的人民群众对掌权者实现了全面监督和制约，那么利益输送的途径就会被彻底切断；如此一来，政客将无利可图，资产阶级将无法名正言顺地扶持代理人，这必然从根本上挑战资产阶级的既得利益。所以说，对掌权者缺乏监督和制约的政治制度，恰恰是资产阶级故意设计出来的，在资本主义制度下不可能得到根本的改变。

"人民民主"的价值正在于战胜资本主义民主制度的固有缺陷。列宁在经典著作《国家与革命》中创造性地提出，革命产生的新政权应将政府官员置于群众的时刻监督之下，从制度上防止他们侵害群众利益。列宁的构想催生了苏维埃政权的"议行合一"政体：权力机关（苏维埃）由人民选举产生，行政和司法机关由权力机关组织、对权力机关负责，接受民选代表的监督。

然而，十月革命之后的苏俄忙于武装保卫政权，一时没有精力完善政权组织形式。苏俄内战尚未结束，列宁就因患病离开了核心领导层。继任的斯大林并未按照列宁的构想进一步完善"议行合一"政体，反而使得作为权力机关的苏维埃虚位化，根本不能对政府机关构成有效制约。如此一来，苏维埃政权的发展偏离了列宁所设定的方向，也就丧失了自我完善的能力。因此才会出现普遍的官僚主义化，特别是勃列日涅夫时期的干部严重腐化。中国革命胜利之后，中华人民共和国建立了与苏联相似的政权形式，但也随之产生了与苏联相似的权力机关虚位化的问题。

超越资本主义民主制度、避免斯大林体制弊端的关键出路，正是对列宁主义的全面回归——完善人民民主，充实权力机关的实际权力和职能，将干部置于权力机关的"全天候"管理之下。

四　完善人民民主的可行道路

参照中国的具体国情，完善人民民主的具体措施，应当涵盖权力机关的产生、运作和职能设置。只有在这些领域取得全方位突破，才能够有效巩固社会主义的政权基础。

（一）权力机关的产生

关键环节在于如何产生基层权力机关，因为只有基层权力机关（乡、县、区人大）是通过直接民主方式产生的。直接民主是人民群众行使政治权利的直观体验，高度重视、认真培养这种直观体验，有助于形成和维系人民群众对政权的信任。客观地说，虽然当代资本主义民主制度实质上是"钱主政治"，但形式上却非常重视行使政治权利的直观体验：铺天盖地的竞选广告、声势浩大的竞选集会、印刷精美的防伪选票，使得选民产生"我这一票很重要"的感觉，而意识不到资产阶级政客在选举结束后遗忘乃至背叛选民的行径。这种包装精美的形式恰恰构成了资本主义民主制度极大的欺骗性。

我国基层权力机关选举的问题则是缺乏对形式的必要重视，以致给人民群众带来的直观体验很差，妨碍了营造"人民政权由人民产生"的正面形象。问题具体体现在以下几个方面：

1. 投票率低。城市的选举主要由国家机关、国有企事业单位组织举行，体制外的群体找个能投票的地方都费劲。农村选举如果不能保证流动票箱走遍选区，那么就保证高投票率——农村居民可不愿意为投票支付跑几十里路的高昂成本。

2. 选举提名不透明。衡阳破坏选举案就是典型案例。某些地方政府为吸引投资，随意提名企业家为人大代表。有些人不为人民群众说话，反而将人大代表的身份当作"丹书铁券"来使用。这种做法已经造成极坏的社会影响，更是对人民民主的践踏。

3. 候选人与选民缺乏互动。选民往往在投票前夕才得知候选人名单，并不了解候选人的各方面情况；候选人也很少有机会向选民宣传自己的思想和主张。如此一来，选民糊里糊涂投了票，甚至没有机会投票，选举结束之后就感觉自己"被代表"了。如果不能充分保障选民的知情权，那么选举就会缺乏严肃性和公信力。

面对上述弊端，不能掩耳盗铃，勇敢承认问题才是解决问题的开始。对于以上三方面的问题，应该"对症下药"：

1. 完善投票机制。加强对人大代表换届选举的宣传力度，提高群众参选的积极性。城市选举要在合适的场所设立投票点（如政府办事服务大厅、礼堂、学校操场，等等），便于选民普遍参与；农村选举要有流动票箱，并允许在外地打工的人员邮寄选票。

2. 提名方式规范化，采取候选人公示制度。依照《选举法》，除政党和人民团体推荐提名外，切实保障选民联名推荐候选人的权利。唯有尊重民意，直接选举产生的人大代表才能够充分代表基层群众。候选人公示的方法，可以参照现有的拟提拔干部公示，但应保证充裕的公示时间，使群众有机会反映意见。而且既然有公示制度，也就应该制订相应的、明确的候选人清退制度，例如：面临刑事诉讼的公民，有涉黑或暴力犯罪前科的公民，已被法院列为失信被执行人名单的公民，都应该被清退。

3. 保证候选人与选民的充分沟通。这方面应当结合国情从头做起。操作简便、成本可控的沟通方式包括但不限于选举委员会组织候选人和选民的集体见面会，候选人各自发言并回答选民问题，但不进行彼此间的辩论。集体见面会可以通过网络、电视和广播直播，录制的视频上传到网上供下载，选举委员会设立官方网站，为每个候选人建立宣传页面，支持在线提问互动。

需要特别指出的是，基层直选人大代表必须严格防止候选人的财产水平对选举构成影响，否则就会滑向用钱购买话语权的"钱主政治"。我国已实行十几年的村干部直选长期未能摆脱贿选的阴影，已经在这方面积累了大量教训。防止出现"钱主政治"的必要手段应包括：

1. 候选人的选举资源（见面会、官网等）完全由选举委员会平等提供，保证一个中学教师和一个企业家能够获得相等的选举资源，都足以实现与选民的充分沟通。选举委员会提供的选举资源是实现人民民主的必要成本，理应由财政支付。

2. 候选人只能享有选举委员会提供的平等选举资源。在此之外，严禁候选人额外置办选举资源，违者一律取消候选人资格。原则上禁止自行举办竞选集会、组织宣传团队、运营竞选网站等做法。做出上述规定的逻辑是：自行置办竞选资源明显对私有财产占优势的候选人有利，而对其他候选人造成了实质上的不公平。

3. 严禁候选人对选民进行任何形式的赠予，也严禁选民对候选人进行任何形式的赠予。前者是为了防止买票，哪怕送盒烟也不行；后者是为了防止围绕权力展开的利益输送。违者一律取消候选人资格。

基层权力机关的选举经历上述改造之后，将使人民群众产生全新的直观体验，并且产生对人民群众高度负责的代表。西方势力鼓吹的"中国没有民主选举"的谣言，将不再有任何市场。地市级以上人大的选举，可对目前的间接选举制度进行优化和调整，继续沿用下去。

根据各国经验，直接选举选区的扩大意味着选举成本几何级数的增加。如果各级人大都采取直选，要么形成巨大的财政负担，要么明显对财产占优势的候选人有利，二者皆不可取。因此，我国《宪法》将直接选举的范围限定于产生基层人大代表，这一点非常合理。

（二）权力机关的运作

权力机关的运作应紧紧围绕一个核心——为人民群众提供充足的表达诉求的渠道。我国权力机关的产生机制使得各阶级、阶层都有人大代表，正是为了保证多个群体都有表达政治诉求的渠道。

信访部门虽然承担接纳人民群众诉求的重要职能，但其效果并不理想。信访部门不堪重负的根本原因，正是权力机关的虚位化。信访部门并没有指导政府部门的权力，经常处于"知道问题而无法解决"的尴尬境地。着眼未来，应致力于建立人大代表与人民群众之间的密切联系，让权力机关取代信访部门的一些职能。由人民代表负责与人民群众进行沟通，通过权力机关对政府工作进行必要的指导，这正是回归"议行合一"政体的初衷，名正言顺。由权力机关出面将社会矛盾化解在基层，权威性和执行效率将大大胜过信访部门。

让人民群众"有事情找人大代表"，将社会矛盾化解在基层，是权力机关运作的理想状况——前提是人民群众得找得着人大代表。这确实是目前很大的问题：无论是在城市还是农村，都极少有群众知道所在选区对应的人大代表，和人大代表之间缺乏密切联系。解决这个问题可以采取以下手段：

1. 各级人大应为人大代表提供与人民群众沟通的物质条件，包括官方联系电话、官方保密电子邮箱、办公网站、邮局专用邮箱等。各级人大机关必须设立官方网站，在官网上公开人大代表的联系方式。

2. 人大代表应保证有定期的办公时间用于接待群众，办公时间公示在官方网站上。应为人大代表提供共享的免费会议室和网络会议系统。

3. 建立强大的数据系统来支持权力机关的工作，接访记录、解决方案、处理进度等重要信息都应录入系统，方便群众查询。某些政府机关在这方面已经积累了一些经验，可供借鉴。数据系统也能够真实地反映人大代表与群众沟通的频率和质量，判断是否存在懒政和不作为的状况。

权利与责任必须对等，人大代表拥有更多权利，就意味着应当承担更多责任。各级人大机关应建立严格的清退机制：对于不履行与人民群众沟通职责的人大代表，按规章取消其代表资格并及时举行补选，坚决杜绝不问民生疾苦、却拿代表身份当作"丹书铁券"的丑恶行径。

（三）权力机关的职能设置

"有事情找人大代表"还有另外一个前提，那就是找人大代表"管用"。因此，完善人民民主的关键在于赋予权力机关具体职能，实现对干部队伍的有效监督和实际领导，使我国政权架构全面回归"议行合一"式政体的初衷。出于完善人民民主的目的，各级人大行使的具体职能应当包括：

1. 与同级政府、法院、检察院和监察委员会形成常态化的沟通和督导机制。

2. 成立财务委员会，对财政资金的使用实施实时监控，有权临时接管或冻结银行账户。这将从根本上改变人大通过预算案之后便难以监督财政的问题。

3. 行使对机关公务员的罢免，并非只有犯罪才会导致罢免，工作不称职或严重错误同样可以触发罢免程序。

4. 以人大代表联署的形式，启动对政府机关的问责，以及监察委员会的案件调查。

5. 人大代表应当自动拥有人民陪审员资格，可参与法院庭审，但应配套实施严格的利益回避制度。

权力机关必须直接掌握一定的人事权、财务权和事务权，才能够成为名副其实的"权力机关"。彻底扭转权力机关虚位化，是完善人民民主和突破斯大林体制局限性的必经之路。让人民代表与人民群众建立血肉联系，真正为人民群众解决问题的时候，"普世价值"在中国传播的土壤就会被彻底消灭。

五 人民民主的特点和优越性

与当代资本主义民主相比，加以升级完善的人民民主具有鲜明的特点和优越性。人民民主的重要意义在于防止社会主义政权变质，保障劳动人民的利益不受侵害。

社会主义政权变质的威胁来自两个方面：

外部侵蚀即来自资本势力的渗透。使一部分干部沦为私人资本的代理人，这就是毛主席所说的"被糖衣炮弹打倒"。1995—2005年我国矿难高发，根本原因是许多干部在私营矿山持干股，为了自身利益庇护那些无视生产安全的矿主。2005年以后，干部入股矿山的现象在全国范围内得到清理，矿难便出现了立竿见影的减少。

内部侵蚀即来自干部队伍内部形成的特权阶层。这部分人醉心于为自己的小群体牟利，无视群众疾苦。苏联后期就是这种状况的真实写照。苏联干部群体的大面积腐化证明苏联的纪检监察机制存在极大的局限性，仅由体制内一小部分力量来监督所有体制内成员，难免力不从心。

抵御外部侵蚀必须立足于从制度上阻断政界与商界之间的利益输送，抵御内部侵蚀则必须明确界定公职人员的利益范围。抵御外部和内部的侵蚀，都需要权力机关依托人民群众的全力支持来实现。

苏联纪检监察机制片面性的依靠"更少数人"来监控少数人，所以绩效不佳。植根于人民民主的反腐败则应当依靠多数人来监控少数人：人民群众将意见反馈给人大代表，人大代表依托权力机关对干部队伍进行监督和约束。买通个别干部相对容易，让大批直选产生的人大代表"指鹿为马"则非常困难，这便使得政权变质的风险大大降低。如果将国家比作一个人的话，那么完善人民民主就如同激发人体的免疫系统，自下而上的自动清除病原体。

人民民主和资本主义民主对直接民主的理解有所不同。夸大直接民主的作用、将民意视为天然公理，只会走向民粹主义道路——这种倾向在意大利、希腊等西方国家已经非常明显。生产力的发展导致政府管理的专业性大大增强，不同岗位的行政官员需要经济、金融、科技等不同领域的知识和经验，这些恰恰不是直接选举这一过程能够直接赋予的。例如，意大利民粹政党"五星运动"使毫无行政经验的维吉尼亚·拉吉（Virginia Raggi）当选为罗马市长，将罗马的市政搞得一团糟，以至于连正常清理垃圾都无法做到，这恰恰是民粹路线的悲哀。

而在人民民主的制度设计中，直接民主用于选举基层权力机关的代表，而行政官员则通过各级人大的间接选举产生。由具备相应资质和经验的干部在政府任职，不仅容易收到实效，也更符合中国国情。行政官员的主要精力用于处理具体事务，与群众直接沟通的时间客观上有限。而人大代表的主要职能就是与人民群众沟通、实现他们的诉求。如果权力机关的职能得以进一步完善，让人民群众"有事情找人大代表"就能解决问题，"市长接访日"之类活动的强度就会大大降低。

现代政府管理涉及许多专业领域，例如，设定环评标准、制定药品监督条例、规划水利建设，等等。不具备专业知识的群众并不适合直接参与专业性决策，参与的效果可能适得其反。所以，适合由直接民主进行决策的事务，主要限于和群众利益密切相关且不涉及专业性的事务，例如，街道辖区安全监控设施的建设。而对于专业领域的决策，由有经验的干部出谋划策更为合适。权力机关则应当承担监督和把关的职能：只要保证决策过程符合程序，决策内容不损害群众利益，参与决策者没有以权谋私，这就足够了。

权力机关实施监督职能，丝毫不影响党作为"政治设计中心"的地位。2015年军队改革之后，部队既向军种负责、又向战区负责，但是新的体制运转良好。同理，政府机关既向人大负责、又向党委负责，也不存在矛盾，不过是向各方负责的具体内容有些差异。

资本主义民主的极大危害性在于其政治伦理。资产阶级的政治伦理认为，因为人都是自私的，所以一个人只为自己和自己所在的群体谋利益是合理的，可以不考虑其他人和其他群体。中国传统政治伦理则认为君子应当"先天下之忧而忧""天下为公"，共产党人的政治伦理认为"为人民服务"是至高追求，这两者都与资产阶级政治伦理格格不入。从这个意义上来说，资本主义民主和"普世价值"在中国不可能拥有广泛而持久的生命力。人民民主的强大生命力，恰恰在于将中国传统政治伦理和共产党人的政治伦理结合起来，能够营造良好的民意基础。而且，人民民主强调社会的均衡发展，致力于构建各个社会群体都能接受的利益格局，因此更有助于形成社会共识、避免各群体间产生严重对立。

六　结语

完善人民民主最适合中国国情的道路，因为这条道路的可操作性最强，风险却最低。完善人民民主的具体方法，完全处于1982年《宪法》的基本框架之内。只需对现行政治体制进行局部调整，就可以获得极大收益，从根本上巩固政权基础。不采取轻率激进的改革措施，也就不容易出现颠覆性的错误。

"普世价值""宪政民主"妄图从根本上颠覆共产党的领导，以便资产阶级接管一切，可谓"司马昭之心，路人皆知"。而完善人民民主的道路能够进一步加强党的领导：基层人大能够疏导化解基层矛盾，又能改善人民群众对人民民主的直观体验；如此一来，执政党不至于为基层矛盾"背黑锅"，群众基础又能够得到进一步巩固。来自人民民主的实时监督，能够大大提升执政党自我净化的能力，对于党组织的健康发展同样有好处。

完善人民民主并不是对中国先前道路的否定，而是理性的继承和发展。中华人民共和国成立初期，全国整体上处于农业社会，群众文化水平普遍不高。当时确立的政权组织形式，大体符合当时社会环境的实际需要。然而，今天距离1954年的第一次人大选举已有60余年，中国成为一多半人口已经生活在城市里的工业化社会。因此，人民民主需要通过升级换代来适应社会的变化，保证政权的自我完善能力。

正如拿破仑所说，最好的防御就是进攻。对于"普世价值""宪政民主"等西方意识形态的进攻，我们应该展开针锋相对的反攻。反攻所需的战略指挥，就是由党中央依据马列主义制定出的符合国情的"人民民主路线图"，并且通过宣传教育，使其成为全党和全国人民的共识。只要我们在完善人民民主的道路上坚定不移地走下去，反攻胜利之日，便是中国道路全面压倒西方道路之时。

马克思主义政治经济学
亟需实用化研究

徐实　秦博

2016 年 7 月，习近平总书记在主持经济形势专家座谈会时指出："坚持和发展中国特色社会主义政治经济学，要以马克思主义政治经济学为指导，总结和提炼我国改革开放和社会主义现代化建设的伟大实践经验，同时借鉴西方经济学的有益成分。"这是一个充满新意的指示，它的到来可谓恰逢其时。

在过去的 20 多年里，马克思主义政治经济学长期被边缘化。活跃在各大媒体、论坛上的经济学家大都打着西方经济学的旗号，研究马克思主义政治经济学的学者却很难发声。虽然马克思主义政治经济学仍被列入高校的必修基础课程，但是经济学界的话语权在很大程度上被一些庸俗经济学家把持，这突出体现在学术成果评定、高校教学安排、学术资源分配等诸多方面。之所以出现这种令人担忧的局面，主要有以下两方面因素：

一方面是某些领导干部的思想出现了蜕变——他们其实并不相信马克思主义，所以更不会将马克思主义政治经济学当回事。这类领导干部往往热衷于追捧西方经济学，动机其实是利用西方经济学的工具为自己制造短期政绩、积累政治资本。前昆明市委书记仇和号称将萨缪尔森（Paul A. Samnelson）的《经济学》读了多遍，然后将宿迁市的公立医院卖了个精光。前吉林省委书记王珉熟读西方产权理论，短短几年间将吉林省属国企卖掉一大半，直至引爆震惊全国的"通钢事件"。所幸的是，这些"西化派"的急先锋已经因为严重犯罪而身陷囹圄，不至于继续祸害一方百姓。

另一方面则出在研究马克思主义政治经济学的学者身上。他们当下的研究确实存在局部的空白，与"活学活用"的境界尚有差距。未能做到"活学"，是指未能很好地解释我们这个时代的一些经济现象；未能做到"活用"，是指未能为现实中的社会经济问题及时提出解决方案。因此，要想提高马克思主义政治经济学的地位，就应当高度重视"活学活用"——推动马克思主义政治经济学的实用化研究，为社会主义建设提供科学的指导。

我们先从"活学"说起。就整体而言，马克思主义政治经济学的基本理论经得起历史考验，大方向不存在错误——这正是习总书记所说的"理论自信"。

但是在具体的领域，马克思主义政治经济学确实存在空白——不是马克思错了，而是马克思没见到很多东西。马克思的《资本论》创作于19世纪中期，当时垄断资本主义的格局尚未形成。在此后的150年里，资本主义经济出现了许多新格局、新现象，是马克思当年未曾讨论过的。

例如，投资银行、风投机构和大量金融衍生品在19世纪中期还没出现。马克思当然不可能未卜先知、对这些事物加以解释。又如，19世纪中期的金融行业比今天要原始得多，所以《资本论》只探讨了金融企业的利润，却并未探讨银行利率和离岸汇率的决定机制。再如，在高新技术企业中，研发人员的劳动是高度抽象的，不像传统制造业企业中的具体劳动那样能够直观地测量出劳动价值。工人生产1000件牛仔裤的剩余价值很容易通过会计方法计算出来，可是IT工程师写1000行代码的剩余价值应该如何计算？凡此种种，都不能从马克思的原著中直接找到答案。

由此可见，当今经济活动的许多领域，都需要当代马克思主义经济学给出合理的解释。如果不进行积极创新、而只是吃马克思的"老本",那么马克思主义政治经济学就会因为"缺乏解释力"而流失群众基础。因此,研究马克思主义政治经济学的学者们应当在坚持劳动价值理论和剩余价值理论等基本原理的基础上,积极开拓新的研究领域来阐述当下的经济运行规律,由此填补客观存在的理论空白。要尽快使得马克思主义政治经济学达到"活学"的境界,为当前各种复杂的经济现象提供科学的、令人信服的解释,才不至于使庸俗经济学大行其道。

我们接下来谈谈"活用"。其实,自然科学与社会科学的许多研究方法是相通的,都包括基础研究和应用研究的层面。基础研究侧重于构建用于分析和解释客观规律的理论体系;而应用研究则是利用客观规律开发出现实问题的具体解决方案。在自然科学领域,基础研究和应用研究其实就是理科和工科的区别。例如,流体力学属于基础研究/理科的范畴,能够阐述高温高压气体的运动规律;而航空发动机制造属于应用研究/工科的范畴,立足于开发出可用的产品,把飞机送上天空。

在社会科学领域,马克思和恩格斯在 19 世纪进行的的政治经济学研究,其实都属于基础研究的范畴,旨在阐述资本主义社会的运行规律。《资本论》并未谈及公有制企业具体的管理和运作模式,更不用说指令性计划经济。为马克思主义政治经济学配套应用研究的尝试,直到 20 世纪才开始。为了配合俄共(布)1919 年党纲的宣传,布尔什维克的理论家布哈林和普列奥布拉任斯基合著了一部通俗性理论读物《共产主义 ABC》,系统地阐明了社会主义革命和建设的一系列基本理论问题,具体包括分配制度、银行组织和货币流通、无产阶级国家的财政、住宅问题、劳动保护和社会保护等等。在此基础之上,苏共逐渐发展出苏联政治经济学这一应用研究体系,长期用于指导苏联的社会经济建设。

苏联政治经济学曾对我国社会科学界造成深远的影响,从 20 世纪 50 年代到 20 世纪 80 年代,我国经济学研究长期依托苏联政治经济学的框架,使许多人甚至产生了苏联政治经济学等同于马克思主义政治经济学的错误认识。然而，在20世纪90年代初，苏联解体和中国全面拥抱市场经济这两件大事使得苏联政治经济学的大厦轰然倒塌，砸懵了诸多中国学者，使他们失去了应用研究体系的依托。而他们手中又没有掌握苏联政治经济学之外的应用研究体系，所以难以为中国经济中存在的问题提供科学的、具体的解决方案。这客观上使得西方经济学迅速攫取话语权，甚至某些拿着西方经济学皮毛招摇撞骗的"南郭先生"也得以"大行其道"。

痛定思痛，必须高度重视为马克思主义政治经济学配套应用研究这个问题。基础研究与应用研究既相互联系，又有所区别。比如，根据流体力学的原理可以制造出航空发动机，但航空发动机出现故障并不意味着流体力学的原理是错误的，而很有可能是设计思路或加工工艺上存在问题。同理，苏联实践的失败并不意味着马克思主义政治经济学的原理是错误的，而是作为应用研究的苏联政治经济学的思路存在问题。剩余价值理论等马克思主义政治经济学基本原理完全经得起历史的检验。150年来，数不胜数的庸俗经济学家试图推翻这些基本原理，却一个个被反驳得极为狼狈，充分暴露了他们自己的无知。

但是从另一方面来说，流体力学原理的正确，并不意味着由此研发出的航空发动机必然好用。工程产品的具体设计思路和加工工艺需要大量的实践和摸索，基础研究的理论并不能给出现成的答案。同理，马克思主义政治经济学基本原理的正确，并不意味着社会主义的经济政策必然一路光明，实际上坎坷和曲折还有很多。因此，马克思主义政治经济学不仅需要基础研究的创新，更需要应用研究的创新来完成"接地气"的过程。

习总书记提出"坚持和发展中国特色社会主义政治经济学"大有深意，这意味着开创一个全新的马克思主义政治经济学应用研究体系，不同于以往的苏联政治经济学。中国特色社会主义政治经济学要立足于解决人民群众普遍关注的现实问题，如稳定经济增长、调节收入分配、控制房价，等等。对于这些问题，西方经济学反倒很难给出现成的答案——西方经济学的研究范围比较狭窄，而且研究方向基本围绕着资本，而不是围绕着人和劳动价值。所以西方经济学不仅不探讨收入分配的问题，并且认为按照生产要素分配天经地义。指望西方经济学提供实现共同富裕的手段，那可真是"缘木求鱼"。

中国特色社会主义政治经济学不仅要解决西方经济学不能解决的问题，还要解决苏联政治经济学没有解决的问题，例如，如何促进科技创新，如何通过集约化管理提高劳动生产率，如何通过科学的按劳分配保证劳动者的积极性等等。而且，中国特色社会主义政治经济学还应当与高科技和先进生产力相结合，通过交叉研究推出一些现实意义极大的新成果，例如，如何使用大数据和人工智能实现金融资产的优化配置、调节供需平衡、避免产能过剩等等。

唯有大力发展实用化研究，实现马克思主义政治经济学的"活学活用"，才能够破除许多干部群众头脑中马克思主义政治经济学"不中用"的认识误区。实用化研究对增强全党上下的理论自信和制度自信有着极其重要的意义。待到中国特色社会主义政治经济学形成完善的、科学的应用研究体系，就不用再谈什么"摸着石头过河"了。

发展马克思主义政治经济学的实用化研究，还需要改进相关的人才培养体系。现在，国内马克思主义政治经济学的研究者大都属于"学院派"，自参加工作起一直在高等教育系统或党校系统内部发展，而极少拥有管理企业或制订政策的经验和阅历。这种培养方式非常不利于形成完善的知识结构，使得他们不容易推出有现实意义和可操作性的研究成果。长此以往，"学院派"的研究恐将变成古代清流言官的翻版，这等于把话语权拱手相让。当务之急，是打破"圈养"人才的方式、摆脱"坐而论道"的状态，让马克思主义政治经济学的研究者们走进政府和企业，在生产经营活动中积累丰富的社会阅历。人才自己要先经过"千锤百炼"，才能够拿出"真知灼见"。

当代中国需要什么样的经济学？

徐　实

　　2008 年的金融危机对世界经济造成了深远的影响。西方发达国家迄今也未能走出金融危机的阴影。奥巴马政府曾多次声称"美国经济已经复苏"，不过是粉饰太平的把戏。倘若美国经济真的早已复苏，特朗普为何不惜以减税吸引美国企业回流？同样因为经济困局，英国政坛折腾出了"脱欧"，法国的传统政党输掉大选，日本政府深陷债务泥潭，大家过得都不怎么样。

　　相比之下，中国经济虽然也面临诸多问题，但表现堪称一枝独秀。从 2006 年到 2015 年这 10 年里，中国 GDP 提高了 300%，达到了 676708 亿元人民币[①]。尽管 2016 年 GDP 增长率回落到 6.7%，但中国仍是世界上发展最快的经济体。从中央到地方的各级政府，都在设法调整产业结构、努力创造新的经济增长点。

一　西方经济学的尴尬

　　时下最尴尬的恐怕要数那些靠西方经济学吃饭的经济学家了。这些人大约在 20 世纪 90 年代后期开始掌握话语权，此后 20 年间基本

---

　　① 国家统计局：《年度统计公报》，2017 年 4 月 11 日，中华人民共和国国家统计局网（http：//www. stats. gov. cn/）。

只唱一个调子："西方好啊，私有化好，华盛顿共识是个宝。"在这些人看来，发达资本主义国家的经济制度是不容置疑的"神圣样板"，但凡中国哪些地方与之不一致，那就说明中国存在"体制问题"。可是现在呢？西方经济体普遍陷于困境，"神圣样板"的伟岸形象实在撑不下去了。

目睹现实，越来越多的群众开始产生疑问——为何市场化如此彻底的发达国家出现经济停滞？为何私有化如此彻底的东欧国家一蹶不振？为何没有全盘接受西方经济制度的中国反而在经济建设中取得了巨大的成就？西方经济学的"裱糊匠"和"复读机"当然无法解释，他们只会一再声称：中国经济的一切问题都是"市场化不彻底"导致的，只要把资源配置完全交给市场，让私人资本完全支配经济，政府少管闲事，那么一切都会自然好起来。如果上述手段还不能解决问题，那么就是因为市场化和私有化还不够彻底。

由此可见，移植到中国的西方经济学已经完全脱离了客观实践，充斥着自说自话、循环论证的神学逻辑。西方经济学在现实中破绽百出而丧失公信力，正是因为其理论基础的非科学性和庸俗性。这些与生俱来的毛病，绝不是"裱糊匠"可以修复的。

二 西方经济学为什么不是科学？

诸多"裱糊匠"和"复读机"长期霸占高等院校的经济学专业，鼓吹"只有西方经济学才是科学"的论调，不择手段地排挤和倾轧马克思主义政治经济学。这种迫不及待往自己脸上贴金的做法实在可笑。科学需要实践来检验，而且在科学的理论体系中，对于一个确定的事物、现象，只允许有一种正确的解释，不允许存在两种以上相互抵触的说法。这在科学哲学中叫作内部自洽性，也可以理解为"一元真理"。

反观西方经济学，多个流派之间的观点存在不可调和的矛盾。例如，以保罗·萨缪尔森为代表的新古典综合学派把国家干预作为调节经济的基本手段，主张同时应用财政政策和货币政策来防止资本主义经济危机的发生；而以哈耶克（Friedrich Hugustvon Hayek）为代表的奥地利学派反对一切形式的国家干预，甚至认为经济危机带来的衰退期才是经济复苏的开始，不如"早死早投胎"。西方经济学的多个学派在一些基本的问题上缺乏起码的共识，试问哪家代表"科学"、哪家又代表"伪科学"？更搞笑的是，观点相互矛盾的萨缪尔森、哈耶克、弗里德曼（Milton Friedman）竟然都是诺贝尔经济学奖得主，盛名之下的大奖，不过是笔糊涂账。倒不如说得直白一些：西方经济学体系仍然处于前科学阶段，其理论体系不仅缺乏内部自洽性，更缺乏实证研究的支持。

西方经济学中的所谓"定理"，和数学中的定理完全不是一回事。数学定理是由必要的基本假设，通过严谨推导得出的结论，在实践中颠扑不破。例如，代数中的韦达定理给出多项式方程的根与系数的关系，自发现以来被成功地应用了400多年。而西方经济学的所谓"定理"，不过是将某种观点无限拔高乃至神化的产物，并不是由基本假设严谨推导出来的，甚至基本假设本身就不能成立。一个典型的例子就是被新制度经济学派倍加吹捧的"科斯定理"。

"科斯定理"较为通俗的解释是："在交易费用为0、对产权充分界定并加以实施的条件下，外部性因素不会引起资源的不当配置。"[①]按照"科斯定理"的思路，如果某私企工厂造成了烟尘污染，附近遭受污染的居民应该和私企谈判，要么私企自己安装除尘设备，要么给居民家里提供除尘设备；即使没有政府的外部干预，私企和周边居民也会自动达成成本最低的协议、实现资源的优化配置。这种思路放在现实中就是胡说八道——如果私企雇佣黑社会去恐吓周边居民，会不会比购置除尘设备更省钱？同理，前些年许多房地产商的强拆制造了大量社会矛盾，拥有产权的居民在强势的房地产商面前有谈判权

---

① MBA智库百科网：科斯定理，2010年1月1日（http：//wiki. mbalib. com/wiki/科斯定理）。

吗？被黑社会招呼、全家挨揍的事例倒是比比皆是。西方经济学中的所谓"定理"，往往不考虑必要的现实因素，在现实的社会治理中毫无可操作性。

三 不结合实际的理论有什么用？

科学理论的价值在于解释能力和预测能力。而西方经济学不是科学，这两种能力一样都没有。

先说解释能力。西方经济学认为生产资料的私有制天经地义，从根本上否定了公有制经济的必要性和生命力。东欧剧变、苏联解体之时，弗里德曼、哈耶克之流着实高兴了一阵子。许多中国学者甘愿做他们的"复读机"，不厌其烦地弹奏"国企必然完蛋"的滥调。可是近年来国有企业偏偏发展得很不错，我们来看这样一组数据：

截至 2015 年底，上海市地方国有企业共计 11493 户，资产总额 155703.22 亿元，比上年增长 19.1%。2015 年上海地方国有企业实现利润总额 3272.22 亿元，增长 24.0%[①]。

2017 年一季度，山东省属国有企业资产总额达 20929 亿元，同比增长 27%。[②]

2017 年一季度，全国规模以上工业企业中，国有控股企业实现利润总额 3996.3 亿元，同比增长 70.5%[③]。

如此亮眼的数据，充分证明国有企业是搞得好的。而且从近年的实际情况来看，国有企业发展得越好的地区，经济形势越是欣欣向荣，山东、江苏、上海、重庆等省市都是如此。而且，地方政府的产

① 搜狐财经：《强大！上海市地方国有企业 2015 年度利润飙涨 24%》，2016 年 8 月 16 日，搜狐财经网（https：//m. sohu. com/n/466212400/? - trans - = 000115 - 3w）。
② 人民网：《山东省管企业一季度资产总额达 20929 亿元 同比增长 27%》，2017 年 4 月 19 日，人民网（http：//sd. m. people. cn/n4/2017/0419/c1282 - 8799764. html）。
③ 国家统计局：《2017 年 1—3 月份全国规模以上工业企业利润总额同比增长 28.3%》，2017 年 4 月 27 日，中华人民共和国国家统计局（http：//www. stats. gov. cn/tjsj/zxfb/201704/t20170427_ 1488933. html）。

业规划越是细致用心，当地的产业升级和经济转型就越顺畅。

西方经济学的"复读机"认为，发达资本主义国家的经济制度是唯一合理的"神圣样板"。结果，号称"金钟罩铁布衫"的"洋师傅"一病不起，拒绝练习私有化"神功"的中国却活得还挺好，他们的脸往哪儿放？"复读机"既无法解释公有制经济取得的成就，也无法解释地方政府政策引导的成功，因为这些是"洋师傅"压根没有的路数。说穿了，"复读机"只要屁股不要脑袋，他们的所谓"研究"并不是从经济现象中提炼客观规律，而是预设立场和既定观点，然后选择性地搜罗论据来粉饰自己的"合理性"。这种愚昧落后的治学方式毫无价值，不过是浪费国家的教育经费、制造学术垃圾罢了。

再说预测能力。西方经济学的"神预测"在中国屡屡穿帮，在此举几个例子就好。远有诺贝尔经济学奖得主弗里德曼，此君早在香港回归之际便预言，一国之内不可能同时存在相互汇率可变的两种货币，所以港币将在香港回归两年后消失。2017年4月，香港特首梁振英在《香港回归二十周年》纪念册的发行仪式上，还特意翻起了这本旧账①，历史自然证明真理在谁手中。

近有媒体热捧的"经济学大师"陈志武，此君在2014年的"博鳌亚洲论坛"上声称，超级计算机纯粹是摆设，政府出资推动创新必然低效，搞的都是些没有用的东西②。可是打脸来得未免太快，时间才走到2017年2月，我国首台千万亿次超级计算机"天河1号"就已处于饱和运行状态③。不仅如此，美国能源部还怒砸3亿美元建造新的超级计算机，生怕在这个领域输给中国。"大师"到底有什么水平，各位心里都清楚。而发表"神预测"的"大师"却毫无愧意，

---

① 梁振英：《"一国两制"打破诺贝尔经济学家弗里德曼理论》，2017年4月22日，观察者网（http：//www.guancha.cn/local/2017_04_22_404936.shtml）。

② 陈志武：《由谁出资创新很重要》，2014年4月8日，新浪财经（http：//finance.sina.cn/hy20140408/231118737775.shtml）。

③ 廖国红：《我国首台千万亿次超级计算机"天河一号"处于饱和运行状态》，2017年2月3日，新华网（http：//www.xinhuanet.com/science/2017-02/03/c_136027617.htm）。

仍在各种场合继续唱衰中国经济。

正因为西方经济学在预测能力上的极端匮乏，一线投资人压根不在乎"裱糊匠"和"复读机"平时说些什么。那些自命不凡的"大师"对科学技术一窍不通，也就不可能深刻地理解工业化对经济运行的重大影响。连超级计算机能做什么都不知道，就敢出来大放厥词。真要是按照他们的意见去投资，只怕赔得连底裤都不剩。所以，投资人宁可花大量时间去研究银行、券商和咨询公司的行业报告，也绝不愿意听"大师"信口开河。

四　西方经济学的庸俗性

西方经济学当然值得研究，但是研究需要科学的态度。打个比方，宗教在本质上是扭曲的世界观，但是我国也有宗教学研究。宗教学研究的基本立场是"研究宗教、批判神学"，研究宗教并不意味着研究者自己去拜佛求仙。同理，研究西方经济学也要坚持科学态度、保留批判精神，而不应盲信盲从、不能自拔。

马克思在《资本论》中写道："庸俗经济学的丧钟已经敲响了。"既然如此，倒是真有必要弄清楚，西方经济学究竟"庸俗"在什么地方？

我们避开一切晦涩的理论，只谈"庸俗"的两个要点：

（一）不承认由劳动创造的商品的内在价值。

（二）不承认经济活动中存在剥削（即以不合理代价占有他人劳动成果）。

这两个要点，是近现代西方经济学（即庸俗经济学）与古典经济学的分野，也是与马克思主义政治经济学的根本分歧。亚当·斯密（Adam Smith）和大卫·李嘉图（David Ricardo）都认为商品存在内在价值，但是表述不够完善。马克思继承和发展了古典经济学的价值理论，以社会必要劳动时间作为衡量价值的尺度，解决了价值表述的矛盾。李嘉图则明确承认了剥削的存在，而且认为地主是一个不创造任何价值的食利群体，妨碍资本主义工商业的发展。马克思继承并大大发展了李嘉图的价值学说，开发出剩余价值理论，更加深入地阐述了剥削的本质。

庸俗经济学不承认商品的内在价值，试图完全依靠边际分析和供求关系来解释商品的价格和交换规律。既然庸俗经济学否认劳动创造的价值，自然不会承认存在以不合理代价占有他人劳动成果的剥削行为。对于在胁迫下形成的不合理价格（例如，雇主利用较高的失业率故意压低工资），庸俗经济学一贯采取掩耳盗铃的态度。庸俗经济学不承认剥削，认为按照生产要素分配天经地义，自然不会谋求从制度上解决分配的问题，与我国宪法中的按劳分配水火不容。

近现代西方经济学虽然没有停止对理论的发展，但仍然无法脱离其"庸俗"的本质。其忠实信徒在个人生活中甚至更加"庸俗"，完全沦为私人资本的吹鼓手。茅于轼就曾为昆明泛亚有色金属交易所站台，鼓吹泛亚的"金融创新"利国利民、不需要银监会监管。待到2015年泛亚的"庞氏骗局"被揭穿，22万投资者400多亿元的血汗钱被席卷一空[①]，茅于轼便开始故意装糊涂。这种人不仅没有任何学术精神，更无视公众利益。

五 时代呼唤中国特色社会主义政治经济学

顾名思义，经济学理应是经世济民之学，探讨的应当是如何让人民群众普遍从经济发展中获益。西方经济学只谈资本增殖，却回避财富分配，如何"经世济民"？无论"裱糊匠"和"复读机"如何不情愿，他们都注定被历史无情地淘汰。拥有制度自信的中国，无需盲目照搬别国的经济制度，而应当开发出符合国情的经济学思想体系。这便是习总书记反复强调的"中国特色社会主义政治经济学"。

---

① 马骦：《你想不到茅于轼给泛亚站过台》，2015年9月24日，新浪财经（https：//finance. sina. cn/futuremarket/gjszx/2015 – 09 – 24/detail-ifxieynu2204499. d. html？from = wap& HTTPS = 1）。

罗马不是一天建成的，建立起"中国特色社会主义政治经济学"的完善思想体系，需要大量人才的共同协作，可能还需要一代人的功夫。以发展的眼光来看，这套思想体系应该具备以下几个特点：

（一）继承与发展马克思主义政治经济学，从历史唯物主义和以人为本的视角探讨社会财富的合理分配。我国现阶段存在的许多社会问题，从根本上来说，是劳动成果分配的问题，刻意回避收入分配改革无异于掩耳盗铃。而分配改革恰恰需要反映经济客观规律、有数学模型和数据支持、具备良好可操作性的理论。

（二）为公有制经济和非公有制经济的长期协调发展提供明确的指导思想。公有制经济是改善分配的核心力量，唯有发达的公有制经济才能够支撑更高层次的社会形态。而从社会现实来看，非公有制经济仍将在相当长的一段时间内继续存在。因此，如何实现公有制经济和非公有制经济的长期协调发展，是现实意义非常重要的课题。

（三）与产业经济密切结合，充分考虑科学技术提高劳动生产率的重要因素。在马克思所处的时代，科学技术带来的产业升级会在较长的时间段内完成。例如，在19世纪的海运业，蒸汽轮船完全取代大帆船用了30多年的时间。而在企业的生产周期之内，科技进步对商品价值的影响并不大。而21世纪的科技进步使技术升级和产品迭代大大加速，哪怕在企业的生产周期内，商品价值都会受到科技进步的明显影响，手机市场的生态就是一个典型的例子。因此，马克思主义政治经济学的进一步发展，需要很好地解释我们这个时代所出现的诸多新经济现象，为发展产业经济提供有价值的理论依据。

（四）涵盖货币、金融与财政税收的相关研究，为政府提供可靠的决策依据。在马克思所处的时代，主要资本主义国家都采取金本位币制，因为通货膨胀并不明显；而现在已经是信用货币、电子货币的时代，发行货币各方面的考虑显然更多。当今社会的金融活动显然比19世纪复杂得多，不仅出现了专业性很强的风险投资，各类金融衍生品也让人眼花缭乱。所以当前有太多需要马克思主义政治经济学去认真研究的经济现象。需要特别强调的是，发展理论重在用马克思主义的思想体系去研究实际问题，而不是纠结于马克思本人对某些问题的具体论断。这和当代军人去研究《孙子兵法》是一个道理。

（五）实现由微观到宏观层面的理论自洽，宏观分析要有微观经济学基础，理论体系有大量统计数据支持。马克思在所处的时代只能获得为数不多的统计数据，这是时代背景下的客观限制。而现代科技使得大数据的收集成为可能，客观上有利于经济学构建更为合理、有充足实证基础的理论体系。建立从微观到宏观贯通的理论体系，利用高通量计算和大数据对经济形势进行客观分析，必将终结西方经济学靠"跳大神"搞宏观分析的时代。

经济学不是玄学而是实学，不以清谈的风度论高下。毕业于哪个名校，发表过多少文章，都不是经济学人值得炫耀的资本。美国拥有世界上最多的诺贝尔经济学奖得主，可是这又如何？自2008年金融危机爆发以来，又有哪位诺贝尔奖得主提供了行之有效的方案、帮助美国经济成功实现复苏？中国经济学界仍然浮躁，但沽名钓誉的专家已经没法继续忽悠人民群众了。

衡量经济学人的标准应该是什么？为经济发展解决了哪些实际问题，为强国富民提供了哪些实际帮助，才是成功的标准。陈云同志只接受了很少的学校教育，连中学文凭都没有，更没有来自学术圈和媒体的吹捧。但要说到对中华人民共和国经济布局和发展的深远影响，却无人能够望其项背，这才是当之无愧的经济学大师。当下的中国，正需要一批既有实学又有社会责任感的青年人，来建立新时代的、为人民服务的政治经济学体系。

如何将弘扬传统文化与马克思主义中国化结合起来

秦博　　王虹　　徐实

马克思主义在中国的传播和发展，深刻地改变了中国的历史进程。在指导中国革命和建设的实践过程中，马克思主义不仅成功地融入了中国文化，而且形成了中国文化的新传统。这固然是社会发展的历史逻辑使然，但文化选择同样是非常重要的因素。

如何处理中国传统文化与马克思主义中国化的关系，是当前思想文化领域的一个重大课题。科学地驾驭二者，并使其交互作用，不仅直接关系到发展和繁荣社会主义文化，还将深刻地影响中国文化与政治的未来发展方向，因此必须从方法论的高度探讨其合理路径。

一　中国传统文化的两种源流

中国传统文化有两种源流：在漫长的农业社会时代积累的古代传统，以及近现代历史中缔造的革命传统。

古代传统囊括了中国古代的哲学、道德、文化、政治思想等多方面的内容。春秋战国时期是中国古代哲学高度繁荣的时期，儒家、法家、兵家、道家等诸子百家的思想为中国古代文化提供了深厚的积淀。例如，儒家和法家的社会治理思想，兵家的战略思想，道家的朴素唯物主义，都对中国历史后来的发展产生了深远的影响。由于汉朝以后的封建王朝多以儒家思想为官方意识形态，古代中国在儒家思想的基础上，构建了基于家庭伦理而非宗教的道德体系，这是与西方文明的显著差异。

近代中国因帝国主义侵略沦为半殖民地半封建社会的国家。旧文化无法应对中华文明面临的存续危机，更无法为中国的深刻社会矛盾提供解决方案，所以呈现全面溃败的形式。十月革命以后马克思主义传入中国，在革命历史进程中创造了新的革命传统和社会主义道德体系。20世纪的中国革命是对中华文明的一次洗涤，为中国传统文化注入了大量新鲜血液。延安时代培养的干部作风，坚贞不屈的红岩精神，都是宝贵的精神财富；人民史观、追求平等、集体主义、为人民服务等诸多共产党人的理念都已成为中国文化传统中不可或缺的部分。

古代传统与革命传统的融合造就了中国传统文化，也构成了当代中国文化自信的客观基础。近年来，以习近平总书记为核心的党中央高度重视中华优秀传统文化的传承发展。习近平总书记在2014年中共中央政治局第十三次集体学习时的讲话中指出："培育和弘扬社会主义核心价值观必须立足中华优秀传统文化。牢固的核心价值观，都有其固有的根本。抛弃传统、丢掉根本，就等于割断了自己的精神命脉。博大精深的中华优秀传统文化是我们在世界文化激荡中站稳脚跟的根基。"

然而在实践中，许多人虽然表面上认同"弘扬传统文化"，但却对传统文化实质存在错误的认识。从实际情况来看，常见的错误认识有以下三类：

第一类是把中国传统文化简单地等同于古代文化。有些人一谈传统文化就是孔孟之道、国学经典，只谈古代传统而完全不谈革命传统。这种错误认识的问题在于将古代中国与近现代中国生硬地割裂开来。正如人民英雄纪念碑的碑文所言，近现代中国的历史是以革命斗争为主线的历史，新民主主义革命的成果奠定了当代中国社会的基石。绕开近现代中国的革命历史，直接用古代中国的一切去诠释当代中国，那是没办法说通的。

例如，社会主义核心价值观中的民主、平等是中国古代根本没有的。封建王朝是"家天下"——在封建礼教下，从士大夫到老百姓都只能是匍匐在封建帝王脚下的奴仆，哪有"民主"的影子？封建礼教确立的是"三纲五常"和血缘关系的差序格局，这种格局恰恰将人与人之间的不平等固化下来。由此可见，古代文化只是传统文化的来源之一，刻意绕开革命历史和革命传统便无法正确理解当代中国。革命传统是中国现代性的基础，是联系古代和当代的枢纽，其基础性地位不容动摇。

古代传统与革命传统并不互斥。弘扬传统文化，既要提古代传统，也要顾及革命传统；既要充分肯定诸葛亮的鞠躬尽瘁、岳飞的精忠报国，也要坚持宣传红军时代确立的官兵平等、延安精神强调的为人民服务。

第二类是将古代文化不加筛选地照搬出来。有些人以为把古代的思想和行为原封不动地搬到今天来，就算是"弘扬传统文化"了，结果简直成了荒诞的闹剧：有的地方让学生背《三字经》，有的地方拉学生去搞"祭孔大典"，竟然还有的地方请"高考状元"游街以示褒奖。荒诞闹剧的背后是不求甚解、食古不化。

更有甚者，在"国学教育"的幌子下把"二十四孝""三纲五常""男尊女卑"等封建礼教重新搬出来。2017年11月，互联网上流传"抚顺市传统文化教育学校开办女德班"的视频。视频中"女子就应该在最底层""打不还手，骂不还口，逆来顺受，绝不离婚"等离奇言论受到舆论关注。此后抚顺市委、市政府成立联合调查组开展调查，并通过行政处罚要求办学点立即停止办学、尽快遣散包括"女德班"在内的所有学员。

弘扬传统文化绝不是"复活古代文化"。经济基础决定上层建筑，在封建社会及其生产关系皆已作古的当下，古代文化中的一些成分已经失去了土壤，绝无可能强行予以复活。更何况将它们放在当下社会环境来看并不正确。因此，弘扬传统文化应着眼于古代文化中与社会主义价值观并不冲突的积极成分。也可以说，古代文化中值得弘扬的、可以被称为"古代传统"的成分，应当是历经中华民族自 1840 年以来一百多年救亡图存、走向复兴的历史实践，因为它被证明在今天仍然有价值。

第三类是将古代传统简单等同于儒家思想。某些人对于古代传统的认识过于狭隘，局限于一家乃至一人之言。说起弘扬传统文化，他们只会搬出"四书五经"来讲讲注解。按照这种思路走下去，只怕他们最后会退化到古代腐儒"半部《论语》治天下"那种认识水平，对于社会主义现代化建设与民族复兴毫无帮助。

古代传统拥有远比儒家思想更为丰富的内涵，囊括了中国古代的哲学、道德、文化、政治思想等多方面的内容。例如，法家思想提供了许多来源于实践的、有价值的社会治理理念，强调国家确立的利益分配格局要与提倡的价值体系相匹配；墨家思想提倡人与人之间互爱互利的"兼相爱交相利"，反对人与人之间互争互害的"别相恶交相贼"，对于建设当下的和谐社会有很好的借鉴意义；兵家思想的代表作《孙子兵法》是世界范围内最早的战略学著作，《孙子兵法》提出的"上兵伐谋""不战而屈人之兵"等战略威慑的理念，放在 2600 年后的今天仍是真理。如果将对古代传统的研究局限于儒家一家之言，那么上述中华文明的精华将被置于何处？

弘扬传统文化的前提是真正理解传统文化的精髓，这就要求对传统文化有宏观的、整体的了解，才能够从传统文化中的各个源流、各个发展节点中汲取对推动中华民族伟大复兴有积极意义的成分。

二 弘扬传统文化的现实意义

以习近平总书记为核心的党中央提倡弘扬传统文化大有深意。只有深刻理解弘扬传统文化的重要现实意义，才能因势利导、切实做好这方面的工作，使宣传工作不致流于表面文章。弘扬传统文化的现实意义，主要有以下三个方面：

（一）增强国家层面的文化自信

2014 年 2 月，习近平总书记在中共中央政治局第十三次集体学习时指出："牢固的核心价值观，都有其固有的根本。抛弃传统、丢掉根本，就等于割断了自己的精神命脉。"习总书记的讲话高屋建瓴、一语中的——历史教训充分说明，丧失文化自信必然导致意识形态领域的极大混乱，使人们对于国家的发展前途产生深切怀疑，甚至对党的领导和社会的稳定构成威胁。

例如，1988 年中央电视台播出的纪录片《河殇》公开鼓吹历史虚无主义，认为中华文明是颓废落后的，必然走向灭亡，而西方文明代表人类历史发展的唯一方向，所以中国应全面转向西方的经济和政治制度。《河殇》一经播出便掀起了浊浪滔天的错误思潮，特别是对当时的知识界造成了严重的负面影响，令王震等老一辈无产阶级革命家痛心疾首，更为第二年的学潮和首都动乱提供了思想土壤。

历史虚无主义否定中国传统文化和中国在发展中取得的成就，说到底就是否定中国道路，认为改旗易帜才是唯一出路。从这个意义上说，弘扬传统文化、坚持文化自信是对历史虚无主义最直接有力的斗争。须知中华文明是世界五千年文明史中唯一未曾中断的文明，而且在绝大多数历史时期内处于世界领先的地位，特别是汉唐盛世和经济繁荣的两宋。即使中国在近代一度沦为半殖民地半封建国家，但是经过其后一百余年的斗争和建设，在中国共产党的领导下又迎来了伟大的复兴。

中国是唯一一个仓促谢幕之后又得以重返历史舞台中央的世界性大国。中华文明的重新崛起，同时得益于古代传统的深厚积淀和革命传统的指引激励。中国传统文化怎么可能一无是处呢？所以说，历史虚无主义是在践踏中国人民最朴素的家国情怀，绝不可能拥有广泛的群众基础。弘扬传统文化有利于培养人民群众的文化自信，进而产生道路自信和真挚的民族自豪感，这等于给人民群众注射了对抗逆向种族主义和历史虚无主义的疫苗。

（二）增强中国社会的凝聚力

中国传统文化高度强调家国情怀与社会责任感。例如，古代传统中的"捐躯赴国难，视死忽如归"与革命传统所提倡的"有国才有家"一脉相承；古代传统中的"先天下之忧而忧，后天下之乐而乐"与革命传统所提倡的"吃苦在前，享受在后"内在相通。古代传统与革命传统的融合共同铸就了当代中国社会的凝聚力。

而西方资本主义文化则极力鼓吹自由主义、个人主义。这些思想认为社会由原子化的个人组成，个人权利应先于集体、社会而存在。这种价值体系与中国传统文化和马克思主义在根本上对立。马克思主义认为社会意义上的人是社会关系的总和，例如，某个具体的人，在单位是领导，在家里是丈夫和父亲，而在医院的时候则是内科主治医师的病人。假如一个人被切断了所有的社会关系，他就不再是一个社会意义上的人了，所以"原子化的个人"在根本上就是一个伪命题。

自由主义、个人主义并非原生于中国的思想，而是从西方输入的。这些思想在当代中国的影响是消极的、解构性的。例如，某些"公知"在互联网上故意宣扬"你爱国，国爱你吗？""党没有造福人民，是人民在养活党"之类的荒唐论调，非要将国家与个人、党和群众人为对立起来。如果任由这些思想发展，它们就有可能逐步瓦解中国社会的凝聚力，将中国重新变成"一盘散沙"。

因此，弘扬传统文化是针对自由主义、个人主义的有力武器。应当将古代传统的家国情怀与革命传统崇尚的社会责任感紧密结合起来，用以教育人民群众、增强社会凝聚力。从中宣部等部门评选"全国道德模范"到中央军委颁发"八一勋章"，近年来，党和国家在这些方面确实做了很多工作，也确实收到了一些成效。例如，不少预备役官兵在互联网上慷慨陈词"国有战，召必回"，并在多次演习中大显身手；在一些地区遭遇自然灾害的时候，许多企业主动向受灾群众捐赠物资或提供免费食物，这些都是中国社会强大凝聚力的体现。

（三）有助于建设社会主义道德体系

弘扬传统文化有利于扩大马克思主义在中国的群众基础。马克思主义指导中华文明走出低谷，为当代中国文化注入了新鲜血液，但马克思主义打造的革命传统与古代传统并非互斥的关系。中国共产党历来关注文化建设和中国传统文化教育。毛泽东同志在《中国共产党在民族战争中的任务》一文中指出，"我们是马克思主义的历史主义者，我们不应当割断历史。从孔夫子到孙中山，我们应当给以总结，承继这一份珍贵遗产。这对于指导当前的伟大的运动，是有重要的帮助的"。

中华优秀道德传统经过马克思主义的创造性转化和发展，形成了社会主义道德信念。古代传统中的优秀道德，从本质上讲是"自我"修养的文化，既源于自然又融入自然，始终关注生命的意义；既来源于物质又高于物质，始终关照生命的价值。经过千百年不断地演变，逐步形成了以"天人合一""修齐治平""厚德载物""自强不息""礼义廉耻""仁者爱人""孝悌忠信""忠恕之道"为主要特征的传统道德观，这不仅为处理人与自然、人与他人、人与自己的关系提供了导向，也为马克思主义道德观的中国化奠定了深厚的文化根基。马克思早在《1844年经济学—哲学手稿》中，就基于"自由、人类共同体和自我实现"三个概念，形成了一种系统的道德观。马克思认为，这三种价值都是内在的、自由的和终极的善；个人只有生活在与他人、自然的和谐关系中，自我决定才是可能的和现实的。这些都与中国道德文化高度吻合，它既是非社会强制性的道德实践，也是谋求自我发展的积极的人生境界。

在古代传统中，追求"公天下"理想的"大同思想"源远流长。"大同"的文化理念早在先秦时期就已经出现，《礼记·礼运篇》中就有"大道之行也，天下为公。选贤与能，讲信修睦……是谓大同"。孔子所设想的大同社会是人类美好的理想社会，实现大同则需要遵循天下为公的大道。一个没有私念的"公天下"的社会，是贤能得其所用，人与人之间真诚而和睦的社会。从道家"小国寡民"的社会构想，到墨家"兼相爱交相利"的思想形成，再到洪秀全"有田同耕、有饭同食、有衣同穿"的理想天国等，正是在大同文化的感召下，中国人表现出了"天下兴亡，匹夫有责""先天下之忧而忧，后天下之乐而乐"的济世情怀。这种理想追求一直活跃在历代先贤和志士的精神世界里，并为全体中国人民所选择和接受。

"大同思想"是中国传统文化与马克思主义的契合点，为马克思主义在中国传播和发展提供了适宜的文化土壤和文化缘由。这便是中国共产党带领中国人民最终选择马克思主义、向往共产主义社会、接受社会主义学说的深厚根基和根本动因。经典的"大同思想"经过基于马克思主义基本原理的创造性转化、创新性发展，形成了中国人民团结奋斗的共同思想基础。

如上所述，"弘扬传统文化"的重要现实意义主要在于增强文化自信、增强社会凝聚力和建设社会主义道德体系。因此，弘扬传统文化也应当遵循目的导向，以可操作性很强的方法追求实效。接下来本书将深入地探讨弘扬传统文化的合理方法。

三　促进传统文化与马克思主义的交融

在中共中央政治局 2017 年 9 月 29 日的第四十三次集体学习中，习总书记强调："我们党是用马克思主义武装起来的政党，马克思主义是我们共产党人理想信念的灵魂。发展 21 世纪马克思主义、当代中国马克思主义，必须立足中国、放眼世界，保持与时俱进的理论品格，深刻认识马克思主义时代意义和现实意义，继续推进马克思主义中国化、时代化、大众化，使马克思主义放射出更加灿烂的真理光芒。"

将"弘扬传统文化"与推进马克思主义中国化积极结合起来，能够起到事半功倍的效果。马克思主义被赋予传统文化时代气息，传统文化则能够促进马克思主义中国化，使宣传和实践更容易顺利推行。从操作层面考虑，首先应当正确界定值得继承和弘扬的传统文化。

如前文所述，并不是所有的古代文化都算"古代传统"，古代文化中可以被称为"古代传统"的成分，应当是历经中华民族救亡图存、走向复兴的历史实践，被证明仍然有价值。古代文化源于农业社会。由于经济基础决定上层建筑，当中国整体进入工业化社会以后，古代文化中许多基于农业社会的成分必然因为失去经济基础而被淘汰，而仍有价值的成分也必然要适应工业社会与社会主义的生产关系。

古代文化中的封建礼教必然遭到淘汰，这是"新文化运动"后早已形成的社会共识。儒家思想中的理想社会是农业文明基础上的静态社会，也是基于差序格局的等级社会，这与社会主义的发展方向明显相悖。因此，"原版"的儒家思想不可能为中国社会未来的发展指明道路。就连晚清重臣李鸿章也很清楚这点："若旧法能富强，中国之强久矣，何待今日？"况且以现代社会的眼光来看，"郭巨埋儿"属于严重刑事犯罪，"老莱娱亲"对老年人的精神健康并无好处，这类封建文化显然不宜再拿出来宣扬。

但是另一方面，古代文化中有许多积极成分超越了封建礼教，放在当下仍然是有价值的。因为这些积极成分与社会主义道德体系并无冲突，所以即使封建制度瓦解、士大夫阶层消亡它们仍然得以在中国延续下来。例如，尊师重教是中华民族向往知识、向往真理、不断学习的伟大动力。清华大学技术创新研究中心于2014年发布的《国家创新蓝皮书》指出，我国研发人员总量占世界总量的25.3%，超过美国研发人员总量占世界总量的比例（17%），居世界第一。又如，尊老爱幼是中华民族得以繁衍生息的重要保障。许多西方国家的老人非常羡慕中国老人能够经常见到儿女、得到妥善照顾；而中国老人帮助子女带孩子，又大大降低了儿童抚养成本。这些都是中国传统文化高度重视家庭带来的优势，崇尚个人主义的西方社会完全比不了。

因此，应该对中国古代文化进行合理的扬弃，将与社会主义道德体系不存在冲突的积极成分界定为传统文化，以适当的方式加以弘扬。

（一）以马克思主义的基本立场科学地诠释传统文化

马克思主义的中国化，是将马克思主义的基本精神与中华民族的民族精神融为一体，使前者内化成为中华民族的灵魂，从而给原有的民族精神以新的内容和新的活力。传统文化蕴藏的珍宝，有待以马克思主义的视野去发掘、梳理和提炼，对其中的概念、范畴、原理和思想加以批判吸取，并赋予其新的内涵。

例如，中国传统文化强调"君子当自强不息"，命运由自己主宰，美好未来由自己创造。面对大洪水，《圣经》神话中的诺亚选择听从神的旨意登上方舟避难，而中国古代传说中的大禹却带领人民通过劳动奋战最终战胜了洪水。中国人不相信什么救世主，更不需要神来拯救。因此，应当以马克思主义的科学无神论和主观能动性来诠释传统文化中的"人定胜天"，这将大大有利于抵御宗教势力的扩张。

又如，中国传统文化同时重视生产和教育，提倡"耕读传家"。在马克思主义的视野下，这应当诠释为——劳动者既要有勤劳的宝贵品质，又要重视学习，这才有利于提高劳动生产率。而社会也应当高度重视和尊重创造财富的劳动人民，绝不能搞"笑贫不笑娼"。同理，范仲淹的发奋读书应当诠释为社会责任感，而非狭隘的个人功利主义动机；岳飞的精忠报国应当诠释为强烈的爱国主义情怀，而非对封建帝王个人的愚忠；马克思主义的诠释方式能够赋予传统文化现代性，使其在当前社会同样深入人心。

（二）为弘扬传统文化和马克思主义中国化打造配套的文化产品

"巧妇难为无米之炊"，文化传播当然需要文化产品作为必要的"武器弹药"。因此，必须实现与弘扬传统文化和马克思主义中国化配套的文化产品的批量生产，并且通过合理的投放渠道形成规模效应。

这个道理显而易见：无论《新闻联播》强调传统文化和当代马克思主义如何重要，假如观众打开电视看到的全是都市生活肥皂剧和肤浅的娱乐节目，青年人上网看到的全都是微博热炒的明星绯闻和鸡汤段子，党的文化宣传能收到效果吗？所以要想达到有效传播的目的，就应当有规律、有规模地投放高质量的社会主义文化产品，让更多像《汉武大帝》《亮剑》《闯关东》这样的优秀文化产品深入人心。这也意味着，文化建设必须和文化政策、文化产业管理、文化体制改革密切结合起来。

（三）与文化宣传配套的文化产品要有必要的思想深度

这点应当特别强调，举例来说，2015 年以后，一组叫《中国梦》的公益广告在全国各地以各种形式播放。广告中一个被称为"中国梦娃"的小女孩笑容可掬，用稚嫩的声音喊出"勤为本""孝当先""和为贵"等一系列口号。这组公益广告播出以后，实效堪忧——问题就在于其内容深度不足。在当前的社会环境下，具体做到哪些事情算是实践了"孝当先""和为贵"？观众看过广告以后几乎毫无头绪。相比之下，宣传部门为冷鹏飞、麦贤得等各位"八一勋章"获得者制作的纪录短片，播出之后的效果就好很多。这些短片生动地诠释了什么是英雄，英雄的哪些品质特别宝贵，这些能够让受众对革命传统产生由感性到理性的认识。

四 结语

本节分析了当前社会上对传统文化常见的错误认识，探讨了弘扬传统文化的重要现实意义，还为弘扬传统文化与马克思主义中国化的积极结合提出了初步的解决方案。希望本节的创新思路能够对各位读者有所启发。

如何建设和繁荣社会主义文化

徐实　秦博

习总书记在党的十九大报告中指出："文化是一个国家、一个民族的灵魂。文化兴国运兴，文化强民族强。没有高度的文化自信，没有文化的繁荣兴盛，就没有中华民族伟大复兴。"

建设和繁荣社会主义文化，是新时代中国特色社会主义事业的重要组成部分。本节对我国当代文化的形成背景和所涉及的政治经济问题进行了深入的分析，并为更好地建设社会主义文化提出了可操作性较强的解决方案。

一　文化产业形成之前的社会主义文化

在近代中国逐步沦为半殖民地半封建国家的过程中，旧文化传统由于政治上的全面溃败而无法应对西方资本主义文化的冲击。清朝覆灭以后又形成了封建主义、官僚资本主义和帝国主义这三座大山共同压迫中国人民的政治格局，使中华民族的生存与文明存续处于危机之中。但也正是这种巨大的危机，促使中国人民在封建王朝与资本主义帝国之外，为中国的文化和政治寻找真正的出路。以新文化运动背景下的五四运动为起点，中国共产党所领导的新民主主义革命及社会主义建设结束了中国散、乱、弱的局面，顺理成章地成为构建中国现代性的历史依据。

中华人民共和国成立以后，党领导下的社会主义文化建设取得了巨大成就。其发展阶段可以大致分为两个时期：

（一）文化产业形成之前：中华人民共和国成立初期—20 世纪 90 年代中期

（二）文化产业逐渐形成规模：20 世纪 90 年代中期至今

文化产业形成之前的时期，其实已经为社会主义文化建设打下了非常坚实的基础。这一时期的文化建设具有以下突出特点：

（一）党对文化建设进行绝对领导。毛主席在延安文艺座谈会上的讲话精神，在这一时期保持着强大影响力——文艺为政治服务，为工农兵服务。党实现了文艺工作者的高度组织化，在此基础上有序地开展文艺创作，高度重视通过文艺作品传递社会主义价值观的战略导向。

（二）强调现实主义。受苏联文化影响，这一时期我国的文艺创作坚持"艺术来源于生活、高于生活"的基本理念，大量取材于现实，这便打造了几类很有特色的文艺作品：

1. 革命历史题材：树立革命战争年代英雄人物的榜样形象，例如电影《董存瑞》《上甘岭》等；

2. 社会主义道德题材：倡导公序良俗和社会主义性质的新道德风尚，例如电影《雷锋》《喜盈门》等；

3. 社会主义现实题材：对于社会主义建设中出现的一些问题乃至错误，也有一部分作品真实地予以反映，起到启迪人们反思的作用。例如电影《巴山夜雨》等。

（三）强调将传统题材与现代理念有机地融合起来。文艺工作者创造了许多将民族特点和社会主义理念融合起来的传世佳作，使中国文化焕发出新的生命。20 世纪 60 年代创造的声乐套曲《长征组歌》和大型音乐舞蹈史诗《东方红》都属于这类经典作品。直到 20 世纪八九十年代，传统题材与现代理念结合的文艺作品仍然占据重要地位。例如，中央电视台将中国古典文学四大名著改编为电视剧，创造了空前绝后的收视率，其艺术成就在今天看来也难以超越。

社会主义文化建设的意义不仅在于推出优秀的作品，更在于塑造人民群众精神面貌的教化作用。例如，《红色娘子军》和《英雄儿女》等优秀的革命历史题材影视作品，使大量观众在感受艺术震撼的同时产生崇高的精神追求，影响了不止一代人。

然而文化建设的上层建筑终究不能脱离经济基础。一方面，从中华人民共和国成立到改革开放初期，国家政策一直是高积累、低消费，将尽可能多的资金用于工业化进程，以扩大社会主义的经济基础。在上述背景下，国家对文化产品的投资非常有限，而生产文艺作品客观上需要成本，这就构成了对文化产品的产量约束，在1997年以前，这种现象在影视作品生产方面非常突出。另一方面，计划经济实行的是低工资和国家补贴相结合的消费制度，城市居民用于文化消费的支出极为有限，也就无法形成规模化的文化市场。因此，在这段时期，我国在建设社会主义文化的过程中，虽然打造出许多思想性和艺术成就都很高的作品，但是文化产品的产量整体偏低。

随着改革开放的进一步深入，原有的文化产品生产模式已经不能满足人民群众日益增长和多样化的文化需求。这反映在以下几个方面：

（一）原有模式的文化产品产量太低。1997年全年，中国大陆只拍摄了100部左右电影，而香港在那一年里拍摄了300多部电影，更不用说常年高产的美国了。对文化产品"喜新厌旧"乃是人之常情，文化产品产量太低就会造成供需矛盾，群众就不得不从其他途径寻找供给。20世纪90年代，遍布全国各个城市的录像厅整天播放盗版香港电影，就很能说明问题。

（二）原有模式的文化产品未能满足人民群众兴趣爱好的迅速变化。中国快速进入工业化时代，意味着每两代人所经历的生活环境都有极大不同，这使得人民群众的审美和兴趣爱好都在迅速变化。例如，科幻、侦探等题材的文化产品是中国传统中所没有的。自从《泰坦尼克号》1998年在国内上映以后，追捧好莱坞大片在年轻人中成为一种时尚。西方文化产品产生较大影响的原因之一便是重金打造的表现力和感官冲击，而传统戏剧则因为受众群体迅速流失而陷入困境。

（三）人均收入的提高使人民群众拥有了对文化产品较强的消费能力。在不到一代人的时间里，中国电影市场的规模从可以忽略不计，一跃成为世界第二。体量巨大的文化市场业已经形成，不按市场规律办事必然难以为继。

时代的发展呼唤文化建设的变革。所以自 20 世纪 90 年代后期开始，党和国家便开始有序推动文化体制的改革——既然老路走不通，那就必须开创与时俱进的新路。

二 文化产业形成之后的文化建设

持续不断的改革为文化产业带来了全新的面貌。例如，在 1997 年以前，只有国有企事业单位才能投资制作影视作品；而在 1997 年以后，社会资本也可以参与影视作品的制作，这就打破了前文所述的"预算刚性约束"，使得影视作品的产量迅速增加，很快扭转了供不应求的状况。至 2006 年前后，全国一年内拍摄的电视剧已有一半处于"压箱底"的状况，得不到播出的机会。而到了现在，全国一年内拍摄的电影有 1000 多部，很多电影排不上院线，只能安排在视频网站上首映。文化产品供求关系业已发生根本性的转变，供过于求成了常态。

这一时期文化产业蓬勃发展，文化市场体量呈指数增加。市场机制使生产文化产品变得有利可图，为产业化、规模化的经营注入了新的活力，催生了许多制作精良、思想深刻的文化产品——例如电视剧《康熙王朝》《汉武大帝》，电影《建国大业》《战狼 2》，黄梅戏《徽州女人》，等等。

市场机制确实在一定程度上弥补了原有的文化产品生产模式的缺陷，但是也制造了一些新的问题。一方面，西方文化产品大量涌入已经对文化领域产生了显著影响。例如，追捧美剧、韩剧的青年人不在少数，好莱坞进口大片近年来的票房业绩普遍较高。甚至模仿美国娱乐节目的电视节目也在各地方卫视大行其道。另一方面，私人资本的大量介入已经从根本上改变了文化产品的生产格局，而"体制内"文艺团体的影响力则出现了相对萎缩。例如，近年来占据国产电影票房前10的电影几乎都是私人资本投资拍摄的，而曾经辉煌的长春电影制片厂、八一电影制片厂却显得相当落寞。

文化产业的机遇并不能够掩盖明显的忧患。文化产品不是简单的消费品，更承担着教化作用，能够培养和引导人民群众的价值观。如果片面强调由市场决定一切，那么就等于将文化产品的生产完全交给私人资本，而文化产品必然丧失教化作用。这种弊病在当下非常明显，体现在多个方面：

（一）某些西方的文化产品传播与社会主义传统对立的政治主张。这些文化产品往往于叙事之下隐藏着政治立场，例如《空军一号》将共产主义者丑化为恐怖分子，《拆弹部队》以个人英雄主义掩饰美国对外干涉和对别国主权的侵犯。这类文化产品已经使许多人在潜移默化中接受了西方预设的政治立场。

（二）低俗的文化产品大行其道。市场机制催生了大量的片面迎合低级趣味的文化产品。例如，某些娱乐节目将有悖于社会主义精神文明的话题当作噱头炒作，国家广电总局屡禁不止；又如，某些主播为了增加人气，利用网络直播平台传播恶俗乃至淫秽的内容。

（三）由于缺乏文化产品的有力支持，以国家力量塑造意识形态的能力出现滑坡。例如，国外输入的影视剧、电子游戏通过占据文化市场的统治地位，进一步垄断了对历史和正面英雄的解释权。而反映我国革命英烈和基层英模的作品不论在市场空间还是整体质量上都处于全面劣势。

之所以出现上述令人担忧的状况，是因为发展文化产业和文化市场的思路存在偏差，以致许多文化产品严重偏离社会主义的方向。既要承认文化市场的客观存在，也要认识到文化市场的特殊性——它是塑造人民群众精神面貌、传播意识形态的重要阵地。因此，发展文化产业的正确思路应该是尊重市场规律，而不是搞"市场决定论"，这两者有本质的区别。

"市场决定论"等于"谁花钱、谁点曲",一味迎合口味——有人喜欢低俗的文化产品,市场就提供这类文化产品满足他们的低级趣味。在这种机制下,迎合低俗观众的文化产品又进一步培养出更多低俗观众,形成恶性循环。

而尊重市场规律则有着完全不同的意义:党仍然要坚持对社会主义文化建设的领导,坚持文化产品的教化作用,但是生产文化产品的具体过程要按市场规律办事。比方说,假如国家投资拍摄一部主旋律电影,因为策划思路有问题、观众不买账而造成了亏损,那么这种"赔本赚吆喝"的电影肯定拍不了几部。反过来说,如果这部主旋律电影从选材、摄制、后期处理到营销都非常考究,最后获得了与《战狼2》相似的商业成功,那么所获盈利就可以用于再生产,拍摄更多、更好的电影。

党的目标是建设和繁荣社会主义的文化。如果文化产品的生产和流通远离了社会主义的性质、违背了社会主义的价值观,那么根本就是无效供给,是应该被调整和改革的对象。建设和治理文化产业必须明确一个科学的理念——市场规律只是需要利用的工具,而绝对不是"祖宗"。

三 理清文化产品与文化市场的关系

认识问题是解决问题的开始。资本主导下的文化市场出现了种种乱象、怪象,严重败坏了社会风气。国家近年来加强了对有不良行为记录的艺人的打击力度,但是整治文化产业不能仅局限于对个人或企业的整改,最终目的是稳固党对建设社会主义文化的领导权。

在文化市场上的斗争,是对文化产品内容控制权的争夺,更是对意识形态话语权的争夺——谁代表正义和进步,谁才是真正的英雄,什么是美什么是丑,正是文化产品在潜移默化中对群众施加的影响。文化产业的"市场决定论"等同于将文化产品的内容控制权拱手让给私人资本。可是私人资本会免费为共产党做宣传吗？恰恰相反，私人资本出于狭隘的动机，经常传播解构乃至否定社会主义的文化产品。例如，前几年某些媒体鼓吹"民国范儿"，把原本充满独裁暴政、民不聊生的民国时代描绘成一个自由民主、尊重人权的时代。这种"指鹿为马"的行径，就是想从源头上否定新民主主义革命的历史意义，解构党的领导的历史合理性和民意合法性。因此，建设和繁荣社会主义文化的根本途径，在于牢固掌握文化产品的内容控制权。必须在国家层面上对生产文化产品的机制做出重大的调整，以排除万难的政治决心与强有力的政治经济手段推进文化产业的改革。

在政治要求和市场环境的关系上，应当明确这样一个理念：**文化产品要尊重市场规律，但是决不能搞"市场决定论"**。尊重市场规律，是为了文化事业的可持续发展。反对"市场决定论"，指的是坚持党对文化产业的领导，文化产品也要有符合社会主义属性的宣传教育功能，而不是一味迎合市场的口味。文化主管部门对文化产品进行必要的内容控制，是社会主义群众教育的一部分，具有正当性与合理性。

实践证明，质量上乘的文化产品不仅能够传播积极的思想，还可以在市场上大获成功。例如，革命历史题材电视剧《亮剑》在2005年一经播出便广受欢迎，在央视和各地方卫视创下了重播纪录，甚至在十几年后的今天仍会被重播，这充分证明人民群众真心拥护优秀的社会主义文化产品。而央视和地方卫视纷纷购买《亮剑》的播映权，也给制片方海润影视带来数亿元的可观收入。这也充分证明，既强调文化产品的社会教化职能，又尊重市场规律，在操作层面上是完全行得通的。

无独有偶，当代俄罗斯也有类似的成功案例：柳拜乐队是俄罗斯影响力最大的流行音乐组合，没有之一。柳拜乐队创作的歌曲吸取了苏联时代群众歌曲的精华，歌词朗朗上口，乐曲旋律性强，所以能够口口传唱。更难能可贵的是，柳拜乐队创作了大量弘扬爱国主义和社会责任感的歌曲，代表作品有《炮兵连长》《在雾的后面》《在高高的草上》《炼钢工人》《为了你，祖国母亲》等等。柳拜乐队的演唱会场场爆满，观众覆盖了从 20 岁到 70 岁的群体，文化传播效应堪称典范。柳拜乐队因其艺术成就被授予了"俄罗斯人民艺术家"的称号。他们的成功说明，文艺作品只有发扬自身主体性，符合最广大人民群众的情感和价值理念，才能够迸发出强大生命力。

就整体而言，我国当下仍然缺乏柳拜乐队这个级别的优秀文艺工作者。许多文艺工作者或因为本身缺乏政治观念，或因为艺术创作水平不足，现实中很难形成社会主义、爱国主义文化的高效率传播。大量青年沉溺于肥皂剧和娱乐节目而不能自拔的现象，说明现状距离"文化产业健康发展"的目标相差甚远。那么，采取什么样的措施才能扭转局面？这正是接下来要重点探讨的内容。

四　科学建设社会主义的文化产业

中国已经形成了体量很大的文化市场，建设和繁荣社会主义文化自然不能回到改革开放初期之前的老路上去。要在尊重和利用市场规律的基础上，坚持党对文化建设的领导权，以及对具体文化产品的内容控制权。从可操作性出发，应当实施以下重大战略：

（一）通过资本运作获得内容控制权

如前文所述，私人资本大量介入文化市场改变了文化产品的生产格局。市场机制并不是私人资本的专利，国有资本也可以照样用起来。目前涉足文化产业的国企比较少，特别是还没有央企以文化产品为主营业务——这正是当下最明显的短板，也是文化产业发展偏离社会主义价值观的根本原因。

解决问题就要对症下药，当务之急是迅速整合国家在文化产业的力量，建立、发展、壮大一批文化产业的国企，并且尽快成立以文化产品为主营业务的央企，成为党领导社会主义文化建设的有力抓手。

实施这一战略主要依靠以下具体措施：

1. 整合文艺团体，形成规模优势。自20世纪90年代以来，从一些国有电影制片厂到地方剧团、剧院的传统文艺团体，都出现了影响力下降、甚至市场萎缩的状况。其重要原因之一就是资源整合程度太低：各单位很难在内部凑齐艺术创作与市场营销所需的各方面优秀人才，而作为上级主管单位的政府部门往往不能直接帮忙。各单位凭借极为有限的资源自己去"闯市场"，自然容易碰得头破血流。如果打破地域的限制，将各文艺团体整合到大型文化国企的格局下，那么规模优势就体现出来了：大型文化国企具备融资能力（而事业单位无法融资），用于艺术创作的经费会更加充裕；大型文化国企可以建立专业化的营销团队，保证文化产品拥有较充裕的投放渠道，不至于出现"长在深闺无人识"的状况；企业内部的营销平台和后勤保障平台可以由内部多个创作团队共享，能够极大地提高资源配置效率。一言以蔽之，单打独斗不是办法，一定要发挥"社会主义集中力量办大事"的制度优势。

2. 通过资本运作并购文化企业。依托国家注资和金融央企的襄助，大型文化国企在文化市场中应大有可为。对于已经拥有一定市场份额、有盈利潜力的文化企业，以及作品质量上乘、发展潜力可观的文化企业，大型文化国企应积极启动投资和并购，将更多有生力量整合到建设和繁荣社会主义文化的事业中来。这有助于改变国内文化企业"小散乱"、专注短线投资的状况，并且大大增强文化企业生产符合社会主义价值观的文化产品的自觉性。

3. 通过资本运作控制文化产品的重要投放渠道。私人资本对文化产品投放渠道的垄断已经对传播社会主义文化构成了负面影响，例如，《惊沙》《血战湘江》等制作精湛的主旋律电影，上映时在院线只获得了很少的排片，与影片的艺术成就完全不相称。因此，控制投放渠道的重要性并不亚于控制生产源头，国有资本必须通过资本运作介入门户网站、网络视频平台、电影院线等重要的文化产品投放渠道，才能够维持社会主义文化产品的影响力。

（二）形成新的文艺工作者培养机制

应当动员并激发基层文艺工作者的创作积极性，不断积累人民群众喜闻乐见的新作品。随着国民文化素质的迅速提高，越来越多的群众自觉地加入到文艺创作的行列中来，形成了诸多各有特色的独立创作团队。一些比较优秀的独立创作团队，加以适当引导便可为我所用。

例如，由"逆光飞行"团队创作的《那些年那些兔》漫画，以生动活泼的方式讲述党史、军史，极大地激发了青年受众的爱国主义情怀。《那些年那些兔》后来被改编为动画片，但因为团队起初经费有限，每隔几周才能出一集。后来陆军政治工作部主动联系到这个团队，给予了及时、必要的内容引导和经济扶持。此后《那些年那些兔》系列动漫的生产大大提速，而且内容和表现力还有进一步的提高，获得受众的一致好评。由此可见，投资和扶持有潜力的创作团队，形成基于自觉创作的文艺工作者新型培养机制，可以在多方共赢的格局下，有效地生产高质量的文化产品。

（三）形成优秀社会主义文化产品的批量生产能力

"一枝独放不是春，处处花开春满园。"社会主义文化产品的生产机制要兼顾质量和数量。仅有质量而不能保证数量，正是改革开放之初文化领域受到强烈抑制的原因；仅有数量而不能保证质量，那等于制造了大量无效供给。形成优秀社会主义文化产品的批量生产能力，应把握好以下几方面主要因素：

1. 培养文艺创作的群众基础。历史是由人民创造的，文化产品的创作者来自人民群众。批量生产社会主义文化产品，必然需要创作者有一个较大的基数。提高国民文化素质对于扩大基数非常重要，这个道理显而易见——作曲需要音乐教育的基础，制作电影特技需要计算机教育的基础。

2. 增加对文化产业的投入。生产文艺产品也有成本，坚持对文化产业的领导客观上需要经济投入——倘若国有资本无所作为，私人资本必然垄断文化市场，谈何内容控制权？当然，增加对文化产业的投入，并不等于国家单向掏钱去"填坑"。更重要的是让大型文化国企适应市场，通过投放高质量的文化产品来获得可观的利润，然后将利润投入社会主义文化产品的再生产，形成正向循环。

3. 提高文化产品的生产水平。应当承认，高端文化产品的表现力已经与技术实力密不可分。以《泰坦尼克号》为代表的好莱坞大片的影响力，很大程度来源于精美制作产生的丰富表现力。而曲艺和相声近年来的衰落，表现力有限也是重要原因之一。大型文化国企可以向成熟的广告企业、特效公司等掌握专业技术能力的企业购买服务，在接受服务的过程中学习先进经验，培养骨干力量，最终建起对党和人民负责的文化产品生产机制。

（四）整治文化市场，树立良好秩序

完善的文化市场需要优胜劣汰，这里的"优""劣"不是简单地指能不能赚到钱，而是指内容质量——充斥着恶俗表演的网络直播，获得再多观众打赏也是劣质文化产品。如果各种劣质文化产品不被淘汰，那么优质文化产品的价值就难以凸显出来，良好的市场秩序就无法得到确立。

然而文化市场的优胜劣汰，并不是市场机制能够自动带来的。如前所述，生产和投放劣质文化产品也有可能盈利，甚至促进劣质文化产品的再生产。因此，整治文化市场需要文化主管部门建立完善的监督机制，并且持之以恒地坚持积极管理。

国家应当积极推进与文化产业相关的立法工作。必要的立法可以保证对文化产品的监管和内容控制权有法可依，使文化管理部门师出有名、拥有更高的权威。立法可以明确文化管理部门该管什么、该怎么管，有利于配套后续的操作细则。

文化主管部门应当强化对于劣质文化产品的惩治力度，在此有必要树立以下两个科学观念：

1. 惩治企业的意义大于惩治个人。惩治某些热衷造谣的文人和涉毒、涉黄的艺人当然很有必要，否则这些人格卑劣的小丑必然产生负面示范效应。但他们不过是私人资本的棋子，他们传播与社会主义对立的价值观和政治主张，正是背后那些私人资本的用意。如果只处理棋子，而不处理背后的棋手，那么棋手可以随便再放几个棋子上来，继续生产和投放对社会主义具有危害性的文化产品。

2. 惩治应以市场准入为切入点。近年来，国内文化市场的体量迅速增大，进一步吸引大量资本的涌入。文化企业的投入和营收都在以惊人的速度增长。在这样的背景下，几十万元的罚款连毛毛雨都算不上，根本不足以形成惩戒。试想一下，某文化企业推出一款宣扬错误历史观的网络游戏，被文化主管部门罚款30万元，却获得了3亿元的营收。谁能保证这家企业在巨大的利益诱惑下不会故伎重演？因此，真正意义上的惩治应以市场准入为切入点——违规的文化企业应在数年内被禁止从事相关领域的经营，并且直接反映在工商执照的经营权限上。这样一来，胡作非为的文化企业将被直接切断财源，逐出文化市场，它们还敢不拿党的领导当回事吗？

五　结语

中国文化产业的迅速发展，为建设社会主义的文化带来了新的挑战——老路肯定走不通，但是新路还没完全走出来。因此文化产业当下存在许多乱象，党对文化建设的领导权正受到多方挑战。通过深化改革重塑文化产业，已是当务之急。

纲举目张，科学而明确的指导思想是取得胜利的关键。应当理清文化产品与市场的关系，在坚持社会主义价值观的大前提下，积极利用市场规律，掌握文化产品生产和投放的主导权，以及内容的控制权，不断扩大社会主义文化的创作基础和受众基础。在此过程中，国有企业、国有资本必将扮演党的文艺路线的执行者的重要角色。构建以文化产品为主营业务的大型国企应当尽早提上议事日程。

　　中国航空发动机集团的成立其实是个很好的先例——对于具有战略意义的领域，专门成立一家央企作为国家战略的执行者，能够在最大程度上整合资源、收获规模效益。文化产业央企的横空出世，加上文化主管部门监管水平的进一步提高，有望从根本上消除文化产业现有的乱象，促使社会主义文化走向新的繁荣。

第 二 章

民生领域之问

如何让中国老百姓用上廉价药？

徐　实

药品价格一直是公众关注的热点话题。某些亟需药品的价格居高不下，也是不争的事实。2015 年底因病致贫、因病返贫的贫困人口占我国贫困人口总数的 44.1%，涉及近 2000 万人，其中患有大病和慢性病的有 734 万人。同时，因病致贫、因病返贫被认为是导致农村人口致贫的主要原因之一[①]。近年来还出现了这样的现象：许多癌症病人因为无力支付专利药品的高昂费用，不得不从药价低廉的印度代购这类救命药。

药价是关系民生的迫切问题。前些年药价虚高是不争的事实，而医药流通领域的暴利对药价虚高起到了推波助澜的作用。近年来，国家通过推行医保招标和医药流通的"两票制"，有效地挤出了医药流通领域的暴利，以致昔日风光无限的医药代表纷纷转行——没什么技术含量却坐地数钱的行当，因为本来就不正常，所以不可能长久。

在医药流通领域的暴利得到控制之后，剩下的可就是硬骨头了：我国市场上的高端药物，特别是治疗癌症等重大疾病的特效药，大多数是外企生产的受专利保护的药物。目前，这些专利药的定价权仍然主要掌握在外企手中——这是合法的高药价，但是合法并不代表完全合

---

① 苏惟楚：《我国近 2000 万人面临因病致贫、返贫：将对重病患者兜底保障》，2017 年 4 月 21 日，界面新闻（http://m.jiemian.com/article/1267421.html）。

理。因此，未来降低药价的重要手段，是有效地控制专利药的价格。

其实，控制专利药的价格根本不需要"摸着石头过河"——这方面有现成的、行之有效的方法。在此介绍以下两种主要的方法：

（一）加拿大模式。这种方法的特点是通过政府与药企的谈判为专利药定价。加拿大的医疗体系是由政府高度掌控的，公立医院基本依靠财政拨款运转，而药费主要由国家医保基金支付。如果某种药物未被列入医保范围，在加拿大就很难卖得动，医生也不见得开这个药。

对医疗资源的国家垄断，赋予了加拿大政府极为重要的谈判筹码。每当著名药企试图让新药进入加拿大市场，加拿大政府就会善意地劝诫"薄利多销"。而药企一般都会给加拿大政府不少"面子"，毕竟"薄利"比"无利可图"要好得多。加拿大通过政府谈判，将多数专利药的价格控制在美国市场价格的 45%—65% 这个范围内。由此可见，这种方法卓有成效。

按照国际货币基金组织（IMF）的统计，2017 年加拿大的人均收入（＄48141）显著低于美国人均收入（＄59495）。从国民的福祉来说，加拿大人支付低廉一些的药费也合情合理。

（二）印度模式。这种方法的特点是通过专利强制许可，对专利药实现仿制生产。其实这也是一种政府行为。

印度独立后，于 1970 年推出第一部专利法，而这部专利法并不承认药品专利。因此，在相当长的一段时期内，印度本土药厂得以随意仿制发达国家制药企业开发的化学药。直到印度加入世界贸易组织（WTO），才不得不适应国际规则，在专利法中加入对药品专利的保护。从 2005 年以后，印度开始正式受理药物专利，随意"山寨"显然行不通了，但是此后印度通过强制许可解决了某些亟需药物的有效供给。

强制许可是指在特定情况下，国家不经过专利权人的同意，便依法授权第三方使用受专利保护的技术，但是获得强制许可的第三方需要向专利权人支付一定的使用费。对于药品专利的强制许可，是公众利益和权利人私权的博弈。当私权与公众利益产生严重冲突时，国家机器就要发挥应有的作用，对公众利益进行必要的保护。2001 年《多哈宣言》授予 WTO 成员方在公共健康危机下对药品专利实施强制许可的权力，这便是强制许可的法理依据。

举个具体例子来说，拜耳医药公司（Bayer）的专利药品甲苯磺酸索拉非尼，商品名为"多吉美（Nexavar）"，用于治疗晚期肾细胞癌和肝细胞癌。该药能将中晚期肝癌患者的一年存活率提高至 44%，并且没有显著的肝脏不良反应。针对不适合手术治疗的晚期肾癌患者，使用该药的无进展生存期是安慰剂组的 2 倍，可以将疾病进展风险降低 54%。

2007 年 8 月拜耳获得了向印度销售 Nexavar 的许可，并于次年获得了印度专利。但是，其后 3 年内该药在印度境内的销量极小。原因显而易见——每盒（120 粒胶囊）约 28 万卢比（约合 5500 美元）的售价，远远超过了仅 5.4 万卢比（约合 999 美元）的印度人均年收入。

印度药企 Natco 公司曾向拜耳公司请求该药的生产许可权，但遭到拒绝。此后，Natco 以"拜耳公司未能充分实施该药品专利"为由，向印度知识产权局申请该药的强制许可。2012 年 3 月 12 日，印度知识产权局颁布了强制许可，允许 Natco 在 Nexavar 专利期未满之前生产其仿制药，但限于印度境内销售。作为补偿，Natco 要将该仿制药销售额的 6% 作为特许权使用费支付给拜耳。

虽然拜耳于当年 9 月 4 日向印度知识产权委员会提起上诉，但是遭到驳回。该强制许可实施以后，该药的价格降幅达到 97%。这个案例是印度加入 WTO 以来的首个药品专利强制许可。以美国为首的发达国家对此强烈反对，而无国界医生组织（MSF）和一些发展中国家则对印度专利局这一做法持赞赏态度[①]。

---

① 陈佳佳、徐怀伏：《AD 药物市场：外企一家独大国内专利亟需产业化——阿尔茨海默病治疗药物专利信息分析》，《中国医药技术经济与管理》2013 年第 4 期。

　　介绍完加拿大和印度控制药价的方法，我们还得回到中国的问题上来。为什么专利药在中国的价格仍然居高不下？就是因为前些年有一批人故意为医改制造阻力，使得加拿大模式和印度模式都难以得到推行。

　　国内有一批迷信西方经济学的人士，鼓吹"市场万能"的理论。他们不仅认为市场机制能够自动解决一切问题，更将政府对于市场的一切干预视为"大逆不道"。这批人包括一部分学者、私营企业主，还有新媒体上的"意见领袖"。他们认为"市场神圣不可侵犯"，甘当西方经济学的低端"复读机"，称之为"市场教徒"倒十分贴切。

　　这批"市场教徒"不仅在高校、研究机构和商界形成了一股势力，更渗透进了一些智库和议事机构，通过各种渠道散布他们的主张。毫不夸张地说，这批"市场教徒"在改革进程中起到了极其恶劣的作用。其实早在许多年前，就有有识之士提出学习加拿大和印度的经验。但是真正有利于人民群众的政策却受到"市场教徒"的竭力阻挠。

　　加拿大模式以政府建立的谈判平台为基础。"市场教徒"鼓噪说：这是政府越俎代庖、干预市场运行，最后会导致"价格扭曲"，不如政府完全放开药价管制，市场竞争激烈后，药价自然就便宜啦！结果事与愿违，跨国药企赚得盆满钵满的同时，成千上万的中国家庭却为了生存而挣扎。尽管脱贫攻坚近年来不断地深入，但因病致贫、因病返贫的比例不降反升，从 2013 年的占比 42.2%，到 2015 年提高到 44.1%。① "市场教徒"哪里在乎普通百姓的死活？

　　印度模式依托政府主导的强制许可，"市场教徒"对此更竭力反对。他们认为，强制许可不仅会得罪跨国药企，还会给西方国家提供"中国不尊重知识产权"的口实，以后中国在国际社会"不好做人"。这种逻辑，与晚清政府"严防衅自我开"，"量中华之物力，结与国

————————

　　① 苏惟楚：《我国近 2000 万人面临因病致贫、返贫：将对重病患者兜底保障》，2017 年 4 月 21 日，界面新闻（http://m.jiemian.com/article/1267421.html）。

之欢心"的思路如出一辙。中国于 2001 年 11 月加入 WTO，理应享有《多哈宣言》授予 WTO 成员方对药品专利实施强制许可的权力。然而"入世"以后的十几年来，国家知识产权局竟然没有行使过一次药品专利强制许可权。以致许多癌症患者为了活命，不得不冒险从印度网购急需的药物。

"市场教徒"的胡作非为，使得政府决策一度受到严重干扰。以至于在相当长的一段时间里，医疗体制改革缺乏清晰和明确的方向——改来改去，谁都不满意。历史上的某些政策和做法，并非符合群众利益的最优选择。

往事不可挽回，未来犹可把握。

最近几年，以习近平总书记为核心的党中央排除了"市场教徒"的干扰。习总书记为医改难题刻下定盘星[①]：

"以人民健康为中心。"

"要毫不动摇把公益性写在医疗卫生事业的旗帜上，不能走全盘市场化、商业化的路子。"

人民至上，是健康中国建设、医药卫生体制改革清晰的指向。深化改革，扩大开放，必须坚持社会主义的根本方向，必须从最广大人民群众的根本利益出发。

从目前医疗卫生领域发展的趋势来看，国家逐步走上了正确的道路。在最近几年，我们终于看到了一些可喜的现象：

（一）效法加拿大模式，初步建立了国家药品价格谈判机制。

首次国家药品价格谈判的结果于 2016 年 5 月 20 日公布，替诺福韦酯、埃克替尼、吉非替尼 3 种谈判药品降价幅度分别达到 67%、54%、55%[②]。

---

① 杨姣姣：《夯实中华民族伟大复兴的健康之基——以习近平同志为核心的党中央加快推进健康中国建设纪实》，2017 年 10 月 13 日，法制网（http://www.legaldaily.com.cn/index_article/content/2017 - 10/13/content_ 7355684_ 2. htm）

② 雷丽娜：《国家药品价格首次谈判结果公布，三种药品降一半多》，2016 年 5 月 21 日，中华人民共和国中央人民政府官方网站（http://www.gov.cn/shuju/2016 - 05/21/content_ 5075280. htm）。

　　在 2018 年 3 月启动的国务院机构改革中，医改主导部门出现了重大调整。新组建的国家医疗保障局不是挂靠在某个部门下，而是一个统筹医保、医疗、医药"三医联动改革"的主导机构。新成立的医疗保障局合并了人保部的城镇职工和城镇居民基本医疗保险、生育保险职责；原属于卫计委的新农合职责；民政部的医疗救助职责；发改委的药品和医疗服务价格管理职责；药品和耗材的招标采购职责；还有权监管医保类医疗服务行为和收费；同时将其征收医保、生育保险费用的职责交给税务部门负责。此次机构改革之后，国家医疗保障局实现"三保合一"，一跃成为最大采购方。此外，发改委药品和医疗价格管理职责也被纳入到医保局。也就是说，最大的医疗服务和药品购买支付方，有权决定药品和医疗价格①。

　　上述改革措施，正是在中国推行"加拿大模式"的必要基础。必要的权力集中解决了从前医改政出多门的问题，效果非常值得期待。

　　（二）效法印度模式，为药品专利强制许可铺平道路。

　　2018 年 3 月，国务院办公厅印发了《关于改革完善仿制药供应保障及使用政策的意见》，首次提出了"明确药品专利实施强制许可路径"。具体内容包括："依法分类实施药品专利强制许可，提高药品可及性。鼓励专利权人实施自愿许可。具备实施强制许可条件的单位或者个人可以依法向国家知识产权局提出强制许可请求。在国家出现重特大传染病疫情及其他突发公共卫生事件或防治重特大疾病药品出现短缺，对公共卫生安全或公共健康造成严重威胁等非常情况时，为了维护公共健康，由国家卫生健康委员会会同工业和信息化部、国家药品监督管理局等部门进行评估论证，向国家知识产权局提出实施强制许可的建议，国家知识产权局依法作出给予实施强制许可或驳回的决定。""国家实施专利强制许可的药品，无条件纳入各地药品采购目录。"

---

　　① 赛柏蓝：《医保局接盘，现行药品招标管制将废除》，2018 年 3 月 19 日，医药网（http：//news. pharmnet. com. cn/news/2018/03/19/493118. html）。

　　中国毕竟还是发展中国家，人均收入在世界范围内只能算是中等水平。当人民群众不能以合理的可支付价格获得救命药品的时候，国家理应有所作为。近年来的改革措施，让人民群众看到了真切的希望。在仿制药领域，国家通过控制医药流通渠道消灭不合理的暴利；在专利药领域，"加拿大模式"和"印度模式"双管齐下，以国家力量为人民群众谋福利。在未来的几年中，我们将目睹医药卫生领域的许多积极变革，希望"因病致贫"的伤痛远离所有的中国家庭。

医疗体制改革应当树立什么导向？

徐　实

近 20 年来，医疗体制改革一直是全社会持续关注的话题。探讨医疗体制改革的人士逐渐分为两个阵营：一是"市场教徒"，大多是追捧西方经济学的知识分子，坚持认为以市场为导向的医疗体制能够实现最高的效率。二是"公益派"，大都是长期在医疗卫生领域工作的人士，认为单纯以市场为导向不可能解决医疗领域现存的问题，医疗服务应该以公益性为主。在世纪之交，"市场教徒"一度依托媒体占据上风，然而医疗体制改革出现的问题使他们越来越多地受到社会各界的诟病。"市场教徒"虽然越来越不自在，但却很少认真思考自身问题所在。

一　自由市场法则——医疗领域的灾难

"市场教徒"认为，自由市场配置资源能够使医疗机构的效率最大化。说得通俗一些，就是让医疗机构和生态链上的所有企业自由定价，然后让病人自己决定在哪消费。医疗机构要充分竞争，病人必然会趋利避害，自动流向效率最高的医疗机构。而后医疗机构间就会出现优胜劣汰，适者生存。这其实就是西方经济学为自由市场唱赞歌的"经典范式"。"市场教徒"很喜欢引用诺贝尔经济学奖得主米尔顿·弗里德曼（Milton Friedman）的话来支持自己的观点："花自己的钱办自己的事，最为经济。花别人的钱为别人办事，最不负责任。"

极具讽刺意味的是，弗里德曼的这些话在医疗领域恰恰不能成立。弗里德曼的话隐含着这样一种假设：人是绝对理性的，在任何情况下都能够做出对自己最有利的判断——"市场教徒"对这一点深信不疑。可是在医疗领域，病人不可能做到绝对理性，原因有二：

第一，对医学问题作出判断需要大量的医学知识和经验积累。正因为如此，医生的培养周期很长，在世界各国都受到普遍尊重。绝大多数病人不具备丰富的医学知识，也就无法做出对自身健康最有利的判断。例如，我国成年人很少愿意自掏腰包定期体检，很多中老年人顽固地认为"病是看出来的"，不愿意去医院；而通过单位安排、接受定期体检的成年人毕竟是少数。于是就出现了这样的局面：大约10%的中国成年人患有糖尿病，但大部分患者并不知道自己患有糖尿病。中国只有35.6%的糖尿病患者接受了治疗，而美国和日本分别有63%和50%的糖尿病患者接受治疗[1]。又如，收入偏低的群体认为治病太花钱，得了小病往往自己挺着，结果小病拖成大病，而治疗大病的成本要远远高于治疗小病，实际上不仅没有省钱，还搭上了自己的健康——这个问题在新农合医保的实际运营中表现得非常明显[2]。

第二，医疗领域存在典型的信息不对称性：病人在接受治疗之前，很难判断某个具体的医生是不是庸医。即便美国有 Healthgrades、RateMDs 等医生评分系统，多数用户在这些评分系统上实际评价的是医生的服务态度，而非医术是否高明。更何况中国尚未建立类似具有较高公信力的医生评分系统，以致病人往往在接受治疗之后才知道医生的医术水平。假如病人都能自动流向效率最高、最靠谱的医疗机构，那么根本就不会出现"魏则西事件"。一个人只有一条命，总不能让病人们"以命验医"来为自由市场趟路吧？

---

① 参考消息：《世卫称糖尿病威胁中国人健康：成人患病比例达10%》，2016年11月16日，参考消息网（http：//m. cankaoxiaoxi. com/china/20161116/1432553. shtml）。

② 李明桥：《新农合如何影响参合农户医疗消费：路径分析与实证研究》，《贵州财经大学学报》2014年第6期。

说得透彻一些,"市场教徒"普遍缺乏自然科学理性思维的培养,以致立论不讲究逻辑性。真理只有在一定前提下才能成立,建立任何理论都必须依赖一定的基本假设。例如,初中数学里的欧氏几何,就依赖 5 条称之为"公理"的基本假设。要构建一套可靠的理论,基本假设必须经得起推敲。倘若基本假设都已被证伪,那么由基本假设推导出的理论就毫无意义。既然病人不可能做到绝对理性,也无法保证做出对自身健康最有利的判断,那么依靠自由市场来实现医疗资源的最优配置就只能是空谈。

现实有时比戏剧更滑稽:绝大多数"市场教徒"对于医学、药学和公共卫生缺乏最起码的了解,学了点西方经济学的皮毛就敢于对医疗体制乱发言论。同样是这么一拨人,一方面,不遗余力地谴责公立医院,说公立医院的无能和低效导致医疗资源短缺,唯有大力发展私营医院才能够满足旺盛的医疗需求;另一方面,他们自己生病的时候,却巴不得动用所有关系,非要在公立三甲医院找个经验老到的专家才放心。他们不是觉得公立医院无能和低效吗?此时为何不去给莆田系医院送点钱,以实际行动支持私营医院的发展?看看这群人"叶公好龙"的窘态,也就知道他们对自己的理论有几分把握了。

二 市场导向对医疗体制的危害

以市场为导向的医疗体制会带来什么样的问题呢?市场讲求的是经济效益而不是社会效益,盈利能力成为衡量医疗机构价值的标准。以市场为导向的医疗体制,医疗机构在乎的是创造了多少利润,而不是降低了多少发病率、治愈了多少病人、创造了什么样的社会效益。这必然衍生出一系列严重问题,我们在这里主要谈两点:一是过度医疗,二是预防医学的匮乏。

过度医疗是指医疗机构尽可能制造很高的治疗费用,以此达到营利的目的。"小病大治"在中国各地已经成为普遍现象。很多医院特别喜欢安排病人住院,这样就能顺理成章地收取床位费进行增收。如此一来，医院无论增加多少病床好像都不够用，都会被安排住满。结果本可以不住院的病人稀里糊涂住了院、增加了治疗费用，而真正需要住院的病人却一床难求，这不是典型的资源错配吗？因为对这种"潜规则"忍无可忍，陕西省于2014年召开卫生与计划生育工作会议，明确要求将全省医疗机构平均住院日缩短1天。仅此一举，便增加了近2万张床位①。

过度医疗的另一类表现就是在用药上"做文章"。例如，放着廉价仿制药不用，而使用较贵的新药。再就是给病人开"大处方"——处方中真正管用的药可能就一两种，其他都是一堆疗效不明的中成药。许多业内人士将此戏称为："西药负责疗效，中药负责利润。"

就连《人民日报》也坦陈过度医疗的问题：医院趋利行为是过度医疗的现实土壤，既浪费了国家的医保资金，又伤害了患者的身体。《人民日报》还列举了一个典型案例：湖南省湘潭市的医保统筹基金支出数年间一直在高位运行，增长幅度从未低于10%。到了2014年湘潭市医保局不得不聘请权威专家评审医保费用、拒绝过度医疗，结果在当年的第4季度就实现了医保费用的零增长②。医保费用中有多少过度医疗带来的水分，可想而知。

以市场为导向的医疗体制还会抑制预防医学的发展。预防医学旨在"防病于未然"，定期体检、疫苗接种、监控高危人群等公共卫生手段都属于它的范畴。一般来说，预防疾病的成本远低于治疗疾病的成本。例如，根据我国医学文献的粗略统计，近年来在牙科得到广泛应用的窝沟封闭术，可将龋齿发生率降低85%以上，效果极为显著③。为健康牙齿进行窝沟封闭的价格约为150元/颗，而为龋齿制作全瓷牙冠修复的费用在4000元以上/颗。孰轻孰重，一目了然。预防

---

① 西北信息报：《陕西：坚决遏制过度诊疗和趋利行为》，2014年3月2日，西北信息报（http://m. news. wmxa. cn/n/201402/79720. html）。

② 颜珂：《过度医疗，让专家说不（政府解读·聚焦）》，2015年2月12日，人民网（http://society. people. com. cn/n/2015/0212/c1008－26551127. html）。

③ 王坚、袁淑琴：《六龄齿窝沟封闭预防龋齿的临床观察》，《中国医学创新》2013年第33期。

医学的价值在于，以较小投入规避较大风险，从而获得巨大的社会效益。

在我国医疗体制中，各地疾病控制中心和卫生防疫站所拥有的资源和人员配置，主要用于防止重大疫情的爆发，而这仅仅是预防医学的很小一部分。大部分预防医学的工作，需要社区医生和公立医院协助完成，因为绝大多数病人都在和他们打交道。倘若医疗机构以市场为导向、以营利为目的，那就不会对预防医学有多大兴趣。给 20 多颗健康牙齿做窝沟封闭，还抵不上一颗全瓷牙冠修复带来的收入；给 50 个健康人打肺炎疫苗，还抵不上招揽一个肺炎住院病人带来的收入。医院会下大力气宣传预防医学、鼓励人们积极防病吗？空想社会主义思想家傅立叶（Jean Fourier）早在 19 世纪就对此做出了深刻的批判：在把个人幸福建立在别人痛苦的万恶制度下，医生希望生病的人愈多愈好，病情愈重愈好，病期愈长愈好。

事实上，预防医学恰恰极为重要：社会主义古巴的预防医学非常发达，覆盖全民的社区医生将预防医学深入到群众之中，能够很好地监控群众的健康状况①。按照世界银行的数据，2012 年古巴的人均预期寿命达到了 79.07 岁，甚至超过了美国同期的 78.74 岁，而古巴的人均医疗总开支还不到美国的 1/15。由于大力培养医生，古巴成为世界上人均医生数量最多的国家，2010 年每千人拥有的医生数量，古巴是 6.7 名，而美国仅为 2.4 名。丰富的医务人力资源使得预防医学非常发达②③。由此可见，发达的预防医学很好地实现了"花更少的钱，办更多的事"。然而在美国，以营利为导向的医疗机构没有动机大力推广预防医学，使得大量医疗开支发生在治疗阶段，开销巨大而收效不彰。

---

① 王诺、王静：《古巴医疗体制发展历程及其启示》，《中国社会医学杂志》2009 年第 1 期。

② 维基百科：（https：//zh. m. wikipedia. org/zh-hans/古巴）。

③ 瑶丼：《组图：全球人均医疗支出最高的 10 个发达国家》，2013 年 7 月 31 日，腾讯财经（http：//xw. qq. com/finance/20130731015641/FIN2013073101564100）。

以市场为导向的医疗体制，不仅催生了过度医疗，还造成了预防医学的匮乏——这二者都会增加医疗总开支，造成医疗资源的大量浪费，效率又从何谈起？

三　以人民健康为根本追求

"以市场为导向的医疗体制能够实现最高的效率"已被客观事实证伪。在 2016 年 8 月召开的全国卫生与健康大会上，习总书记明确指出："要坚持基本医疗卫生事业的公益性，不断完善制度、扩展服务、提高质量，让广大人民群众享有公平可及、系统连续的预防、治疗、康复、健康促进等健康服务。"这番讲话其实是对 20 年来医改经验教训的深刻总结。真正适合我国国情的医疗体制改革，应当坚持以政府为主导，构建以公益性公立医疗机构为主、营利性私营医疗机构为补充的医疗体系；在公益性占据主导地位的前提下，承认并利用医疗生态中的市场因素。

制度设计应当以解决实际问题为目的，非此即彼、非白即黑的思想要不得。所以说，"市场万能"与"市场万恶"这两类极端的观点皆不可取。承认并利用医疗生态中的市场因素，是为了维持医疗生态的健康可持续发展，但这与"以市场为导向"是完全不同的概念。医疗生态中存在着大量非市场因素，不能以市场作为资源配置的手段。

市场因素和非市场因素的区分不是主观的，而是有严密的内在逻辑：市场讲求本位主义，每个市场主体只为自己的利益活动；如果没有直接的利益动机，那么市场主体就不会出手做事。医疗是社会效益占据压倒性地位的特殊领域。如果在某个方面，社会效益与经济效益有较大重合，市场主体逐利可以带来社会效益，那么这个方面就是市场因素。反之，如果在某个方面，社会效益不能产生直接的利益动机，那么这个方面必然属于非市场因素。

首先，对医疗机构的利益分配属于非市场因素。如《人民日报》

所说，逐利机制的客观存在是过度医疗的土壤。现在国家正试图破除公立医疗机构的逐利机制，废除"以药养医"的现况。不过，破除旧机制之后，总要树立新机制作为替代品。否定逐利机制不代表一概否定利益——利益有合理的，也有不合理的。制度设计仍要保证医疗机构合理的利益，不能"竭泽而渔"。目前政府财政投入远不足以维持公立医院的收支平衡，医院平均获得的差额拨款仅占年运营费用不足 20%。公立医院为了维持自身发展，需要有一定的经费积累，要不然拿什么升级医疗硬件？更何况医护人员也要养家。所以，既要保证公立医院不以营利为目的，又要保证公立医院获得合理的收入、医护人员有体面的收入。可以考虑采取以下两方面手段：

（一）增加医院差额拨款的比例，保证医院在正常接诊的情况下足以维持收支平衡。2015 年全国医疗费用总支出为 11953.18 亿元，而全国财政收入为 152269.23 亿元[①]。只要全国财政收入维持 5% 以上的年增长率，增长的部分主要用于医疗领域，几年内使医院差额拨款比例达到 50% 左右还是可行的。

（二）以费效比作为对医疗机构的考核指标。卫生主管部门在推行分级诊疗、电子病历联网的同时，通过审计来推算医疗机构的费效比：同级医疗机构之间，看看谁用单位数额的医疗总支出（不包括医护人员薪酬）完成了更多预防医学的工作，治疗、治愈了更多病人。开展费效比的劳动竞赛，其实就是鼓励医疗机构控制医疗总支出，这样也为病人和医保基金减轻了负担。费效比显著高于平均水平的医疗机构，不仅可以获得卫生主管部门的优先扶持和奖励性的经费，其医护人员还可以获得显著高于同级别平均水平的工资（类似苏联为近卫军部队设置的待遇）——这就构成了控制医疗总支出的利益动机。

其次，社会需求巨大的预防医学工作也属于非市场因素。预防医学工作对医疗机构并无明显利益可言，但能够极大地降低社会医疗总开支，具有极大的社会效益。因此，预防医学工作必须由政府主导，

---

① 财政部：2015 年全国财政决算（http://yss.mof.gov.cn/2015js/）。

加以专项经费的支持。上海市在这方面就做出了很好的表率：自2013 年起，上海市对符合条件的老年人群进行全面的摸排，为无禁忌症且自愿的老年人接种 23 价肺炎疫苗，旨在减少老年人慢性阻塞性肺病、下呼吸道感染、抗生素使用和住院等情况[①]。卫生主管部门应当紧跟预防医学的发展潮流，尽可能多地将有价值的新技术应用于疾病的群控群防方面，例如，在未成年人中推广臼齿窝沟封闭、宫颈癌 HPV 疫苗，等等。还可以考虑通过经费配套的方式，鼓励医疗机构将预防医学手段与体检和常规治疗结合起来。

再次，医疗生态的外延部分则存在市场因素，例如新药定价机制。就实际情况而言，降低药品价格应当主要针对仿制药，而非新药。现在各省份普遍推行医保名录内的基本药品招标采购，采取"两票制"甚至"一票制"，就是为了减少仿制药流通过程中不必要的中间环节，让利于消费者。仿制药的研发成本可以忽略，而新药的研发成本巨大。以最近上市的贝达药业为例，2013 年以来，该公司新药研发投入占主营业务收入的比例均保持在 13% 左右，2015 年达 1.2亿元左右[②]。

新药上市之后，制药企业首先需要较多收入来弥补先前支付的巨额研发成本，然后还要积累一部分利润来维持研发管线，继续开发新药。恒瑞医药、贝达药业、康弘药业等中国本土新药研发企业近年来能够成长起来，是非常不容易的事情。但他们的体量与世界一流制药企业仍有差距，所以仍需积累利润用于新药研发。中国可以采取类似加拿大的政府谈判定价机制：第一，让本土新药研发企业适当赚一些钱，使其有利益动机和物质条件来推动中国制药行业的进一步发展；第二，当确实涉及重要公共健康需求时，政府可以出面和制药企业谈判。而政府确实是这么做的，2016 年的首轮国家药价谈判就定位于

① 上海市疾控中心：《上海市为 60 岁及以上老年人免费接种 23 价肺炎疫苗项目》，2014 年 1 月 24 日，上海市疾病预防控制中心（http：//www. scdc. sh. cn/b/21639. shtml）。

② 米内网：《刚通过国家药品价格谈判又要上市，贝达药业的套路你看明白了吗》，2016 年 5 月 27 日，米内网（http：//m. gzhphb. com/article/20/206211. html）。

治疗乙肝和非小细胞肺癌的药物，并取得了双赢的效果。

最后，医疗体系应以公益性公立医疗机构为主，以营利性私营医疗机构为补充，作为补充的营利性私营医疗机构也属于市场因素。公立医疗机构的公益性服务侧重于满足大多数人的刚性需求，所以强调费效比。而私营医疗机构的营利性服务定位于满足少数高端客户的需求。高端客户情愿以高价购买绝对效能更好的医疗服务，私营医疗机构逐利无可厚非，所以可以采取市场定价。例如，公立医院的妇产科无论技术条件有多好，一般都是几个产妇凑一个病房。而私营的月子会所可以提供宽敞的套间和全天候陪护，产妇想住多久就住多久——当然，这建立在日费用2000元以上的基础上，你情我愿。

不过，对营利性私营医疗机构的上述探讨，又可以得出一个推论：国家可以欢迎私人资本进入医疗领域，但是应该鼓励私人资本"另起炉灶"，设立全新的医疗机构，而不应该鼓励私人资本直接收购现成的公立医疗机构。在我国公益性医疗资源尚且不足的情况下，"另起炉灶"的私营医疗机构等于增加了社会医疗资源的总量，可以分流一部分高端客户，客观上使得多数群众更好地享用公益性医疗资源。反过来说，倘若私人资本直接收购现成的公立医疗机构，这种"挖墙脚"的做法等于立刻减少了公益性医疗资源，使得"看病难、看病贵"的问题更加突出。

总之，面向未来的医疗体制既不能迷信市场，又要遵循必要的经济规律。现如今，维护公立医院系统的公益性已经成为社会共识。选择正确的方向是医疗体制改革走向成功的保证。

未富先老，如何破局？——
养老保险透支的警示

徐实　　秦博

　　根据人力资源和社会保障部的数据，养老保险当期收不抵支的省份数量已由 2013 年的 3 个增加至 2015 年的 6 个，除陕西、青海、河北外，东北三省全部在列。中国在成为发达经济体之前，就已经先步入了老龄化社会，这的确是一个严峻的挑战。如何保证退休金制度的可持续性，成为中国必须应对的问题。

　　在深入探讨之前总要预先做些功课，先来介绍一下中国的退休金制度。在世界范围内，退休金的运作模式主要有两类："实体账户"和"现收现付"。

　　"实体账户"模式的代表是美国的 401（K）退休金制度：劳动者每个月把一部分收入存入 401（K）退休金账户，账户里的资金可以由专业投资机构来运作。等到退休之后，劳动者就可以每个月从401（K）账户中支取退休金。这种模式的好处是给了个人较大自主权：每个月往退休金账户存多少钱属于自愿，现在多存，将来多得。而且个人可以按照自己的风险偏好，选择各专业投资机构的不同投资组合方案。这种权责明晰的管理模式很符合美国社会个人主义至上的文化。

　　但是这种模式的缺点非常明显：在市场经济环境下，大量实体账户的巨额资产存在保值的风险。401（K）账户中相当比例的资金被用于证券投资，受经济波动的影响较大，很难保证在几十年的漫长运营周期内不出问题。2008 年的金融危机使得许多美国人 401（K）账户中的资产几乎被"腰斩"，这又引发了另外一个问题：401（K）账户里的资产是有限的，如果退休前储备的资产不足，那么就会出现赵本山小品中"人生最痛苦的事情"——"人还在，钱没了"。正是出于对退休之后生计无着的恐惧，2008 金融危机之后，很多美国人不得不通过延迟退休来填补 401（K）账户的资金缺口。美国的超市里时常能够见到满头白发的老爷爷收银员，让人心里很不是滋味。即便如此，401（K）退休金制度仍无法避免巨大危机的发生：到 2013年，全美 401（K）账户缺口达 14 万亿美元，年龄段在 55—64 岁的临近退休群体中，只有不到 5% 的家庭的退休金储蓄可以满足正常需求①。客观地说，就"实体账户"的运作状况而言，美国的拙劣表现实在谈不上表率。

我国的退休金制度基本属于"现收现付"——现有劳动人口缴纳的养老保险金，直接用于给退休人员发放退休金。我国采取"现收现付"模式是有历史原因的：我国在计划经济时代长期实行低工资加补贴的政策，城市职工所创造的劳动价值很大一部分被国家拿走，用于生产领域的再投资；1969 年以后，发放退休金的责任实际上由国有企事业单位自行承担，列入了它们的预算。现行养老保险制度的出现则是 1997 年以后的事情。也就是说，在计划经济时代为国家做出贡献的劳动者，历史上没有机会来建立实体账户。由于财力的限制，在推行养老保险之后，政府也没能通过财政拨款补足、做实临近退休人员的实体账户。所以，养老保险基金实质上按照"现收现付"来运营。

与"实体账户"相比，"现收现付"倒也有一些好处。首先，它避开了巨额资产长期保值的风险——就算没有遇到 2008 年那样的大

---

① 侨报：《缺口 14 万亿史上最大退休危机》，2013 年 6 月 22 日，侨报（http://dailynews. sina. com/gb/news/usa/usnews/chinapress/20130622/03404665826. html）。

规模金融危机，巨额资产的保值也会面临通货膨胀这个难题。在市场经济环境下，GDP 增长几乎总会伴随通货膨胀。对于这一点，凯恩斯（John Keynes）早就说得很明白：通货膨胀意味着将来的钱没有今天的钱值钱，所以还贷款就比较容易，通货膨胀客观上能够促进投资。因此，各国央行都试图创造低速通货膨胀，而视通货紧缩为洪水猛兽。自 1982 年以来，美国历年的通货膨胀率（消费者物价指数 CPI）多在 1.5%—6.2% 之间浮动①。由此推算，1983 年存下的 100 美元，其购买力到 2014 年已贬值 57%。中国在改革开放之后，1988—1989 年和 1993—1995 年间出现过两次快速通货膨胀，2008 年以后的通货膨胀也非常明显②。即使按照被严重低估的官方 CPI 和最保守的方式计算，1982 年的 100 元现在至少已贬值 90%。假如我国在 20 世纪 80 年代就推行"实体账户"模式，当年存下的那点钱现在只够退休人员"喝西北风"。其次，"现收现付"以国家信用为担保，有一定社会公益的性质：只要退休人员还在世，就有权从民政部门领取退休金，也就不至于出现"人还在，钱没了"这种情况。这对于劳动者个人来说自然是极好的"定心丸"。

事物都是一分为二的，一方面，"现收现付"模式也有明显的缺点：退休金的发放仰仗现有劳动人口，一旦出现资金缺口，就意味着需要动用财政资金来填补，累积下来就可能造成大量政府债务。2013年，我国各级政府对基本养老保险基金的财政补贴高达 3019 亿元，比 2012 年再增加 371 亿元③，这个趋势可不太乐观。另一方面，"现收现付"制度下的退休金贡献者和即时受益者是分离的，这种转移支

---

① 美国经济数据中心：《CPI》，美国经济数据中心（http://www.edatasea.com/Content/us/ID/2）。

② 中国经济网：《数据简报：1980—2012 年中国年度 CPI 涨幅数据汇总》，2013 年 8 月 9 日，中国经济网（http://intl.ce.cn/specials/zxxx/201308/09/t20130809_24648757.shtml）。

③ 李唐宁：《财政补贴养老保险再增 371 亿无缓冲空间难持续》，2014 年 6 月 23 日，新浪财经（http://finance.sina.cn/china/gncj/2014-06-23/detail-iavxeafr5540372.d.html?from=wap）。

付完全建立在政府信用的基础上。一旦现有劳动人口对政府信用产生怀疑，对养老保险基金的支付意愿就会降低。这种情况曾经在智利等国家出现过，中国应当吸取前车之鉴。

鉴于巨大的人口基数，中国在可预见的未来很难从根本上改变"现收现付"的退休金制度。要想维持退休金制度的可持续性，仍免不了在"现收现付"的格局内做文章。在这个问题上，理工科的研究方法可以派上用场：建立一个简洁的模型，将一个复杂的问题还原为由少数主要因素决定的技术问题。从这几个主要因素入手，就能够找到解决复杂问题的合理方案。

在"现收现付"的格局下，退休人员的福利水平可以用一个简洁的公式来表示：

退休福利水平＝劳动收入×截留系数/退休人口

这个公式很容易理解：劳动收入是劳动人口创造的财富，其中一部分被截留，用于退休金的发放。

因为劳动收入＝平均工资×劳动人口，上述公式还可以改写为：

退休福利水平＝平均工资×劳动人口×截留系数/退休人口＝截留系数×平均工资×（劳动人口/退休人口）

改写后的公式直观地阐述了决定退休人员福利水平的 3 个主要因素：截留系数，平均工资，劳动人口/退休人口的比值。行之有效的方案，必定从这 3 个主要因素入手。

截留系数是指劳动收入被截留的比率。比方说，五险一金中的养老保险是按工资的一定比例缴纳的。我国社保占工资支出比重已经很高了，这提高了企业的用人成本。在当前的经济形势下，直接提高截留系数已经不具备可操作性。有些地方其实已经开始降低养老保险的缴纳比例，为企业"减负"。某些地方将国企股权划归社保基金，实质上是间接提高截留系数，因为国企的利润分红来源于国企员工创造的剩余价值。全民所有制企业为全民服务，为养老保险基金"输血"具备道义上的合理性。但是，"巧妇难为无米之炊"，如果国企拿不出利润来分红，那么养老基金岂不是"干瞪眼"？唯有强大的国有经济才能承担起"输血"重任。习总书记强调要理直气壮做大、做强、做优国企，这其实大有深意。

在"现收现付"的格局下，截留劳动收入会直接影响劳动人口现有的物质生活水平。平均工资的重要性便凸显了出来：比方说，如果我只有1碗饭，只要分半碗饭给别人，我就得挨饿；可是如果我有10碗饭，哪怕给别人两碗饭吃，我仍会吃得很饱。放到宏观层面来说，如果平均工资很低，截留劳动收入对劳动人口现有物质生活的显著影响就令人难以接受；如果平均工资达到了非常高的水平，截留一点劳动收入就不算个事儿了——"仓廪实而知礼仪，衣食足而知荣辱"，群众都会对此表示理解。

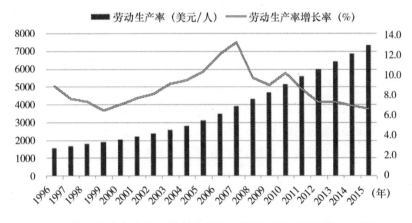

图1　我国劳动生产率及增长率变动（数据来源：国际劳工组织）

如图1所示，平均工资取决于劳动生产率和分配制度。劳动生产率是指劳动者在一定时期内创造的劳动成果与劳动消耗量的比值。对于一个大经济体来说，劳动生产率往往是物质生活水平的决定性因素：中华人民共和国成立前，哪怕中等水平的地主，也做不到每周下几次馆子、每年外出旅游数次，而这是现在工薪阶层可以轻易做到的事情，这就是劳动生产率增长带来的物质生活水平的上升。由此可见，不断提高劳动生产率对改善退休人员的福利水平有极大的意义，应该从劳动生产率的主要决定因素入手：科技水平，劳动者素质，生产过程的组织管理。

人类历史上每一次科技革命都会带来劳动生产率的飞跃。如果中国能够成为下一场科技革命的引领者之一，必然会在劳动生产率上大为受益。国家在扶持科技发展、鼓励企业研发等方面多投入一些资源也是划算的。比方说，如果国产量子计算机率先研发成功，那么中国的计算资源就会压倒世界其他国家的总和，会带动许多产业发展起来。

劳动者素质的影响显而易见：硕士学历的软件工程师，单位时间创造的价值远高于初中学历的洗碗工。劳动年龄人口的平均受教育年限已达10年以上。2015年我国16—59岁劳动年龄人口的平均受教育年限为10.2年，比2010年的9.7年提高了0.5年，20—24岁青年人口的平均受教育年限更是提高到12.5年，这显示出人力资源的巨大潜力，我国正在从人口大国向人力资源强国转变。[①] 我国应致力于提高本科以上院校的教育质量，并且大力发展职业教育和在职人员教育，通过上述几个方面不断提高劳动人口的劳动技能。

在生产过程的组织管理水平方面，今后的国企改革应致力于创造符合国情、行之有效、兼顾员工合理利益的管理方式，进一步提高国企的效率。

近20年来，我国劳动生产率总体保持年均7%以上的高速增长，维持这种高速增长的势头对养老保险基金的可持续性非常重要。为什么说房地产过热不是好事？因为炒房地产对于提高劳动生产率毫无帮助，反倒会迅速推高企业成本、逼死实体经济。

分配制度决定了国民收入中，多少以税收流向政府、多少被资方拿走、多少形成劳动收入。自20世纪90年代以来，在中国国民收入中，劳动收入占比不断下降，政府和资方拿走的收入占比则不断增

---

① 国家统计局：《统计局：人口发展战略不断完善人口均衡发展取得成效》，2017年7月25日，中华人民共和国中央人民政府网站（http://www.gov.cn/xinwen/2017-07/25/content_5213292.htm）。

加。从所有制因素来看，我国劳动收入占比下降是国企以资本替代劳动要素，以及非国有企业内部劳动工资增长缓慢共同作用的结果①。工薪阶层被拿走的剩余价值太多，容易导致国内阶级矛盾激化——近年来，因劳动纠纷产生的群体性事件不断增加，已经说明了这个问题。因此，收入分配改革的目标，应致力于适当增加国民收入中的劳动收入占比。

劳动人口/退休人口的比值，其实至关重要。直观地说，创造劳动价值的劳动人口越多越好，不创造、只消耗劳动价值的退休人口越少越好。为了让这个比值尽可能增大，有必要多管齐下。

在人社部预计2018年出台的延迟退休方案之外，弹性退休制度是非常有价值的补充选项。所谓弹性退休制度，就是允许劳动者在达到法定退休年龄以后，自由地选择退休时间，说得通俗一些就是"想干多久干多久"。弹性退休制度有两个非常明显的优点：

一是鼓励劳动者创造更多价值，减少了退休后被供养的时间，也就减少了养老保险基金的负担。

二是充分考虑到个体差异，可操作性胜过"一刀切"的延迟退休，不至于引起民意反弹。

"一刀切"的退休政策没有顾及劳动者客观存在的个体差异。比如，有的人长期带病工作，巴不得早些退休、颐养天年；有的人则身体很好，到了法定退休年龄仍然精力旺盛，主观上并不希望早早退休。再比如，某些工作需要重体力劳动或者作业环境有害（例如矿山），这类岗位就应该让劳动者尽早退休；某些工作则属于脑力劳动（如大学教授），对人的体能和生理状况并无太高要求，而且积累丰富经验的劳动者"越老越值钱"，早早退休对国家和个人都是损失。如果采取"一刀切"强行延迟退休，难免会伤害一部分劳动者。由此引发的抗议和罢工活动，在欧洲已经发生多次。而弹性退休制度就

---

① 刘小鲁：《我国劳动收入占比的变化趋势及成因》，中国人民大学经济研究所网站（http：//ier. ruc. edu. cn/asp/11-2/我国劳动收入占比的变化趋势及成因（刘小鲁）. pdf）。

可以很好地适应个体差异，在自愿的基础上实现能者多劳。参照许多发达国家的做法，国家应为自愿延迟退休的劳动者提供更好的福利待遇，以示鼓励。除了提高退休金水平之外，还可以提高医保偿付比例。

在弹性退休制度之外，还应鼓励退休人员另谋职业。随着改革开放后的第一批大学生开始退休，知识和经验丰富的退休人员在退休人口中的占比将逐步提高。拥有 30 多年工作经验的资深工程师、财务专家、教师、医生，对社会而言都是极其宝贵的资源。国家应该鼓励他们发挥余热、为社会创造更多的劳动价值。可以考虑出台这样的政策——退休人员只要不从退休金账户中支取费用，其劳动所得（不是资本利得）免缴一切个人所得税，并可享受更高的医保偿付比例。这就意味着，退休人员可以通过返聘、兼职、收取顾问费等方式，在一段时间之内获得较高收入，同时又减轻了养老保险基金的负担，于公于私皆有好处。

然而，退休制度的改革都建立在一个必要的前提之下：劳动者必须拥有足够长的健康期望寿命。健康期望寿命是指一个人在完全健康状态下生存的平均年数。期望寿命代表了生命的长度，而健康期望寿命代表生命的质量。按照北京市疾控中心 2014 年的研究结果，一位 18 岁男性北京人，其健康期望寿命平均为 43.40 剩余年。也就是说，预期这名男性在健康状态下可以活到 61 岁以上；之后，他预期会在疾病或残疾的"非健康状态"下再活 18.82 年[①]。如果健康期望寿命不够长，劳动者就会因为丧失劳动能力而被迫早早退休，那么延迟退休、弹性退休、另谋职业都会变成空话。

由此可见，劳动者的健康绝不是什么"私人的事情"，而关系着整个国家创造社会财富的能力。在 2016 年 8 月召开的全国卫生与健康大会上，习总书记强调："要坚持基本医疗卫生事业的公益性，不

---

① 新京报：《18 岁北京人预期能"健康活"40 年》，2014 年 6 月 17 日，新京报（http：//epaper. bjnews. com. cn/html/2014 - 06/17/content_ 518077. htm）。

断完善制度、扩展服务、提高质量，让广大人民群众享有公平可及、系统连续的预防、治疗、康复、健康促进等健康服务。""要坚定不移贯彻预防为主方针，坚持防治结合、联防联控、群防群控，努力为人民群众提供全生命周期的卫生与健康服务。要重视重大疾病防控，优化防治策略，最大程度减少人群患病。"

上述指示正是对延长健康期望寿命最有意义的举措，可谓字字珠玑。

从长远来看，劳动人口的供给还要仰仗合理的生育率。中国必须由计划生育转向鼓励生育，尽快扭转生育率远低于人口自然替代率的现状，才有可能避免日本、韩国已经陷入的老龄化僵局。现在出生的孩子，20多年之后才能创造劳动收入。虽然"远水解不了近渴"，但这并不代表"远水"不重要。

在物质生活水平不断提高的时代背景下，育龄人口的生育意愿为什么会降低？心病还需心药医：从我国的实际情况来看，教育资源分配不公已成大害。衣食住行只占抚养成本的一小部分，而教育成本则给广大家庭带来了沉重负担。很多优质教育资源需要用钱去购买，本身就构成了极大的社会不公，成为两极分化的催化剂。年轻夫妇普遍担心无法让下一代受到良好教育，以致下一代的社会经济地位下滑。以湖北省宜昌市为样本的调查结果显示，育龄妇女不愿意生二胎的首要原因是教育费用太高，占比高达52.8%[1]。

可以断言，如果没有普惠性的宏观政策支持，那么一切鼓励生育的宣传都不会产生效果。扭转低生育率的关键，在于出台抚养成本社会化的经济政策。可行性较强的办法包括以下几个方面：

（一）国家加大在教育、医疗领域的投入力度，在教育、医疗领域坚持公益性，保证公平性。

（二）对满足一定条件的家庭进行教育成本的补贴。

---

① 李坚：《调查显示二孩生育意愿低 经济压力成首要原因》，2015年11月7日，新浪财经网（http：//finance. sina. cn/china/gncj/2015－11－07/detail-ifxknivr4254196. d. html? from＝wap）。

（三）向孕妇和新生儿提供饮食营养补助金、医疗服务费用和交通费用等相关费用补贴。

（四）增加孕妇产假；允许男性休产假、承担家庭责任。

鼓励生育的政策要把握好出发点：既要防止育龄人口"生不起、不敢生"，切实保障生育权，也要防止某些群体盲目生育、制造出大量不学无术的低素质人口。唯有受过良好教育的人口才能够成为劳动人口的有效供给。而低素质人口从根本上被排斥在工业化进程之外，只会成为国家的负担。"人口红利"建立在教育普及和发达的基础之上，切勿将"人口红利"这个概念庸俗化——如果只要多养人就有"人口红利"，那么多养猪有没有"猪口红利"？

退休金制度的可持续性是关系民生的根本大事，未雨绸缪越早越好。鉴于巨额资金长期保值需要面对资本市场波动和通货膨胀的双重压力，而且做实退休金账户需要巨额财政拨款，我国的养老保险基金仍会按照"现收现付"模式长期运转。维持养老保险基金可持续性的有效手段，近期应致力于维持劳动生产率快速增长的势头、推动收入分配改革，提高平均工资；中期应适时推出激励性退休政策，使弹性退休和退休后另谋职业成为常态；长期应寄希望于通过提高生育率来改善支付比。以上所有手段都依赖于政府的积极行动。倘若没有积极有为的政府，光靠市场根本无法保证退休金制度的可持续性。

患癌女教师被开除——
私立教育造就的悲剧

秦博　　徐实

2016 年，兰州交通大学博文学院（独立民办学院）女教师刘伶利因患癌被该校开除的新闻，彻底引爆舆论场，并引发广大网民的热议。

1984 年出生的刘伶利一直是家人的骄傲。2012 年，她从兰州交通大学外语专业硕士毕业，来到兰州交大博文学院工作，成了一名大学教师。

女教师身患癌症之后，不仅得不到来自学校的半分关爱，还被该校以连续旷工为由开除。女教师老母亲找学校人事处长哭诉，仅仅请求学校给孩子买医疗保险，却依然得不到满足，人事处处长当场告诉其母亲：“不要给我哭，我见这样的事情挺多的。”

尽管榆中法院、兰州中院都做出了“交大博文学院开除刘伶利决定无效，双方恢复劳动关系”的判决，但又有什么用呢？博文学院至今没有履行判决，而女教师刘伶利因病医治无效，已经永远离开了这个世界。

签署关于开除刘伶利等同志的决定、拒不履行二审判决的董事长（院长）陈玲，曾经从事房地产开发，后来成为投资兴办教育的企业家。

目前很多投资办学的所谓企业家，奉行着弱肉强食的森林法则，迷信市场万能资本万能的规则，以为教育跟菜市场买菜一样，只要有钱，就什么都能随时买到，认为钱可以解决一切。这种观念认为学校跟工厂或农场一样，只要有钱买机器，或有土地下种子，便一定会有收成。然而，这种观念光看到钱可以买到的设备设施，却看不到管理和文化的因素。即便是工厂、农场有了投资，也并不一定保证产品质量，更勿论学校——绝不是任何条件下用钱都可立即买到质量优良的教学。

教育，是百年树人的民族大计，是文化战争的一个重要环节，更是中国产业立国、军事强国的基础，是中国人从精神上、物质上站起来的关键所在。然而，当前中国的私人资本在教育这个并不适合资本逐利的行业内兴风作浪。他们和陈玲一样，把教育当作百分之百的产业，当作赚钱的机器。显然，从资本逐利的角度来看，将教育变成第二个房地产业，通过制造教育泡沫、推高教育成本、掠夺全民储蓄，才符合资本的利益。

私人资本并不是把教育作为自己的归宿，而是低进高出，低买高卖，短线突击。它们不会自发地在利润不满足的情况下去长期培育优良的学校，更不会在育人上有所追求，师资人才方面也很难全面尊重人才的培养规律。也正因为如此，当前的私立学院很难拥有稳定的人才队伍。患癌女教师被私立学院开除一事，更是凉了天下教师的心，从长远来看，这对教育事业非常不利。

目前某些私立学院大兴土木，其实质与政府对公民教育的责任背道而驰。私立学院往往挂靠一流名校，但绝大多数录取口又是三本层次，表面上让消费者选择，但因其高昂的学费，其实只不过让家里更有钱、读书更差的学生可以不用努力学习，也能拥有一个挂靠名牌大学的体验感。但名校能通过这样的方式造就吗？学生真的就这样轻松进入名校了吗？目前看来，只不过是自欺欺人罢了。顺便说一说，某些公立高校下属的二级学院，已经快要无法无天了，它们事实上都是私人承包的。

其实不少国人认为，天堂一般的西方世界，真正的名校也都不是靠企业化经营来维持的。名校往往是按照非营利机构来运作的，其中投入的资金心血，历经几十年甚至上百年的跨度。没有哪所以利润为目的的私立学校可以攀上名校之列。有些人动不动就以哈佛大学是私立大学为例，似乎找到了金科玉律，可这其实是一种不求甚解的想当然——哈佛大学其实没有真正的股东，因为所有的人对哈佛的投资都是捐款性质，哈佛这座金山是无主的。所以哈佛大学虽是所谓的"私立大学"，但它的产权关系比公立大学还要模糊。后者理论上还能推定为某一级政府或议会所有，前者则完全属于公众。不仅哈佛，很多美国私立大学无不如此。至于为什么它们的产权如此不清晰，竟然也能办成世界一流，那是另一个问题，即民办非营利组织提供公共服务为什么会比政府更有效率的问题，现实是它确实就办成了。而那些产权明晰、真正由私人运作的大学，不管经济学者从理论上推断它们怎么更容易办好，但现实是全世界至今还没有一所办出了一流水平，所以女教师患癌被开除的逻辑也就清晰了。

随着我国社会的不断进步，高等教育也不断发展，其发展的速度和需求在一定程度上超过了国家拨款的支持力度。因此，市场和私人部门以及其他一些非国有部门开始进入高等教育领域，教育服务更加多样化、多元化。但是，高等教育领域中的私有化和市场化导致向学生过度收费与教育的经济负担增加，教育质量下降，城乡居民接受高等教育机会的分配不均等，这进而对城乡融合和社会凝聚力产生了负面影响。

假如把应该投入学校的教育经费统统由私人资本来承担，让国内一流高校名下都挂一个古怪名称的三本层次私立学院，那么高等教育越来越商品化的结果只能是资本统帅教育规则，教育不再是百年树人的大计，而是风险投资者的冒险乐土、捞金天堂。本来与组织经济资源相比，教育是社会各阶层较容易获得的资源，更是社会弱势阶层向上流动的主要动力。然而，当嫌贫爱富的资本掌握大局以后，不仅对公立名校和公立教育体系形成重大打击，让学生和社会受害，甚至会进一步加速社会阶层的固化，激发新的社会矛盾。

　　用原教育部副部长张保庆的一席话结尾：我国高等教育不能办成谁有钱谁就能上大学的局面，这不是社会主义国家的教育。

女性的职场之路为何艰难？

徐实　秦博

　　近来有几位女性朋友和笔者探讨个人发展的规划。这几位比较上进的女硕士、女博士都遇到了相似的情况：家人大都希望她们找些稳定的工作，最好是考公务员，或者进国企、高校等事业单位也可以。而且家人的理由也高度一致——这些单位能够在她们成家、生孩子期间提供较好的生活保障，使家庭不至于有后顾之忧。

　　可怜天下父母心。难道这些朋友的家人观念保守吗？错！他们恰恰拥有与时俱进的实践理性。正是许多私企对女性的隐性歧视和女员工朝不保夕的生活深刻地教育了他们。华为规定女性员工自怀孕之日起三年内不配股，而且工作量不会减少丝毫，加薪和绩效近两年内就别指望了[①]。在华为的深圳总部，许多女员工的终极职业梦想就是跳槽到招商局和华润集团去工作，这简直是深圳职场人尽皆知的事情。

　　即便是华为这样家大业大的私企，给女员工的脸色也不好看，那些段位还比不上华为的私企又当如何呢？北京致诚农民工法律援助与研究中心近日发布了 2016 年度工作报告以及维权年度十大案例。从中可见，伴随着二孩政策全面放开，怀孕女员工被辞退的案件明显增多。有些单位明知解雇怀孕女员工是违法的，可为了避免承担辞退赔

----

　　① 双创秋叔：《华为女员工的职场尴尬，任正非：破格提拔女骨干》，2017 年 2 月 7 日，搜狐新闻（https：//m. sohu. com/n/480100869/?＿trans＿=000115＿3w）。

偿，不惜以各种方式逼迫女员工辞职①。由此可见，朋友家人的担忧其实非常有道理，他们怎么舍得让自家的女孩子在外头遭罪呢？

以笔者在高科技产业这些年的经历来看，评价一个企业的价值取向和管理层道德水准最直观的方式之一，就是看这家企业的女员工能够得到什么样的待遇。我认识几位很有人情味的私企老总，不仅让女员工休满半年的带薪产假，而且在工作上也非常照顾她们，哪怕是生二胎的女员工，其职业发展也没有受到任何负面影响。细节最见人品，后来的事实也证明，与这几位老总的合作都非常愉快。真正的善行，便是在善心的驱使下，做了那些没有人强迫他们去做的事情。然而，如此有人情味的老总毕竟是少数，宏观的社会问题不可能依靠个人的善心善行来解决。

其实，女性的职场劣势正是资本主义生产关系带来的必然结果。资本逻辑认为，资本是社会经济权利的中心，一切经济活动都应围绕资本增殖最大化而展开，资方拥有对企业的控制权和剩余价值索取权，而被雇佣的劳动者不过是资本的附属品。说得更直白一些，资方并不将劳动者视为具有完整人格的个人，而只对劳动者产生的剩余价值感兴趣。由于生理原因，女员工在临近生育和哺乳期间不具备劳动能力，所以女员工能够产生的剩余价值必然低于男员工。于是，资方要么压低女员工的薪酬，要么干脆减少女员工的就业机会，以便从男员工身上获取更多的剩余价值。那些整天鼓吹"狼性文化"的私企，肯定是这么想的。

从这个意义上来说，资本主义生产关系下就不可能存在真正的男女平等。普遍存在的雇佣劳动催生了劳动力市场。按照"钱比人重要"的资本逻辑，妇女和老弱病残产生的剩余价值偏低，都被淘汰掉才好呢，劳动力市场上最好只剩下男性青壮年劳动力。只有当男性青壮年劳动力不能满足需求的时候，资方才会勉强雇佣些妇女，权当

---

① 孙莹：《怀孕女工屡遭辞退有些单位以各种理由"逼辞"》，2017 年 1 月 25 日，北京晚报（http://news.xinhuanet.com/legal/2017 - 01/25/c_ 1120381828.htm）。

"狗尾续貂"。20 世纪 90 年代国企改革之后，我国公有制经济的地位相对下降，妇女权利也随之出现了显著减少，这正是经济基础决定上层建筑的具体表现。

时下有些打着女权旗号的女性，鼓吹"男人爱女人的方式就是为女人花钱"，以此绑架她们的男朋友、老公为她们不断地"买买买"。她们其实是不折不扣的伪女权，因为她们的论调反映出的恰恰是对男权的崇拜——认为女性理所应当依附于男性，从而索取生活资料。真正的女权则是为女性争取平等的社会经济地位，以及个人发展的上升空间。经济基础决定上层建筑，如果女性的社会经济地位得不到切实保障，那么一切权利都将是虚幻的。

女性的职场之路之所以艰难，是因为女性被完全抛向了劳动力市场，成为劳动力市场中天然弱势的群体。某些不接地气的专家学者，一提起市场就满是溢美之词，鼓吹什么"市场机制代表公平正义"。假如把他们扔到富士康车间里体验两个月的加班生活，让他们的女儿生二胎之前打报告，他们还有脸说这种自欺欺人的鬼话吗？一个没有政府干预和外部控制机制的市场，会自发地嫌贫爱富、形成两极分化，这是被历史检验过的真理。整日鼓吹"有限政府"的学者都是些不接地气的货色。中纪委书记王岐山同志在 2017 年"两会"期间明确指出：在中国历史传统中，"政府"历来是广义的，承担着无限的责任。真正应该界定的是"有限市场"——很多社会问题不能也不可能依靠市场机制自发地得到解决，必要的国家干预不可或缺。

从现实出发，国家应当配套各种落地政策来切实保障妇女的生育权。不应该把一切扔给市场，由劳资双方去博弈。某些小企业底子比较薄，在经济下行的压力下，完全承担女员工生育期间的薪酬和间接劳务成本，的确存在客观上的困难。如果国家对此袖手旁观，那么结果必然是"资方满载骂名，女工满腹牢骚"，实际上没有赢家。

破局之道，便是打破资本逻辑的僵化思维，通过国家层面的转移支付实现生育责任社会化。这样既解决了女性生育的后顾之忧，也解决了企业的部分后顾之忧。生育既是女人、家庭的事，也是社会、国家的事。如果女员工们都不敢要孩子，导致生育率暴降，社会未来的劳动力又从哪里来？既然生育孩子是在为社会做贡献，那么国家通过转移支付来承担妇女生育的成本，在道义上顺理成章。

韩非曰："人情者，有好恶，故赏罚可用；赏罚可用，则禁令可立而治道具矣。"（《韩非·八经》）按照法家思想，树立一种价值取向的有效方式就是设置合理的激励与惩罚机制。这个行之有效的思路应该应用于保障妇女权益。具备可操作性的具体手段包括：

通过国家保险来支付女员工生育期间的薪酬。这种转移支付能够减轻小企业在人力成本方面的直接负担，为女性就业释放红利。

从伦理出发，国家保险的费用来源应考虑以下几个来源：1. 为高收入而不养育子女的"丁克夫妇"设置更高的所得税率，分摊培养未来劳动力的成本；2. 累进制遗产继承税，不依靠劳动而获得的巨额收入理应承担培养未来劳动力的成本；3. 累进制房产税，对普通居民自住或异地工作不构成影响，旨在抑制房产投机和"包租公"食利群体。因为正是上述行为导致大城市的生活资源极为紧张，从而对生育率造成了严重的负面影响。

根据女员工的比例和休产假情况，为企业设置一定程度的税额抵扣。企业招收较高比例的女员工、让女员工休满产假，都会带来可观的减税额度。这便构成了良性的正向激励。

国家推动可操作性很强的立法和释法，有针对性地惩罚对女性的就业歧视现象。例如，非特殊工种"限招男性"，变相逼迫生育期女员工辞职，在企业内部规章中制定明显不利于女员工的条款，都属于极其恶劣的行为。无论企业员工起诉，还是走公诉程序，都应迫使相关企业付出代价。

在行政处罚和法院判例中应体现这样的精神：制造性别歧视的企业，不仅要超额补偿女员工，而且还要向国家缴纳高额罚款，注入国家保险，用于转移支付。

恶意制造性别歧视的企业如果在限期内不采取有效的整改措施，那么将被列入"对女性不友好企业"的国家黑名单，通过公开访问的数据库予以发布。如果违规企业是主板、创业板、新三板的上市公司，证监会应发布"对女性不友好企业"的公告，使这些企业在形象和融资方面付出惨重代价。

"女性能顶半边天"不能停留在口号上，而必须有相应的国家政策加以保障。只有当职场女性的道路不再艰难、女性生育权得到充分保障的时候，开国元勋们关于男女平等的理想才算真正得以实现。

西方"福利社会"困局的启示

徐实　秦博

对于经历着迅速变革的中国来说，如何实现可持续的社会发展，是人们最关心的话题。除了经济增长以外，社会福利的建设也是社会发展中不可或缺的环节。需要指出的是，社会福利不等于"福利社会"。西方国家曾经试图营建的"福利社会"普遍面临着困局，此类前车之鉴，意味着中国注定要开辟一条与众不同的新道路。

因"福利社会"陷入困局的国家，比较有代表性的是法国、西班牙和希腊。美国虽未彻底陷入困局，但也出现了一些危险的倾向，例如加州等地严重的财政赤字。"福利社会"困局的特点是：政府债务不堪重负，经济增长趋于停滞，失业率居高不下；与此同时，增加或减少福利的动议均遭到社会力量的强烈抵制，使得福利政策处于进退两难的僵局。

"福利社会"的历史并不长，它的建设始于20世纪50年代，到20世纪80年代才大致形成现在的格局。西方国家之所以营造"福利社会"，有以下两方面原因：

外部原因是苏联和东欧阵营带来的压力。作为国际共产主义运动的成果，苏联和东欧国家均高度重视劳动者福利的建设。西方国家意识到，如果不相应地建设本国的社会福利体系，本国民众就会自发产生对社会主义制度的向往——20世纪30年代的"大萧条"中确实出现过这种倾向。西方国家纷纷构建福利体系来缓和国内的阶级矛盾，可以说是出于"冷战"的需要。哪怕是保守主义政党（如英国保守党，德国基督教民主联盟，法国保卫共和联盟等），在执政时期也多少参与过福利体系的建设。

内部原因则是西方国家在"二战"之后普遍推行票决制的直接民主。政党为了得到和巩固执政地位，需要获取尽可能多的选票。对诸多政党而言，向选民许诺更多福利就是走向当选的"终南捷径"。于是，你许诺增加住房补贴，我就许诺增加带薪假期。"终南捷径"连续走上几十年，就积累出了今日所见的高福利，称之为"民粹式福利"亦不为过。法国、西班牙和希腊的带薪假期分别为 40 天、36 天和 37 天。这意味着合并双休日之后，这些国家的人每年有一个半月不用上班。而事实也的确如此，这些国家的企业和政府机关，每年七八月份常处于停摆的状态，因为管事的人大都去海边度假了。

从个人视角来看，这种"福利社会"当然很舒服。但从宏观视角来看，"福利社会"的可怕之处恰恰在于它的不可持续性。"福利社会"难以为继的主要原因是收支不平衡，我们看一下（如表 2 所示）数据，就知道问题的严重性了。

表2　　　　　　　　　　**各国政府债务状况对比**

2015 年	财政赤字/GDP 比率	中央政府债务/GDP 比率	GDP 增长率
法国	3.60%	96.10%	1.30%
希腊	7.20%	215.00%	0.77%
西班牙	4.80%	101.30%	1.39%
中国	2.30%	39.40%	6.90%

数据来源：法国统计局、中国财政部、新浪财经、中国钢铁联合网。

同中国的数据对比一下，就知道已建成"福利社会"的国家有多惨了：经济发展趋停滞，赤字预算债高筑。如果财政不能实现盈余，债务大坑就永远填不上，而且会越挖越深。到最后，国家财政支出极高的比例都被迫用于发放福利，也不用搞建设了。可是，这些国家在

GDP 裹足不前的形势下如何增加财政收入？靠税收吗？那肯定不可能。

"福利社会"带来的深刻教训就是——千万不能高估二次分配在调整收入分配中起到的作用。二次分配依赖于税收基础上的国家财政，所以"福利社会"的"高福利"普遍以"高税收"为前提。但是缴纳所得税的主体力量，其实是以工薪为主要收入的群体，而非高收入群体。因为工薪族的所得税往往由企业代扣，基本逃不掉。而制订社会规则的高收入群体则有很多合法避税的方法，例如，将个人开销列入企业成本，成立信托基金，向海外转移资产等等，而这些方式是工薪阶层根本无法采用的。更有甚者，在法国奥朗德政府 2013 年宣布增加所得税之后，著名影星杰拉尔·德帕迪约（Gerand Pepardieu）等一票名人纷纷加入别国国籍，让法国政府征税无门。

因为对高收入群体征税困难，且征税成本很高，工薪阶层反而"李代桃僵"成为纳税主力军。于是，"福利社会"实际上形成了尴尬的格局：政府从收入稍高的工薪阶层身上抽税，用来补贴低收入工薪阶层以及一部分社会底层的流氓无产者。在这种格局下，如果为提高福利水平进一步增税，必然导致收入稍高的工薪阶层的生活水准立刻下降。而且由于大部分福利用于补贴不劳动的流氓无产者，使得辛勤劳动的工薪阶层极为不满。西方国家的右派政客往往借助这种不满情绪，主张大规模削减社会福利，甚至鼓吹将劳动人民本应享有的那部分社会福利也一起砍掉。美国共和党就很喜欢煽动这种论调，真是名副其实的"挑动群众斗群众"。所以，"高福利"在目前的水准上，难以再前进哪怕一步。

"高福利"不能再前进了，那么能后退吗？恐怕也很困难。任何减少福利的动议，都会带来无休止的抗议、游行和罢工。法国前总统萨科齐（Sarkozy）一开始计划将法国最低退休年龄从 60 岁延长到 62 岁，数年间遭遇多起大罢工；后来萨科齐做了合理让步，仅将退休年龄从 60 岁延长到 60 岁零 4 个月，结果仍导致他在 2012 年大选中败给了资质平庸的奥朗德（Holland）。在西方国家票决制的政治格局中，触动"高福利"的奶酪极有可能导致执政党或执政联盟在选举中倒台，所以政治家出于自身利益，也不愿意去冒这个险。于是，"福利社会"形成的巨大亏空如同一个大炸弹，在"击鼓传花"的游戏中不断转手。

"高福利"已陷入进退维谷的困局，寅吃卯粮的亏空越滚越大。可是国内有些人丝毫没有意识到这些问题，仍然盲目地认为"福利社会"一如既往的"高大上"，甚至兴高采烈地试图移民到欧洲国家去吃福利。这简直就像在刘邦项羽起兵之后，迫不及待地去投奔秦王……很有可能还没等他们吃上"高福利"，"福利社会"就已经崩盘了。

前事不忘，后事之师。目睹了西方国家"福利社会"的经验教训，我们应当在中国建设什么样的社会福利体系呢？坚定不移地发展普遍惠及人民群众的社会福利，意味着让人民群众合理分享经济发展带来的成果，这直接决定了执政党的群众基础和人心向背，所以绝不能不发展社会福利。但是发展社会福利的具体思路，必须避开西方国家陷入的泥潭。

真正适合中国的，应当是基于马克思主义劳动价值论的社会福利制度。劳动创造价值，价值的一部分形成社会福利，所以社会福利必须围绕着劳动而展开。

第一，既然社会福利是劳动的产物，那么社会福利的水准应该与劳动生产率保持一致。这个问题要从两方面理解：一方面，如果科技和生产关系的进步提高了劳动生产率，那么社会福利的水准就应该相应增加，这才意味着劳动者真正享受到了经济发展所带来的成果。倘若在经济发展过程中出现"朱门酒肉臭，路有冻死骨"的现象，执政集团的民意基础就会动摇。另一方面，社会福利水准的提高，不应该远远超越劳动生产率的增长。否则，劳动创造的价值并未明显增加，而社会福利的消耗却像雪球一样越滚越大，这不是坐吃山空吗？希腊自从制造业衰退之后，劳动生产率就多年处于停滞状态。在这种情况下不切实际地推高福利，不是明摆着找死吗？

第二，既然社会福利是劳动的产物，那么享受社会福利的应该是劳动者（包括曾经劳动过的退休人员），以及确实不具备劳动能力的社会成员（儿童、残疾人等）。"尊重劳动"应当具体落实为尊重劳动者的合理权益。"福利社会"带有强烈的民粹色彩，资产阶级左派把福利与抽象的"人权"挂钩，却将福利与具体的劳动割裂开来，这就造成了许多荒唐状况：在美国，因为生孩子就有补贴，所以还真有人生一大堆孩子，主要依靠政府补贴度日；英国也曾产生接近30万常年在家泡病号的"英国病人"，令首相卡梅伦（Cameron）忍无可忍。不以劳动为前提的福利，客观上使得流氓无产者不劳而获、随意享用劳动者创造的价值，这恰恰是对劳动者权益的蔑视和践踏。所以，中国的福利建设要特别强调劳动光荣，劳动越多享受的福利就越多。有能力劳动却不愿意去劳动的流氓无产者，应该得到的不是社会福利，而是行为矫治。

第三，在收入分配改革中，强调初次分配的重要性。"福利社会"的教训已经证明，二次分配对收入分配的调节是有限的，因为税收和国家财政的负担能力总有上限。要提高劳动者的生活水平，更应从初次分配入手，努力提高国民收入中劳动收入的份额。在国民收入中，劳动收入份额就是工资所占的比例，其他的部分都被企业拿走了。正如经济学家皮凯蒂（Thomas Piketty）在《21世纪资本论》中指出的那样，资本主义生产关系使资本的积累远远快于劳动者收入的增长。如果劳动者领到的工资本来就很少，那么通过税收来调节收入的空间就非常小，中国当前面临的就是这种情况。而在中国的国民收入中，劳动收入份额较低。根据国际劳工组织（ILO）的《2012/13年全球工资报告》，2008年，我国劳动收入份额仅为48%左右。同时期美国的劳动收入占比在65%左右。

提高劳动收入份额，在公有制经济中相对容易实现，而且国企的平均工资本来就高于私企。在非公有制经济中，提高劳动收入份额，可能要通过加强工会力量、推动薪酬集体谈判来实现。无论怎样，中国不再需要任何"血汗工厂"。那些鼓吹中国企业应该以低工资维持

"竞争优势"的人，应该先问问自己：你愿意让自己的孩子去"血汗工厂"工作吗？如果不愿意，那别人的孩子凭什么就得去？

第四，合理延伸社会福利的概念，摒弃某些西方国家以"直接发钱"作为手段的狭隘福利观。现金补助、医疗报销和食品券是西方国家常用的发放福利的手段。这些手段并非不合理，但有极大的局限性：仅能使弱势群体短期内免于饥馑，却不能改变他们的社会经济地位，使他们陷入长期接受救济的循环。在现代社会，受教育程度是社会经济地位的决定性因素。如果优质教育资源被少数群体垄断，那么就会出现阶层固化和贫困的代际传承，这一点在美国和英国都体现得非常明显。所以，社会主义制度必须将教育定义为人民群众的核心福利，坚持教育资源的公益性，并确保优质教育资源以公平的方式向群众开放。只有让弱势群体获得劳动技能和就业机会，才能从根本上改变他们的社会经济地位，使他们不再依靠福利维持生存。

第五，"社会福利"的设计，应以提高全社会的劳动参与率为目的。劳动参与率是指劳动人口占劳动年龄人口的比例。显然，这个比例越高，意味着为社会创造价值的人越多。例如，医疗保险让劳动者保持健康的体魄、更好地工作，对提高劳动参与率当然有帮助。再如，可以设置弹性化的退休年龄，允许身体较好、经验丰富的脑力劳动者自愿多工作几年，这样既增加了他们的收入和退休金，又为社会创造了更多价值。劳动生产率不断增加，加上劳动参与率维持较高的水平，才有可能保证社会福利体系不依赖"人口红利"而维持下去。

基于劳动价值论的社会福利制度，能够真正为劳动者服务、切实改善劳动者的生活状况，并且避免出现泛滥的福利"养懒汉"的状况。这样的福利制度才能够获得广大劳动人民的真心拥护，而且在经济上也是可以持续的。中国的福利制度建设，一定要走出一条利国利民、符合国情的道路。

第 三 章

经世济民之道

市场准入即政治

徐 实

就在美国第二大运营商 AT&T 取消销售华为手机之后，2018 年 1 月底，第一大运营商 Verizon 也宣告放弃销售华为手机。由于美国手机销售绝大多数情况下与运营商绑定，这意味着华为以智能手机进军美国的战略又受到重挫。原因还是美国官方的施压，而且冠冕堂皇的理由仍然是"数据安全"。美国政府和军方拒绝采购中国的通信设备，倒是真有可能为了"数据安全"。可是，以"数据安全"封杀民用电子消费品，这"吃相"实在太难看。换位思考一下，假如中国政府以"数据安全"为由禁止运营商销售苹果手机或提供接入服务，美国人又该怎么想呢？

国内有些经济学家一贯将西方国家吹捧为市场经济的典范，以为西方国家允许各种市场主体充分参与自由竞争，市场的门户向所有人开放。真不知道"大忽悠"们为何如此执着于这套幼儿园水平的说辞。西方国家一直实行资本主义制度，但不意味着这些国家拥有不受限的市场。恰恰相反，西方国家的政府普遍设定了市场准入机制，实质上是构成非关税贸易壁垒。市场准入机制本身是政治的产物，与什么市场公平没有半毛钱关系。但是在另一方面，这些市场准入机制巧妙地利用了技术或道义的幌子，形成了一套霸道的话语体系。

举个众所周知的例子，欧盟为航空市场设定的准入机制就很有特色。自 2002 年 4 月 1 日起，欧盟在所有成员国境内实行新的航空标准，其中重要一条是对起降飞机的噪音作出了严格限制①。出台该政策当然有"高尚"的理由——咱欧洲人环保意识强啊，噪音污染也是污染。其实这套航空标准是不折不扣的"软刀子"杀人：噪音标准是按照欧洲生产的空中客车大飞机的性能量身定制的，对"自己人"没什么影响。而俄罗斯航空公司使用的图－134、图－154、伊尔－86客机和伊尔－76货机，由于使用的俄制发动机噪音较大，都无法达到欧盟的航空标准。这就意味着，自2002年4月1日开始，所有俄制客机都不得在欧盟境内的机场起降。时任俄罗斯运输部长的罗日科夫与欧盟官员进行了艰苦的谈判，但是一无所获。

欧盟通过航空标准这把"软刀子"成功地实现了两个目标：

（一）使俄罗斯航空公司在欧盟境内很难拓展市场。新标准实施伊始，俄罗斯航空公司不得不取消大量客运和货运的班机。让出来的市场空间自然由欧盟国家的航空公司来填补，肥水不流外人田嘛。

（二）推广空客，打击俄罗斯民用大飞机。曾经使用俄制客机和货机的国家，因欧盟的"噪音禁令"纷纷选择让这些飞机退役。再到后来，为了维持在欧洲的航线，俄罗斯航空公司于2009年被迫退役了所有图－154客机，建成了以空客为主力机型的现代化机队②——欧盟作为游戏规则的制订者获利极多。

此后俄制民用大飞机的销售行情极为惨淡。俄罗斯用于替换图－154的新一代主力机型图－204/214，自1996年来只造了68架。而与之同级别的空中客车主力机型A320，2017年差不多每个月都有50架的产量，产销量完全不在一个数量级上。销路不畅使得俄罗斯航空企业和产业链严重缺乏现金流，经费不足更制约了下一代大飞机的开发。历史上，苏联民用大飞机的研发曾经具备独立的体系，水平一度接近西方国家。现如今，俄罗斯的民用大飞机产业已经"残"了，

---

① 陈健：《欧盟不让俄罗斯飞机降落》，2002年2月5日，人民网（http：//www.people.com.cn/GB/guoji/22/84/20020205/662680.html）。

② 刘怡然：《"战斗民族"的航空公司是怎么炼成的》，2015年7月14日，新华网（http：//news.xinhuanet.com/world/2015－07/14/c_128015361.htm）。

只能选择与中国合穿一条裤子，共同研发新一代宽体客机 C929。

西方国家曾经鼓吹的"贸易自由化"与"市场开放"非常虚伪，他们在现实中搞的往往是"单向活门"：要求别国向自己开放，而自己并不愿向别国开放。日本的药监管理体制就是一个很"好玩"的市场准入机制。世界上多数国家在临床实验操作标准相近的情况下，承认在别国境内开展的临床实验的结果。日本药品和医疗器械局（PMDA）却是个例外，它的基本逻辑是"日本人和全世界其他国家的人都不一样"：一种新药要想获得在日本的上市许可，那就必须用日本人来做临床实验，至少也要用第一代的日本移民来做临床实验。这种制度显然给外国制药企业进军日本市场制造了许多困难，便于日本制药企业通过近水楼台的便利性占领国内市场。但是武田制药（Takeda）等日本制药企业，却可以用在日本制造的临床数据向欧盟、美国、加拿大等国的药监机构提交新药上市申请。日本人的算盘打得还真是精：不允许别人到自己的地盘上占便宜，却一心琢磨着到别人的地盘上占便宜。

无独有偶，美国的市场准入制度同样是"单向活门"。美国对于境内的企业并购有一套"国家安全审查"制度：该制度始于 1988 年的《埃克森—佛罗里奥修改法案》，经《2007 年外商投资与国家安全法案》得以加强，并通过相关法规得以实施。其执行机构为美国外国投资委员会（以下简称"外国投资委员会"或"CFIUS"）。外国投资委员会由内阁部长级成员组成，包括司法部长、贸易代表、商务部长、国防部长、能源部长、国土安全部长和财政部长等，行使总统授予的相关审查和调查权[1]。

美国政府认为，当外国企业在美国的并购活动会危害美国国家安全时，总统可根据美国"国家安全审查"的相关法规暂停、阻止、终止、禁止该项交易，甚至事后撤销有关交易——哪怕已经完成的并

---

[1] Dorsey 律师事务所（http://www.dorsey.cn/chinese/hottopics/uniGC.aspx？xpST = HottopicsChinese&key = 00075804-a89a-406f-96e7-ee891f81608e&activeEntry = c6b00801-d170-4b00-b271-5ade8c20791c）。

购也可以"翻烧饼"宣布作废，够厉害吧？然而，这一广泛的权限却不受任何司法审查，人家就是这么任性。早在 1990 年，老布什总统便下令否决了中国航天技术进出口公司收购波音供货商 MAMCO 制造公司的交易。2011 年，华为收购三叶系统公司（3Leaf Systems）资产时也受阻于"国家安全审查"程序。

在美国的现行制度下，任何涉及外国企业的并购活动均受"国家安全审查"相关法规的管辖，而不论其交易规模（金额）大小或涉及的行业。审查的唯一标准为"威胁美国国家安全"，解释权归美国政府。如果被并购企业拥有美国政府合同、关键知识产权、出口许可，那就"查你没商量"。

被外国投资委员会阻止的许多并购交易涉及前沿科技领域，2017 年该委员会共审查了 250 到 300 宗外国企业并购美国企业案例，而 2014 年还只有 147 宗。据路透社报道，美国外国在美投资委员会今年想否决的多数交易尚未公布。报道中披露的涉及中国的案例，包括中国智能手机厂商 TCL 收购美国电子产品厂商 Inseego 的 MiFi 移动热点业务案，TCL 已经撤回申请并取消交易。

近年来，越来越多中国企业在美国并购企业，不少并购交易涉及科技产业。2016 年 11 月，负责监测中美贸易交往对美国经济与安全影响的美中经济审查委员会（USCC）曾经发布一份报告，建议外国投资委员会阻止中国企业收购美国企业，理由是这些并购行为"威胁美国国家安全"。2017 年 1—8 月，已有 9 家涉及外资并购交易的美国企业收到美国外国在美投资委员会的信函，表明会以潜在国家安全风险为由，否决有关交易。部分企业选择提出缓解措施，其余则取消交易①。

说穿了，"威胁美国国家安全"就是个筐，什么都可以往里装。为什么美国政府对外国企业收购拥有先进知识产权的美国企业非常敏

① 国别贸易投资环境信息半月刊：《美国对中企在美并购审查日趋严格》，2017 年 8 月 10 日，中华人民共和国商务部贸易救济调查局（http：//trb. mofcom. gov. cn/article/zuix-indt/201708/20170802624539. shtml）。

感？因为美国长期致力于在一些关键技术领域构建压倒性的优势，最好形成技术垄断。形成技术垄断之后，美国企业就可以通过收割国际剩余价值舒舒服服地剥削发展中国家。技术垄断有多厉害呢？举个简单的例子就能说明问题：2000 年前后，中国心脏支架市场完全被进口产品垄断，单价高达 7 万～8 万元；2005 年前后，国产心脏支架刚一上市，进口产品立刻主动降价一半；时至今日，国产心脏支架的价格多说一万元出头，而进口产品的价格也只有 2 万多元。外企主动降价的案例证明，技术垄断能够赋予商品远高于其价值的价格，形成暴利；而一旦技术垄断被打破，获取暴利的基础也就不复存在了。

正因为如此，美国政府最不希望看到别国打破美国企业的技术垄断。假如中国企业能够顺利收购美国高科技企业，自然就会获得被收购企业的知识产权；这就意味着，中国企业得以通过资本运作快速进入从前未涉足的领域。比方说，以前中国造不出某种芯片，收购几个美国企业不就等于中国也有相关技术了吗？此后一些中资企业将变成美国企业的竞争对手，美国企业则无法依靠技术垄断获取暴利。因此，美国政府绝不会允许外国企业染指生产 CPU 的英特尔、生产航空发动机的普惠这类高端制造业企业，"国家安全审查"便是阻止外国企业通过资本运作进入美国市场的有力武器。

然而 2008 年金融危机以来，西方国家江河日下，以至于不敢继续打出"贸易自由化""市场开放"的招牌。以前他们之所以打出这些招牌，是为了利用自己在经济实力上的优势，去发展中国家抢占市场。20 世纪 80 年代至 90 年代，西方国家成功地阉割了拉美国家和东欧国家的制造业，使得这些国家出现了明显的"去工业化"，在产业结构上彻底沦为西方国家的奴仆。例如，罗马尼亚从一个航空业较发达、能够研制喷气式攻击机的工业国，沦落为连修飞机都成问题，这落差可是够大的。现在的形势却大为不同：中国已经成为世界第二大经济体，不仅摆脱了长期以来的资本稀缺，甚至还有实力进行海外并购。2016 年中国并购市场的交易数量与交易金额均再创新高。其中，中国企业海外投资金额大增 246%，达到 2210 亿美元，超过前 4 年中企海外并购交易金额的总和①。如果西方国家真信奉"市场开放"，正想"走出去"的中国企业岂不是想收购哪家企业，就能收购哪家企业？

于是，我们看到了这样一出叶公好龙的闹剧：2017 年 10 月 17 日，英国商务、能源与产业战略大臣格雷格·克拉克（Gregory Clark）提出新的企业并购审查建议，目的是加大对外资并购英国企业的审查力度。根据英国现行法律，英国政府目前只能介入在英国营业额超过 7000 万英镑或市场份额达到 25% 以上公司的合并。新的建议将大幅降低政府介入门槛，使相关部门可以审查在英国营业额超过 100 万英镑企业的兼并（审查门槛剧降为原先的 1/70），并取消了市场份额达到 25% 的要求。范围涉及军工、计算机芯片等先进技术行业②。这架势是明摆着不欢迎外国企业对英国本土企业进行收购。这让我们不禁感慨——昔日的大英帝国用坚船利炮轰开中国的国门，今日的联合王国却迫不及待地关上自己的国门，又是折腾"脱欧"，又是防止并购，真让人怀疑是不是拿错了剧本。

"贸易自由化""市场开放"等动听的口号，说穿了不过是西方国家刻意制造的欺骗性的话语体系。西方国家将欺骗性的话语体系作为"华盛顿共识"的一部分四处兜售，目的是给跨国资本攻城略地提供便利。可是有些国内经济学家竟然对这些欺骗性的话语体系深信不疑，认为中国就应该门户大开、放弃一切市场准入机制、放任外企收购中国企业，这样中国才能够成为彻底的"市场经济国家"。而事实上，根本没有一个西方国家按照他们想象的那么做。中国倒是应该完善符合国情的市场准入机制，在许多行业争取成为标准的制订者，最大限度地捍卫经济主权和人民群众的根本利益。既然美国对于企业并购设置"国家安全审查"，中国完全也可以搞一套相似的制度——

---

① 陈璟春：《普华永道：2016 年中国企业海外投资金额大增 246%》，2017 年 1 月 12 日，新华网（http：//news. xinhuanet. com/fortune/2017 - 01/12/c_ 1120300644. htm）。

② 王萌萌：《英国拟加大对外资并购审查力度》，2017 年 10 月 17 日，新华网（http：//news. xinhuanet. com/world/2017 - 10/17/c_ 1121817703. htm）。

以后"中国制造"走向世界领先，我们当然有必要构筑知识产权的护城河。

现如今年成不好，地主家也没有余粮，西方国家已经不敢拿"贸易自由化""市场开放"继续"碰瓷"了，高校里的"大忽悠"们是否应该醒悟了呢？

辽宁怎样才能走出困局？

徐　实

2016 年上半年，辽宁的 GDP 增速全国倒数第一，甚至出现了 1% 的负增长。辽宁省 2015 末债务率为 157.72%，比 2012 年末上升了 88%[①]。辽宁省财政厅 2016 年下发各地市的一份文件亦坦言："目前我省债务余额较大，远超出债务标准限额。""辽宁塌陷"的说法不绝于耳。

在经济陷入困顿的时候，辽宁省在酝酿什么脱困的高招？辽宁省最大的动作就是将 9 家省属核心国有企业推向沈阳产权交易所，向全社会征集战略投资者，美其名曰"全面推进混合所有制改革"。根据沈阳产权交易所公告，推出的本钢集团、交投集团、华晨集团、水资源集团、能源集团、辽渔集团、抚矿集团、沈煤集团和铁法能源集团涉及总资产近 6700 亿元。

若是政策深得民心，辽宁人民理应拍手称快。然而从网络舆情来看，对此举的骂声已经占压倒性趋势——网友纷纷质疑此举违背习总书记"理直气壮做大做强国企"的精神。作者曾在辽宁生活过 10 年，对那片黑土地仍有感情。在这件事情上，作者的看法与多数辽宁人民相同：光靠"混改"不足以使辽宁经济脱困，纯属饮鸩止渴，充分

---

① 郭一晨：《辽宁陷入经济负增长泥潭：债务率三年翻番》，2016 年 7 月 9 日，新浪财经（http：//finance.sina.cn/china/gncj/2016-07-09/detail-ifxtwiht3426003.d.html? from= wap）。

暴露了某些地方政府官员的无知和懒政。说他们无知，是因为他们没有抓住辽宁经济困境的主要矛盾，简单地引入私人资本无助于解决主要矛盾；说他们懒政，是因为他们迷信引入私人资本就可以自动解决一切问题，他们对辽宁的发展根本没有明确的战略规划。

解决问题必须对症下药。要把辽宁从经济困境中拯救出来，首先应该弄清楚，到底是什么原因造就了辽宁的经济困境。许多庸俗经济学家说，辽宁的国企太多，所以"体制问题"造成了经济困难。这种说法属于"瞪眼说瞎话"——重庆是国企"扎堆"的地方：国有经济创造了重庆近40%的GDP，"十二五"期间，重庆全市国企资产总额从1.7万亿元增加到4.5万亿元，称之为"国企大跃进"亦不为过①。上海的国企规模更大，光是上海市属国企的资产总额、营业收入、利润总额，就已经分别占据了全国地方国资系统的1/10、1/8和1/5，而且创造了超过上海20%的GDP；如果把在上海的央企也算上，那么国有经济在上海GDP中的比例已达50%，辽宁的国有经济占比仅30%②。可是在2016年上半年，国有经济占比超过辽宁的重庆和上海，经济增长率分别达到了10.7%和6.7%，远远超过辽宁。由此可见，庸俗经济学家鼓吹"国企越多，经济越困难"，纯属指鹿为马。此辈信口开河的目的，就是大张旗鼓地给推行私有化制造借口。很多真糊涂和装糊涂的地方官员，却信以为真。

造成辽宁经济困境的真正原因，其实是陈旧的产业结构。辽宁的产业结构以重化工业为主，在规模以上的工业企业中，重化工业占比将近80%③；辽宁还有大量矿业企业，如辽河油田、抚顺煤矿，

---

① 李果：《重庆2.6万亿国资分类改革 "商业一类"企业市场化优胜劣汰》，2016年5月12日，21世纪经济报道（http://epaper.21jingji.com/html/2016-05/12/content_39907.htm）。人民网：《重庆小微企业实现蓬勃发展非公经济占比超过60%》，2016年1月24日，人民网（http://zb.cqpeople.com/zb/20160124/shownews.cq? DII=1165&IDl=13324）。

② 上海政务：《去年上海国企创造GDP超过全市20%》，2016年1月19日，上海政务网（http://shzw.eastday.com/eastday/shzw/G/20160119/u1a9185037_K27223.html）。

③ 林火灿：《盛来运解析辽宁GDP负增长：重化工业占比高 老国企历史包袱重》，2016年8月12日，中国经济网（http://www.ce.cn/xwzx/gnsz/gdxw/201608/12/t20160812_14813790.shtml）。

等等。在计划经济"全国一盘棋"的时代，这些都不是问题：辽宁的工业产品按计划供给全国，而且往往供不应求，根本不需要市场营销，只要完成国家计划的任务就好；某个矿采光了也没关系，最后会由国家出面转移和分流员工。时过境迁，这种产业结构放在现在就成问题了。改革开放以来，许多产业的地域性分布产生了巨大变化。东北地区的重化工业不再一家独大，而面临着来自多个省份的竞争。比如说，生产重型工程机械的徐工集团在江苏，中联重科和三一重工在湖南。沈阳标准件厂曾是亚洲最大的标准件工厂，后来面临诸多南方厂家的竞争，竟然倒闭了。辽宁的石化工业曾经在全国占据举足轻重的地位，然而随着50万吨以上级别的乙烯项目在武汉、南京、上海、天津、彭州、镇海、茂名等处遍地开花，辽宁的石化工业已不再"笑傲江湖"。从宏观上来看，重化工业的某些产品已经出现了市场饱和的状况。如果不能在技术水平上取得突破，"大路货"的产品很难进一步提升销量，企业自然举步维艰。矿业更是一个老大难的问题：在市场经济环境下，各个矿业企业都成了自负盈亏的独立法人。但是，矿产资源衰竭之后的劳动力转移和矿山小社会的重新安置，根本不是仅凭企业内部资源就能够妥善解决的问题。如果政府不采取积极措施推动产业结构调整，那么矿产资源衰竭必然导致资源型城市陷入"黑暗深渊"。

产业结构的问题是深层次的问题，与企业本身姓公姓私、姓社姓资无关。美国五大湖区的重化工业企业都是私企，肯定没有"计划经济的包袱"，为什么五大湖区的经济照样陷入困境，形成著名的"锈带"？依靠煤钢企业崛起的德国鲁尔区，一直以来采取的都是"市场化运营"，为何也会在资源耗竭之后陷入长期困境？庸俗经济学家们恐怕又要顾左右而言他了。

仔细想想看，把产品销路不佳的重化工业企业私有化，就能够立刻提升企业的技术水平和产品销量吗？把矿产即将枯竭的国有矿山、油田私有化，就能让地下变出新矿产或者解决数十万职工的再就业问题吗？盲目引入私人资本根本无助于解决产业结构陈旧带来的经济难题，这不过是饮鸩止渴——政府短期内获得了一些财政收入，却丧失了宝贵的国有资产，以后手里的"牌"会越打越少。更何况，私人资本无利不起早，要么通过低估国有资产转手大赚一笔，要么在接管企业之后大肆裁员，将大量失业者推向社会，使得政府面临社会治理的危机。20世纪90年代后期，这些事情在辽宁活生生地上演过，作者和4000多万辽宁父老乡亲都是见证人，所以更不希望这段黑暗历史重演。

既然陈旧的产业结构是辽宁经济困境的主要矛盾，那么调整产业结构就是破局之道。调整产业结构分为两个方向：一是"开辟第二战场"，扶持新兴产业，创造新的经济增长点。二是"整军突围"，积极促进现有产业的升级。从历史上来看，无论是"开辟第二战场"还是"整军突围"，成功的案例都离不开政府的积极筹划和参与。例如，台湾1980年成立的新竹科学工业园区，培养出了大量新兴半导体企业，在长达20多年的时间里是台湾经济的支柱。新竹科学工业园区出自台湾自上而下的规划，蒋经国本人高度重视，李国鼎、孙运璿等技术官僚均倾注了大量心血，培养了大批科技和经济人才，也提供了很多资源支持。旨在提升制造业水平的"工业4.0"，则是德国政府《高技术战略2020》的十大未来项目之一，属于国家层面的战略。即使在资本主义制度下，有所作为的政府也会在产业结构调整中扮演重要角色。庸俗经济学家鼓吹"把一切交给市场"，却否定政府在调整产业结构的过程中发挥的积极作用，显示出对历史的极度无知。

为什么调整产业结构需要政府的积极行动？是因为"开辟第二战场"涉及企业生态链的问题，企业的生存离不开上下游合作伙伴。举个例子，如果我想在某地建立一家新的生物制药企业，我需要的上游合作伙伴包括风险投资（解决资金需求）、生命科学孵化器（租用实验室），可能还需要定制化生产试剂的生物公司；等到我的研究进展到一定程度，我还会需要许多下游合作伙伴，包括临床前CRO（完成药理毒理实验）、临床CRO（完成临床实验）、CMO（外包生产，制造药物）或者愿意提供合作资源的制药企业。如果这个地方没有这些上下游的合作伙伴，那么我推动研发就很麻烦，可能为一点事情就得乘飞机跑到外地去解决。换句话来说，我的企业放在这个地方是没有任何区位优势的，那我为什么要来这里呢？以上例子能够直观地说明一个重要问题：要在某地引入新兴产业，最重要的就是建立一条该产业的生态链，使得生态链上各个环节的企业都有利可图。建立或移植一整条生态链，已经远远超过了单个企业资源的承受能力，所以需要通过政府的合理规划来实现。中国起步最早、成熟程度最高的生物制药产业园区——上海张江药谷，就是通过政府合理规划打造产业生态链的成功范例。

"整军突围"的核心在于以技术创新推动产业升级，这其实也是"供给侧改革"的一部分。举例来说，2016 年 1—7 月，沈阳金杯汽车有限公司的 SUV 累计销售 2455 辆，同比下滑 45.40%[①]，可是 SUV 明明是国内汽车市场销售增长最快的汽车品种。重化工业产品销售困难的原因往往是缺乏技术含量，技不如人就没有竞争优势——从用户的角度来说，能吃蛋糕干吗要去啃窝窝头？产品缺乏技术含量则是因为企业研发力量薄弱，这种状况在全国相当普遍。对于企业来说，研发新技术、新产品要承担相当大的风险。有些基础性的研发（比如半导体材料的制造工艺）周期长、耗资巨大，单个企业的边际收益甚至不足以填补研发成本。近年来，各地普遍成立国资背景的产业投资基金，目的就是降低企业自身支付的研发成本，促使更多企业增强研发力量。2015 年 2 月，中国集成电路产业投资基金向中国最大晶圆代工厂中芯国际投资 30 亿港币，就是在下一盘很大的棋。

有许多人认为，辽宁经济的困境在于政府"管得太多"，发展经济就要"让政府撤出来、让市场唱主角"。上述观点其实有很大的片面性。辽宁的一些地方官员利用手中的权力对企业"吃拿卡要"，从某种意义上来说，确实是"管得太多"，恶劣的基层生态已经到了非

---

① 李秀芝：《跌到底的节奏？金杯今年 1—7 月轻卡销量只有去年 1/3》，2016 年 8 月 9 日，第一商用车网（http://www.cvworld.cn/news/truck/shuju/160809/110723.html）。

治理不可的地步。仅在 2014 年大半年的时间里，辽宁省各级机关就查处"吃拿卡要""庸懒散拖"问题 5977 起、共计 2864 人[1]。但是许多人却忽略了辽宁地方官员懒政和"管得太少"的另一面——辽宁省在调整产业结构方面长期无所作为。回顾一下辽宁省近年来的经济发展历程，就不难发现这一点。

李克强同志当年担任辽宁省委书记的时候，曾大力推动棚户区改造。这在当时是一项深得民心的德政，如果没有这项政府力推的工程，沈阳大东区、铁西区那些棚户区的下岗工人，恐怕这辈子都没机会住楼房。棚户区改造推动了房地产建设和城市土地升值，这在一开始当然是好事。土地升值带来了土地转让金的增加，让地方政府尝到了甜头。李克强同志上调中央以后，辽宁掀起了一场空前的房地产建设高潮：2009 年，辽宁省完成房地产开发投资 1283.1 亿元，同比增长 39.6%，高于全国平均水平 28%[2]。沈阳市在总面积 819 平方公里的沈北新区大兴土木，又借第十二届全运会之机，在浑南区打造了总占地面积超过 120 公顷的全运村。其他地级市也纷纷效法，使得房地产成为辽宁省经济增长的支柱产业。

辽宁地方官员的心思都被吸引到了房地产行业，产业结构调整的大事却被忽略了。在近 10 年的光景里，全国范围内的科技产业园区纷纷成长壮大起来，为各地创造了新的经济增长点。例如，南京市江宁高新园通过多年努力，培养出高端智能制造、生物制药、现代服务业等产业，近年来保持着较快的增长幅度，地区生产总值和服务业增加值年均增幅分别达 20.86%、52.94%，已经进入了"收获期"。包括高新园在内的江宁区，2014 年地区生产总值 1405.6 亿元，人均 GDP 达 1.9 万美元，已经达到了发达国家的水平[3]。辽宁虽然有名目

① 经森：《辽宁 2864 人因吃拿卡要庸懒散拖问题被查》，2014 年 10 月 22 日，半岛晨报（http://df.sina.cn/? sa=t814d311415v3287&from=wap）。
② 高慧斌：《1—7 月：辽宁省商品房均价每平米 3850.5 元》，2009 年 8 月 21 日，辽宁日报（http://unn.people.com.cn/GB/14783/21752/9906747.html）。
③ 张超、张鑫：《李世贵任南京江宁区委书记距前任去职 2 个多月》，2015 年 6 月 9 日，人民网（http://js.people.com.cn/n/2015/0609/c360300-25167140.html）。

众多的开发区，但是水平却不高，在业内缺乏影响力。沈阳药科大学的一些教授为了转化科研成果，不去辽宁的"本溪药谷"，宁可不远千里入驻江宁高新园的孵化器，这还不说明问题吗？

为什么辽宁的开发区没能够培养出新兴产业？还是那句老话，一分耕耘，一分收获。以南京市江宁高新园为例，从 10 年前起，园区就派出多批干部赴美进行长期深度考察，摸透了美国孵化器和高新企业的运作模式。此举培养了许多眼界开阔、懂真正技术的干部，这些年富力强的干部将美国行之有效的经验复制到高新园的建设中来，为生物制药等新兴产业打造出完整的生态链。江苏、浙江等诸多开发区，都储备了相当多的高学历技术干部，有些还有海外留学背景，他们的眼界和个人能力在同龄人中都是一流的。这些开发区甚至在美国硅谷设置了联络办公室，派重要干部轮番驻守，千方百计寻找有价值的创业项目回去落户，他们的勤勉和虚怀若谷着实让人钦佩。

辽宁何曾培养过这样的技术干部？又何曾这样虚心地和企业打过交道？辽宁某些开发区的负责人缺乏业务水平，却抱着急功近利的心态，指望通过"大干快上"尽快制造出投资额、产值等"漂亮的"数字作为自己的"政绩"。在这种心态的驱使下，他们往往热衷于"搞定几个大项目"，并不重视培养产业生态链；对创新型小企业更是不屑一顾，缺乏为企业解决问题的诚意。正因为如此，辽宁某些开发区的项目，要么无果而终，要么最后堕落为房地产开发项目。大连长兴岛开发区的衰败就颇具代表性①。长兴岛开发区的负责人金程在 2015 年因严重违纪接受组织调查，可见精力都用在什么地方了。

辽宁今日的经济困境，正是地方政府在产业结构调整上原地踏步，无所作为的结果。由于没有培养出新兴产业、创造可持续的经济增长点，当房地产热潮褪去之后，辽宁经济的问题便暴露无遗。沈阳浑南区的全运村几乎成了"鬼城"，沈北新区的房价持续下跌；各地级市普

---

① 中国经营报：《韩国 STX 项目停产拖垮长兴岛发展几乎停滞》，2014 年 2 月 22 日，新浪财经（http://finance.sina.com.cn/china/dfjj/20140222/035918297575.shtml）。

遍出现大量空置商品房；辽宁的经济也随之进入负增长。这倒是应了巴菲特（Buffett）的名言：退潮的时候，才能看出来谁没穿裤头。

产业结构调整事关重大，不是私人资本能够自动解决的问题，地方政府更不可能置身事外。辽宁要想走出经济困境，就必须走过产业结构调整这一关，接下来我们要谈谈现实的策略。"十三五"规划纲要指出，国家将部署启动一批新的重大科技项目，加快突破新一代信息通信、新能源、新材料、航空航天、生物医药、智能制造等领域的核心技术。在这些新兴产业中，辽宁省大有可为的领域应属新材料和智能制造：新材料产业属于"开辟第二战场"，但是可以依托辽宁现有的冶金和化工企业提供上游原材料；智能制造则是辽宁制造业企业"整军突围"的最好出路。

辽宁政府应该做哪些实实在在的工作？在新材料产业这个"第二战场"，政府需要打通产业链，让创新企业在上游与原材料生产企业对接，充分满足他们的研发需要；在下游与制造业企业对接，使得开发出来的新材料立刻得到工业应用。这样一条产业链上的企业就都被盘活了。而在智能制造领域，应该通过人才引进政策和资源整合，增强企业的研发力量；另外还应该努力打通"产学研"一体的链条，使得东北地区云集的理工科高校和研究机构成为智能制造的促进力量。哈工大和东北大学的计算机专业在全国名列前茅，中科院自动化研究所、中科院计算研究所都位于沈阳，岂能让制造业企业抱着金饭碗去讨饭？国家计划用于扶持东北老工业基地的 1.6 万亿资金，很大一部分应该用于成立体量较大的产业投资基金，努力扶持新材料和智能制造领域的新项目、新企业。沈阳机床集团凭藉一己之力，开发出代表世界先进水平的 i5 系列数控机床，在国内机床销量整体下滑的背景下，i5 上市不到两年，销量劲增 10 倍①。这就是制造业企业通过智能制造打翻身仗的范例。辽宁企业需要更多这种惊喜。

---

① 孙潜彤：《沈阳机床创新引领行业模式变革：i5，为中国制造注入新力量》，2016年4月14日，新浪财经（http://finance.sina.cn/2016 - 04 - 14/detail-ifxriqqv5601425.d.html？from = wap）。

待到新兴产业初具规模、制造业升级换代，辽宁就有望实现资金和人才的正向流入。在这种背景下，发展第三产业才有希望。纵观世界各国，第二产业的水平往往决定了第三产业能够取得的最高水平：拥有谷歌和波音的美国，第三产业是世界上最强大的金融体系；拥有法拉利的意大利，第三产业是旅游业和零售业。究其原因，第二产业决定了经济体在世界分工中的地位，以及资金的流向。在辽宁的第二产业尚未脱困之时，盲目鼓吹"发展第三产业"解决不了什么问题。20 世纪 90 年代"下岗潮"的时候，辽宁新兴的"第三产业"不过是下岗工人经营的街头小吃摊和零售地摊，一个个半死不活——"下岗潮"导致了城市居民购买力下降，第三产业的生意能好才怪！反过来说，如果第二产业经过凤凰涅槃、重焕生机，就能够创造大量收入稳定的就业机会，带来的城市职工工资收入就会形成第三产业的资金来源，家政服务、餐饮旅游、电商物流等第三产业自然会发展起来，第三产业创造的就业岗位正好消化矿业企业的分流人员。所以说，调整产业结构贵在认真做好当下的事情，这样路才会越走越宽。

事情总需要人来做。应当承认，辽宁非常缺乏眼界开阔、能力出众的技术干部，而且这种人才短期之内培养不出来。中国发展研究基金会副理事长刘世锦认为，应该引入广东、浙江、江苏三省的干部帮助东北进行经济建设，这种想法有一定道理。但是需要特别指出，辽宁需要引进的是具备真才实学、善做实事的"国士"，满脑袋"私有化"的腐败分子就算了——王珉担任吉林省委书记的时候，以强硬手段将吉林省属国企绝大多数卖光，可是吉林经济直到现在也没有多大起色。辽宁岂能老调重弹？

"冰冻三尺，非一日之寒。"辽宁今日陷入经济困境，正是因为产业结构不合理的问题长期没有得到解决，以致积重难返。将私人资本看作"救世主"的某些官员，恐怕是被庸俗经济学家"忽悠瘸了"。辽宁其实迫切需要产业结构调整的战略规划，并且在相当长的一段时间内保持政策的稳定性，真心希望明白这个道理的领导越多越好。

如何治好东北的"慢性病"?

徐实　秦博

20 世纪 90 年代的激进国企改革使东北地区经济陷入了漫长的沉沦。时至今日,东北地区的经济和社会发展仍然存在着诸多问题。2016 年和 2017 年上半年,辽宁省的经济增长趋于停滞。在全国省份 GDP 排名中,辽宁在 20 世纪 80 年代初期曾名列第 3,如今竟然落到了第 14 名。一个城市化水平极高的传统工业强省,经济总量竟然被历史上的农业大省安徽反超,真是尴尬。"振兴东北老工业基地"再也不能只停留在口号上,东北人民已经等不起了。

2017 年林毅夫团队关于吉林省经济结构转型的研究报告引起了社会热议。这世上没有神仙,林毅夫团队给出的建议不见得百分之百正确,但是他们实地考察研究的认真劲儿,以及积极献策、关注民生的诚恳态度,都值得充分肯定。毕竟人家是奔着解决问题去的,比起某些尚未下车就乱发议论的人强到不知道哪里去了。例如,最近就有人将东北地区的经济问题归咎于年轻人的"思想僵化",认为东北年轻人"没有编制你啥也不是"的观念是东北经济缺乏活力的原因。正如古代锦衣玉食的达官贵人并不在乎"锄禾日当午"的农民是否家有余粮,在高档写字楼里喝卡布奇诺的"小资"也并不理解东北年轻人面临何种困境。

上述轻佻言论的错误在于倒果为因:并不是东北年轻人看重"编制"导致东北经济缺乏活力,其实看重"编制"的观念在其他地方也存在，例如，深受儒家文化影响的山东省。可是山东省的经济状况明显比辽宁省好很多，2016 年 GDP 全国排名第 3，增长率为 7.6%。所以观点中的因果关系根本无法成立。真实的情况是，东北经济缺乏活力导致东北年轻人看重"编制"——"编制"意味着起码的生活保障，没有"编制"就会面临非常残酷的人生。

发表轻佻言论的"小资"倒是真应该到东北地区体验一下生活，看看在"编制"之外，他们依靠海投和面试能找到什么样的工作？是在沈北新区的手机产业园每天工作 10—12 个小时、每月上 10 个夜班，还是在被私有化的药厂挣 3000 元出头的月薪、接受最低标准的五险一金？是在私营保险公司做跑腿的营销员、明年不知道饭碗还在不在？还是在教育培训机构打杂、给学生们临时补补课？其实对于一般水平的大学毕业生来说，东北地区"编制"之外的工作大多属于这个水平。倘若亲身体验一番这种生活，"小资"们是否还有底气发表"何不食肉糜"的"高论"？不和普通群众多多沟通，仅凭浮光掠影岂能深入地了解东北社会？

笔者曾在东北地区生活多年，也是 20 世纪 90 年代激进国企改革的亲历者，那段惨痛历史是笔者最不愿意回忆的一段时光。东北年轻人对"编制"的向往并非主观上的"不思进取"，而是被残酷现实逼迫使然——他们曾目睹父辈在"下岗潮"中被买断工龄、人到中年却难以糊口，他们也看到同辈的兄长和朋友们在私企里过着朝不保夕的生活、毫无安全感可言。正是这些阅历深刻地教育了他们，有"编制"才有生活保障，才有安全感和做人起码的尊严；反之，没有"编制"就会像父辈和同辈们那样任人宰割，上升空间极为狭窄，收入微薄难以养家，还有何尊严可言？真正站在普通群众的视角去看问题，才能看得真切。东北地区遍地开花的网红主播，说穿了还不是缺少就业机会和上升空间给逼出来的？

假如某国政府声称，国家治理不好都是因为人民太蠢太无能，这么"甩锅"不是笑话吗？同理，某些人将东北地区的社会经济问题归咎于普通群众，这纯属一派胡言，而且有地域歧视之嫌。如上所述，在政府和国有企事业单位之外，东北地区并没有多少稳定、待遇好的工作，这是因为产业结构存在严重问题——传统产业塌陷了，新产业却没培养起来。

东北地区传统产业的塌陷缘于国家层面的战略决策反倾斜。在计划经济时代，以重化工业当家的东北地区扮演了全国工业化"输血者"的角色——国家将东北企业的利润以转移支付的形式用于其他地区的工业化建设，东北企业还以援建的形式进行人才和技术输出。改革开放以后外贸的口子开得很大，东北企业的产品在迅速涌入的外企高端工业品面前并无技术优势。此时东北企业本应投入大量资金进行产品研发、推动技术升级。可是此前绝大多数利润已上缴国家，并未留在企业内部；中央政府偏偏在这个时候减少对东北企业的投资，使得企业缺少经费进行技术升级。接下来就是大量国企关停并转，上演电影《钢的琴》中那些辛酸的场景。回过头来看，很多本来有希望搞好的企业被粗暴的政策活活弄死，也顺带着废掉了整整一代技术工人。

新产业没有搞起来，这与地方干部的水平和能力有直接关系。"下岗潮"之后，东北地区长期缺乏有战略眼光的经济干部，经济发展也就缺乏系统规划。这一时期东北地区又滋生出了"吃拿卡要"等腐化的官场文化，进一步阻碍了优秀干部的产生。放在全国范围来看，东北地方干部的水平和能力让人实在不敢恭维。例如，王珉担任吉林省委书记的时候，压根就没思考过什么产业升级，却把随意抛售省属国企当作所谓"政绩"。这种"甩锅""甩包袱"的做法弄得天怒人怨，直到2009年上万通钢工人的怒吼打断了王珉的官场美梦，随意抛售省属国企的风气才算刹住。庸碌之辈又何止王珉一人？辽宁拉票贿选案被定性为中华人民共和国成立以来第一起发生在省级层面、严重违反党纪国法、严重破坏党内选举制度和人大选举制度的重大案件，牵涉数十位地市级以上干部，可见许多地方干部平时把精力用到什么地方去了。

东北地区虽然也有真想做事的地方干部，但其能力与抱负恐怕难以与之匹配。曾有厅级干部在笔者面前畅谈对产业升级的设想：筹集2—3亿资金，投资2—3家生物制药企业，做到绝对控股；争取4年之内做出新药、让企业上市。出于社交场合的尊重，笔者不便当面指正。但这只言片语反映出他对高新技术产业缺乏最起码的了解，以至于想法完全不符合业内通行的规则：

（一）生物企业在孵化期和成长期一般依靠风险投资，很可能会有天使轮、A轮、B轮、C轮等多轮融资。

（二）就一般状况而言，生物企业在天使轮的股权稀释不超过20%，A轮也不超过20%，B轮、C轮融资的股权稀释多在15%以下。站在创业团队的立场上来看，让单一外部投资人上来就绝对控股是非常糟糕的选择，没人会愿意陪他这么玩。

（三）企业上市是概率事件。长三角地区拥有国内最成功的生物科技产业园区，那里每培养100家企业，就能有一两家发展到上市这种规模已经很不错了。大哥您只打算投资2—3家企业，而且期望它们只通过一轮融资就能顺利发展成上市企业——您要是有这么好的运气，干吗不去天天买彩票呢？

事情总需要具体的人来做，想做事的干部也就这个水平，反映出东北地方政府的人才危机和治理能力危机。反观长三角地区的各个国家级经济技术开发区，干部阵容可以用"华丽"来形容：主管业务的中年干部对于产业经济有着比较丰富的经验，谈起高新技术企业头头是道；实际操作的青年干部很多有海外学习经历或"海归"背景，视野非常开阔。这样的干部阵容在东北各地根本找不到。不得不说，东北地区极度缺乏了解产业经济、拥有实操能力、具备战略眼光的优秀干部，"体制内"的人才匮乏极大地制约了产业升级。斯大林的名言"干部决定一切"，放在如今也很有现实意义。

当年"下岗潮"的时候，某些领导和经济学家认为东北地区经历的不过是"阵痛"，挺一挺就好了。历史证明，他们的看法是完全错误的，东北地区不是遭受了"阵痛"，而是患上了严重的"慢性病"，具体病因包括以下几点：

（一）产业结构不佳，新创造的就业机会较少，更缺乏吸引高端人才的岗位。猎聘网、前程无忧等国内主流招聘网站较少投放东北地区的招聘信息，东北大学、吉林大学培养出来的大量毕业生并没有留在东北寻求发展，这些足以说明问题。

（二）地方政府治理能力不足，尤其缺少优秀的经济管理干部，这使得东北的发展缺乏战略战术，在产业升级方面缺少作为。

（三）地缘优势不复存在。东北突出的地缘优势主要体现在 20 世纪 50 年代，背靠苏联意味着既有安全保障（当时中苏边境一度不设边防部队），又方便接受物资援助，使得东北在当时成为全国经济发展最快的地区。随着中苏交恶，东北的地缘定位由腹地变为对抗前沿，仅存的地缘优势是全国密度最高的铁路网，和比较丰富的矿产资源。改革开放之后，东南沿海地区的整体开放使得东北的地缘优势丧失殆尽，阜新、大庆等资源型城市更因为资源逐渐枯竭而走向下坡路，可谓雪上加霜。

（四）外部经济大环境不利。由于战略决策失误，东北地区在 20 世纪 90 年代错过了一次产业升级。皮之不存，毛将焉附？连企业实体都被搞没了，谈何振兴？这使得东北地区进一步错过了 21 世纪初的重大机遇期。2001—2007 年是中国经济高增长、低通胀的黄金时期，这一时期的背景是：西方国家能够实现稳定的经济增长，中国主要通过外贸拉动 GDP，这种模式被经济学家概括为"搭便车"。在这一时期，江苏、浙江、山东等外贸发达的沿海省份都获益颇丰，而疗伤中的东北无暇他顾。2008 年世界金融危机之后，西方国家的经济增长普遍停滞，东北依靠外贸拉动经济增长的难度就更大了。

"病来如山倒，病去如抽丝"。治疗东北地区的"慢性病"不宜操之过急，但是一定要从消除病因入手，否则，再多的治疗顶多暂时改善症状、而不能带来痊愈。真正有可能治好东北地区"慢性病"的战略，应该从以下几个方面着眼：

（一）制定国家层面的战略规划。"解铃还须系铃人"，重新振兴东北所需的资源支持，远远超过了省级政府能够协调的范围，国家层面的支持是减小地区发展差距的必要手段。当然，这种支持不能简单地理解为"给钱"，"授人以鱼不如授人以渔"。

（二）从江、浙、沪等发达省份批量选拔真正懂经济、政绩卓著的干部，形成支援东北建设的长期机制。而且对这些干部要果断提拔使用——苏南、浙东区县的 GDP 甚至高于东北地区的许多地级市，将江、浙、沪各开发区的县处级干部调到东北担任有实权的地厅级干部，其能力绰绰有余。

（三）在东北形成反腐高压态势，要将反腐力度深入基层、将反腐手段制度化。干部是群众的表率和社会风气的标杆。地方干部"吃拿卡要""不给好处不办事"的龌龊习气一日不根除，"投资不过山海关"的谶语就一日不能打破。没有投资的注入，发展经济的希望又从何而来？因此，必须从根本上扭转东北的政治生态，才能够营造活跃的商业氛围。

（四）积极调整产业结构，兼顾解决就业和创造新的经济增长点。基本思想是：稳住制造业、发展服务业、培养高新技术产业。

制造业能为大量城市居民提供稳定的收入来源，不稳则民心动摇。对于经营确有困难、但就业岗位众多的大型国有企业（如大连机床集团、鞍钢集团），不能随便走破产程序，但是可以考虑由国资委派出工作组接管部分领导权，专门主持企业的重组和脱困；必要时应调整企业领导班子，"不换脑子就换人"。大型国有企业，脱困一家是一家。

服务业长期以来是东北地区的短板，直到现在水平仍然偏低。在城市化率很高的前提下，医疗、养老、家政、社区服务等与群众生活密切相关的服务业可以提供大量就业岗位。设备维修服务正好利用老工业基地的资源优势。节能与环保服务还能够进一步促进工业企业的发展。

高新技术产业是创造新的经济增长点的主力，可以在不造成大量污染的前提下，在单位面积的土地上创造很高的产值，南京的江宁开发区已经深深体会到了其中的好处。以浙江贝达药业为例，2016 年实现营收 10.35 亿元，平均每个员工产生 115 万元产值，这是传统制造业企业难以企及的。新能源、新材料、生物医药、信息服务等高新技术产业，都是东北地区未来应当重点发展的对象。高新技术产业吸纳的主要是高学历青年人才，能够有效地防止人才外流。

（五）鼓励东北企业积极开拓海外市场。虽然"搭便车"的好事已不再有，但还有许多海外市场值得开拓。中车集团成功向阿根廷出口地铁，华为占领许多非洲国家的通信设备市场，都是近年来中国企业开发新市场的成功案例。虽然国际经济大环境不如 2001—2007 年那样乐观，但在局部却还有可以找到有利的条件。

在社会主义市场经济的环境下，人员和资本的流动都是比较自由的。于是问题来了：东北地区凭借什么吸引人才和投资呢？人才和投资不可能毫无理由地涌入、不计回报地振兴东北，东北地区必须设法制造吸引力。迄今为止，地方政府在制造吸引力上乏善可陈。着眼未来，应当重点发展以下几个方面：

（一）降低人才安家成本。东北地区的房价和物价都比较低，这意味着高端人才不需要支付极为高昂的生活成本，生存压力比北上广深等一线城市和天津、杭州等二线城市低太多。只要出台一些人才落户的政策，并且提供相应补贴，青年人才就能够很容易拥有舒适的产权房，顺带消灭当地的房地产积压库存。此外，还应该利用东北文教资源比较发达的优势提供优质的基础教育资源，并且兴建大批公益性养老机构，让安家的人才对下一代和上一代皆无后顾之忧。如果东北地区的企业一时间不容易给出显著高于东南沿海地区企业的竞争性工资，那么上述非货币化福利产生的吸引力就显得尤为重要。

（二）以税收优惠拉动就业。东北地区迫切需要创造新就业岗位，解决失业问题，因此，有必要特别奖励带来大量就业岗位的企业。对于创造稳定就业岗位（走马灯般换人不算）达到一定数量的企业，可以返还一部分地税以资鼓励。倘若没有新的就业岗位，地方财政还要保障失业人口，所以出让部分税收来保障就业仍然划算。

（三）以金融手段支持创业。对于愿意投资东北地区企业的各路投资机构（例如银行、风投、PE 等），应设法提供含金量高的优惠政策——保证他们只要能在东北办成事，就一定能挣到大钱。省级政府应设立国资背景的风险投资机构和产业投资基金，资金盘要足够大，必要的话可以寻求中央财政和央企的支持。这些机构专门用于支持东北地区的产业升级，但必须完全采取市场化运作，由聘请的专业投资团队来操盘。这些机构只负责保证国有资产增值，严禁地方干部干预其运作。只有让投资活跃起来，才有可能促进企业茁壮成长。

（四）增强劳动者的安全感。唯有先照顾好劳动者的切身利益，才能破除"没有'编制'你啥也不是"的观念。地方政府一要高度重视创造新的就业机会，二要切实加大社会保障的力度。前些年，东北地区一方面建造了许多政绩工程乃至景观工程；另一方面对社保和医保的财政支持却显著不足，这种现象是极为荒诞的。敢问某些地方干部，你们心里有群众吗？你们的良心不会痛吗？必须坚持"为人民服务"的宗旨，科学使用财政经费优先保障民生，对胡作非为的地方干部进行追责和惩戒。

对于振兴东北老工业基地，要设置合理的期待值。东北地区近期不可能回到 20 世纪 80 年代初那种"全国经济排头兵"的地位。只要能打造支撑长期发展的健康产业结构、实现高于多数中部省份的经济增长率，就算是很好的结果了。再就是"风物长宜放眼量"——以前东北的一些地方干部急功近利，为了拼凑政绩，特别在乎一两年内吸收了多少直接投资、创造了多少产值，这种思路永远培养不出高新技术产业。产业升级客观上需要时间，5 年初见成效、10 年实现飞跃，已经算是乐观的期待，因此振兴东北需要中长期战略规划和政策的持续性。

实体经济才是中国的脊梁

徐 实

中国经济发展到了一个重要关口。2008 年国际金融危机过后，世界经济在 10 年间尚未走出低增长周期。由于对外贸易对经济的拉动作用减弱，GDP 增速放缓、经济下行压力较大是近年来全国上下普遍关注的问题。在经济发展的新常态下，中国经济应当如何破局？

在许多发达国家的经济结构中，服务业所占比重高于制造业。例如，2014 年英国服务业在 GDP 中的比例高达 78.4%[①]。相比之下，中国服务业的 GDP 占比只有 50%[②]。某些财经人士认为，中国制造业占 GDP 的比例仍然太高，以后应该将发展重点放在服务业上，制造业对经济的意义不像以前那么大了。然而制造业企业的掌门人并不认同这种观点。例如，格力电器的董明珠女士认为，"90后"都去开网店是很危险的，如果年轻人不学习技术知识，最终将威胁中国制造业的发展。未来的中国经济，究竟应该仰仗包括虚拟经济在内的服务业，还是应该继续依靠作为实体经济支柱的制造业？

---

① 蒋华栋：《英国服务业指数同比增长》，2015 年 2 月 4 日，中国日报网（http：//www. chinadaily. com. cn/micro-reading/fortune/2015 – 02 – 04/content_ 13171874. html）。

② 亢舒：《我国服务业占 GDP 比重仍偏低》，2015 年 11 月 20 日，中国经济网（ht-tp：//finance. china. com. cn/roll/20151120/3454647. shtml）。

发展服务业和发展制造业之间不存在对立的矛盾，但这二者确实涉及"先有鸡还是先有蛋"的问题。服务业可以大致分为面向企业的 B2B 服务（例如金融、咨询等）以及面向个人的 B2C 服务（例如快递、餐饮、娱乐等），这二者其实都高度依赖制造业。要想明白这一点并不困难，但是需要一些马克思主义政治经济学的思路，将国民经济作为一个内部充满互动的整体加以研究，而不能像新古典经济学那样将国民经济各部门割裂开来看待。

快递、餐饮、娱乐等 B2C 服务业的收入，来源于城市居民的消费支出。城市居民得先有收入才有支出，而城市居民的收入，从企业的角度来看恰恰是人力成本的支出。由此可见，大型城市要想维持不错的经济格局，必须先有大型企业提供大量居民的收入来源；居民收入的一部分转化为消费支出，才能够支撑服务业的发展。

从这个意义上来说，正是中国强大的制造业支撑了 B2C 服务业的快速发展，因为只有制造业才能为大量城市人口提供稳定的收入来源。如果制造业崩盘，大量城市居民就会丧失收入来源和消费能力，服务业的收入又从哪里来？20 世纪 90 年代的国企改革造成东北大量工业企业倒闭，使得数百万下岗职工处于贫困边缘；居民消费的萎缩使得东北地区难以培养出有影响力的服务业企业。苏联解体之后的俄罗斯也是一样，制造业的"覆巢"之下，安有服务业的"完卵"？

再说说 B2B 的服务业——许多人看到了金融行业对制造业的影响，却没有看到制造业对金融行业的支持作用。放眼世界范围内的金融中心，除却作为"白手套"的瑞士和作为转口贸易枢纽的香港这两个特例，纽约、伦敦、法兰克福、东京等世界性金融中心都位于制造业强国，这些制造业强国的货币均拥有强大的国际结算功能。金融中心其实是个资本投机的平台，如果所在国的本币不是强势货币，那么外国资本的投机活动极易造成汇率剧变，对所在国构成严重冲击，甚至导致财政崩溃。泰国超前发展金融业的结果就是1997 年被索罗斯（George Soros）等资本大鳄引爆了金融危机。一国政府要是不能保证本币坚挺，就别琢磨打造什么金融中心了，要不然金融市场分分钟变成金融"屠"场。

强势货币的背后其实是强势制造业。强势货币有两方面含义，一是可以用于国际结算，二是能够维持汇率相对稳定，这两方面都与制造业的格局有关。

在金本位成为历史之后，一方面，只有制造业强国的货币才有资格成为其他国家的外汇储备：别人持有你的货币，总得图点什么吧？持有制造业强国的货币，可以用于购买被他们垄断的高科技产品和高端工业品。从波音公司购买大飞机不都得用美元结算吗？哪怕是与美国的关系不怎么和谐的国家，也不得不储备一些美元外汇用于国际结算，冷战时期的苏联与现在的伊朗都是如此。一个国家的制造业强大了，别的国家才愿意持有它的货币。反过来说，如果一个国家的制造业不发达，该国货币恐怕只能用来购买这个国家的原材料和农产品，持有该国货币的意义也就不大了——想想看，你揣着一堆蒙古的图格里克能买到什么？

另一方面，只有制造业强国才有能力维持本币汇率的稳定。要想发展金融市场，就要给资本提供一些投机的空间，但是过度投机又会反过来吞噬金融市场。所以金融市场的投机活动永远是把双刃剑，必须被限制在一定的范围之内，绝对意义上的金融自由是自取灭亡。一个国家要想建设和维持有国际影响力的金融中心，就必须拥有强大的抵御金融风险的能力。如果有外国资本想做空某国的货币，那么这个国家要维持汇率稳定，就必须依靠充足的外汇储备。而积累外汇储备最有效的方法，就是出口大量制造业产品。在中国制造业崛起之前，中国也曾主要依靠原材料和农产品的出口积累外汇储备。这样积累下来的外汇储备少得可怜，1964 年中国的外汇储备仅 1.66 亿美元[①]。到了 20 世纪 90 年代以后，中国旺盛的制造业产品出口使得外汇储备呈指数增长，2015 年达到了 35255 亿美元。制造业的强大为央行提

---

① 《中国外汇储备（1950—2015）》，2015 年 11 月 25 日，百度文库（http://wk. baidu. com/view/7af6d75a04a1b0717fd5ddba#1）。

供了大量"外汇弹药"用于抵御金融风险，使得中国有底气实行人民币的经常项目兑换，而不必采取20世纪90年代以前极为严格的外汇管制。

发展服务业自然有其客观需求，例如，电商、外卖、共享单车确实给城市居民带来了极大的生活便利。但不能由此认为"制造业已经过时"或"制造业不再重要"。从历史角度上看，一个经济体制造业的水平往往决定了服务业能够取得的最高水平：拥有波音和特斯拉的美国，也拥有以金融和文化产业为支柱的服务业；拥有法拉利的意大利，服务业靠旅游和零售撑门面。究其原因，制造业的水平决定了经济体在世界分工中的地位和资金流向。先把制造业做大做强，中国的服务业才有更长远的发展前景。

虚拟经济是指以金融系统为主要依托的资本循环运动，简单地说就是直接以钱生钱的活动。虽然中国的金融市场在不断地发展和完善，但虚拟经济不可能取代实体经济而成为国民经济发展的主要推动力量。虚拟经济不能像实体经济那样解决大量人口的就业、创造居民收入，也不能解决"有效需求不足"的问题。更何况，虚拟经济极易产生泡沫，近年来在互联网领域体现得尤为明显：许多互联网创业公司尚处于"十几个人，七八条枪"的起步阶段，商业模式"八字刚有一撇"，距离盈利还很遥远，却动辄得到几千万元乃至上亿元的估值。更有甚者，一些自媒体自称有数百万粉丝，连未来的盈利模式都说不清楚，就给自己安上个数以千万计的估值，然后急着变现。可以说，与互联网相关的虚拟经济现在乱象横生，有些投资人是真傻，而另外一些投资人则是装傻——把一个公司尽快炒红，然后玩击鼓传花的游戏，在这家公司的泡沫爆炸之前出手套利。

没有脱离政治的金融，也没有不抓金融的政权。国家现在也意识到了虚拟经济存在的问题。2016年间，习总书记在多次讲话中强调"金融要服务实体经济"，其实大有深意。如果钱留在资本市场里打转转，却始终无法带动生产、消费和就业，那就真的有问题了。

国家可以适当鼓励大众创业，但是千万不能指望大众创业成为解决年轻人就业的主要手段。坦率地说，真正适合创业的人是极少数的，最好符合以下条件中的至少一个：

拥有丰富的社会阅历和商业经验：眼界和管理能力在同行业的人才中属于上乘。

实现了部分财务自由：即使几年内没有收入，家庭也不会面临严重的财务问题。

具有一定的融资能力：能够凭借业界口碑和人脉找到合适的投资人，保证资金支撑到业务稳定。

掌握具有一定门槛的技术：别人即使想达到同等技术水平，也要消耗大量时间或支付巨额成本。

刚刚毕业的大学生不满足上述任何一个条件。缺乏经验、能力有限的大学毕业生去创业谋生，有很多先天的劣势，而先天的优势恐怕只有年轻和机会成本较低这两条。不客气地说，这并不比飞蛾扑火强到哪儿去，能支撑下来的只有极少数。而且，大学毕业生在市场上不具备任何融资能力，创业所需的经费恐怕主要来自于父母的积蓄。他们盲目创业的结果很可能是糟蹋了父母的积蓄却一事无成，陷入失业或半失业状态。

真正适合多数年轻人的道路，其实是毕业后找一份能够迅速积累业界经验的工作，一方面为他们未来的发展提供学习机会和上升空间；另一方面为他们成家提供必要的收入来源。只有以制造业为核心的实体经济才能提供这样的机会。

从发展趋势来看，中国低端制造业挣快钱的时代已接近尾声。随着资产价格上涨和劳动力成本上升，中国的劳动力密集型产业已无明显的成本优势。纺织业之类的劳动密集型产业，其实早已向巴基斯坦、孟加拉国、印度尼西亚等劳动力成本更低的国家转移。而中国的高端制造业正在冲刺阶段，正在努力冲破欧美国家自工业革命以来长期把持的技术壁垒。现在中国制造业企业已经在电子产品等领域取得突破，接下来很可能在航空发动机、大飞机等领域开创新的格局。一旦闯关成功，接下来就是"山随平野尽，江入大荒流"的景象，世界经济的分工体系将被中国彻底改变。在制造业闯关的关键时期,切不可"自废武功",更不能像某些西欧、南欧国家那样出现制造业"空壳化"的状况。

切勿让房地产阻碍产业升级

徐　实

国家统计局发布的数据显示：2017 年 4 月，在 70 个大中城市中，房价上涨的城市数量正在减少，15 个热点城市明显降温，一二线城市房价环比增幅收窄或持平；而三线城市房价偏热，其中唐山房价环比涨幅最大——其实这对于三线城市而言并不是个好消息。

我国当前的经济形势存在这样一个矛盾——虽然各地都在积极倡导产业升级，可是房地产业的畸形发展其实正在扼杀新兴产业发展起来的可能性。对于地方政府而言，这里明显存在一个短期利益和长期利益的矛盾：通过房地产来解决财政经费来源、拉动 GDP 是短期利益，而扶持新兴产业、构筑当地未来的经济支柱是长期利益。从目前的形势来看，短期利益明显威胁到长期利益是我国中型以上城市普遍存在的问题。这个问题如果得不到及时的、妥善的解决，那么矛盾会进一步走向积重难返。

房地产业发展到极致会对社会造成什么样的影响？香港的现状应该是一个很有参考价值的案例。从 2008 年到 2013 年，香港房价增长了 134%，即使扣除通货膨胀，涨幅仍然高达 95.7%[①]。2014 年，香港楼市物业总市值高达 20.6 万亿港币，是香港当年 GDP 的 9.1 倍。

---

① Lalaine C. Delmendo, *Hong Kong's Red-hot Property Market*, March 17, 2018, Global Property Guide（https：//www.globalpropertyguide.com/Asia/Hong-Kong/Price-History）。

可是香港经济却陷入了长期疲软、增长乏力的状况，GDP 已被北上广深这 4 大一线城市反超。出现这样的状况倒真不奇怪——经济增长需要具体产业来支撑。随着中国对外开放程度提高、成为外贸总量数一数二的国家，香港已经失去了转口贸易中心的意义；地价高企使得香港的制造业企业纷纷外迁，香港从前的产业结构早已"空心化"；而香港又未能培养出有规模的新兴产业。"皮之不存，毛将焉附？"缺乏产业经济的有力支撑，香港的繁荣就难以维系。

香港倒不是没有去想办法。其实，香港特区创新科技署近年来常派工作人员参加美国旧金山湾区的科技展会，非常希望引进生物医药、数码科技、可再生能源等高科技企业去香港落户。不过他们的工作显然进行得并不顺利，从香港科技创新署展台门可罗雀的现状就能看出来，与做细胞治疗的生物公司的火爆形成非常鲜明的对比。这倒不是因为香港科技创新署的工作人员不敬业，而是因为香港对科技创业企业来说明显缺乏吸引力。

科技创业企业需要天时地利人和。从天时来说，香港特区政府受到西方经济学错误思想的束缚，产业政策的力度远远低于中国大陆的地方政府。从地利来说，香港的地价给创业者设立了极高的门槛。例如，在香港新界的一般地段，300 平方米的工业厂房的月租金约为 3.1 万港币，约合 4000 美元；而在美国生物制药企业云集的圣地亚哥县 Sorrento Valley 地区，同样 300 平方米的工业厂房的月租金差不多 3200 美元。香港的地租竟然比美国的高度发达地区还贵。再说人和，香港高校的专业设置属于殖民地时代的遗迹，工科专业水平普遍较低。从清华、北航随便挑几个工科专业都能把香港高校打成"渣"。这意味着在香港创办科技企业很难在当地获得充足的人才供给。时下的香港，天时地利人和一样都不占，拿什么去吸引科技企业的创业者？

香港房地产业的繁荣，导致其他行业的凋敝；一个李嘉诚坐大，阻碍了千万人勤劳致富。这话虽不好听，却是残酷的事实。香港回归 20 年来，没有诞生一家拥有全球影响力的科技企业，而对面的深圳倒是培育出了腾讯、华为和大疆。香港特区是不是应该认真地反思一下自身经济发展模式的合理性？

如果将国民经济比作人体，那么国民经济的各个行业就如同人体的组织和器官，彼此之间需要相互依存、协调发展。人体中不受控制的组织增长在医学上叫作癌症，而国民经济中某个行业的严重失调，必然影响到其他行业乃至国民经济的整体，这又何尝不是一种癌症？

房地产的畸形发展之所以会阻碍产业升级，除了租金推高企业的运营成本的直接因素之外，还有多个方面的间接因素。其中最明显的包括两个方面——融资渠道和人力成本。

房地产业与实体经济的融资渠道存在明显的竞争性。房地产业长期存在套利空间使得银行系统释放出的货币难以进入实体经济。到2016 年底，中国房产总市值约 300 万亿元，而上交所、深交所、港交所所有上市公司市值加起来不过 70 多万亿元①。股市就算存在泡沫，与房地产业的泡沫相比也只能算小巫见大巫。投资实业有风险，而许多城市的房价涨个不停，逐利的资本还有多少心思做实业呢？所以才会有网友揶揄“实干误国、炒房兴邦”。即使国内存在明显的货币超发，但是超发出来的货币很容易就被高房价吞噬了——2016 年国内 27 家上市银行个人房贷增量高达 4.25 万亿元，比 2015 年增长近 9 成②。与此同时，实体经济中的众多企业仍然感到融资困难。

高房价普遍推高了企业的人力成本。住房属于特殊商品，房地产商以远高于实际价值的价格向工薪阶层出售房产，这种违背价值规律的做法实质上就是严重的剥削，即以不适当的代价获取他人的劳动成果。在国内许多城市，教育等重要公共服务都以户口为前提，进而与房产挂钩。这导致许多家庭为了获得公共服务而被迫买房，而且能买

---

① 杜豪：《中国房地产市值 300 万亿　是 GDP 总量 4 倍》，2017 年 7 月 21 日，网易财经频道（http://money.163.com/17/0721/08/CPRSQV1J002580S6.html）。

② 杨芳：《2016 年上市银行个人房贷增量增长近 9 成一天能放出 4 亿》，2017 年 4 月1 日，财经频道（http://ifinance.ifeng.com/15280370/news.shtml? srctag = pc2m&back&back）。

到的还不见得是学区房。现行政策明显有利于坐拥不动产的食利群体，而并非为城市做贡献的劳动群体。房价上涨迫使工薪阶层在恐慌之下买房，而"房奴"的经济压力必然转嫁为企业的人力成本——房贷构成了个人消费支出中很大一部分，"房奴"为了防止物质生活出现严重下降，只能提出更高的薪酬要求。近年来制造业企业普遍面临薪酬上涨的压力，很大程度上是拜房地产业所赐。

高房价的问题不仅仅困扰着中国。根据科威国际不动产 2016 年的报告，全美房产最贵的 10 个城市全部在加州，而且旧金山湾区（包括传统意义上的硅谷）占据了 7 个席位①。一些"高大上"科技企业的员工要想住得离公司近一些，就需要将税后月薪的一半左右（2700—3500 美元）用于租房。他们要想买房的话，光靠工资也挺困难；除非所在企业发展得很好、靠出售原始股发点小财，才好心遂所愿。来源于房地产的剥削可谓十分严重。

不过，旧金山湾区毕竟是世界级的科技创新中心，具有在全球范围内大量吸引资本的能力。正是由于全球巨额资本的不断注入，硅谷的传奇才得以维持下去。问题在于，中国还没有哪个城市培养出相同级别的科技创新中心，吸引资本的能力远远达不到旧金山湾区的程度。如果房地产业的畸形发展得不到有效遏制，那么遭受伤害最大的当属那些还没有形成规模化新兴产业的二三线城市。

在北上广深 4 大一线城市和南京、杭州等少数二线城市，信息技术、生物医药、新材料、高端装备制造等新兴产业已经形成了足够的规模，足以创造新的经济增长点。而多数二三线城市的新兴产业还处于初创期，正需要培养和扶持。最糟糕的格局莫过于新兴产业还没有培养好，地价却先被炒作起来了。这样一来，这些城市就丧失了要素成本低的优势，科技企业也就不愿意前来落脚了。如果再加上当地文教不够发达、不能提供超额人才供给的因素，那可真是祸不单行，产

---

① 苏清涛：《硅谷高房价逼走的却是本地人》，2016 年 9 月 29 日，新浪科技（http://d.tech.sina.com.cn/contribute/post/detail/it/2016-09-29/pid_8508636.htm?_m=wap）。

业升级恐将遥遥无期。

香港特区是"房地产癌"晚期的典型病例。内地房地产业至少已经到了"原位癌"的阶段，不治将恐深。要治疗就必须动手术、流点血，如果不立即手术，癌症迟早会扩散，等到癌细胞通过淋巴和血管扩散到全身，这人恐怕就救不过来了。换句话说，对于国民经济当前面临的问题，我们只能追求一个代价相对最小的解决方案，把对国民经济的伤害降到最低程度。而从绝对意义上来说，解决方案必然存在不可避免的代价和伤害；坦然接受这种代价和伤害，正是为了将来避免更严重乃至致命的代价和伤害。倘若各地政府讳疾忌医，只在乎土地财政带来的短期利益，只怕会死得比蔡桓公还惨。

"房地产癌"的病情进展已经容不得掩耳盗铃。但是，应当充分认识到房地产业的复杂性。解决房地产业的问题不能仅从房地产的视角入手，而且也不存在一个能够立刻解决所有问题的简单方案——指望单靠房地产税就能解除房地产业积弊的"吃瓜"群众，可以去洗洗睡了。房地产业与地方财政和金融行业的资金链有着非常紧密的关系，要想切除房地产业的肿瘤，就必须从通盘来考虑对各方面的深刻影响。从这个意义上来说，任何一级地方政府都无力单独治疗"房地产癌"；有效的治疗方案只能是源自中央政府、从上到下的一揽子政策。

纲举目张，先要建立科学的理论体系，才能制订行之有效的政策。治疗"房地产癌"，本质上是资源如何配置的问题。首先要强调的就是破除对市场机制的迷信。如果市场机制是完美的，市场引导的资源配置都是科学的，那么根本不会爆发源自美国房地产业的2008年金融危机。某些西方经济学的拥趸眼看着"祖师爷"深陷债务危机不能自拔，却仍然坚持"让市场化解决问题"的荒谬论调，真是"死鸭子嘴硬"。对美国市场机制的迷信一点不比对苏联计划经济的迷信更高明，唯有适合国情、行之有效的经济理论体系才有价值。

既然代价无可避免，那么代价相对最小的结果应该是：房价不再上涨，但短期内也不出现断崖式下跌；最后由每年7%左右的居民收入增长率和3%左右的通胀率，通过较长的时间消化掉现有房价。这样既遏制了房地产开发商的无度扩张，又不至于因为房地产业崩溃而出现金融行业资金链的断裂和大批坏账，也能给地方政府解决土地财政提供必要的缓冲期。

要想达到这个代价最小的结果，可行的方案很可能包括以下几个层面：

（一）改变土地转让制度。现行的土地竞拍模式满足的是地方政府的短期利益。土地出让金在许多地方政府的财政收入中占据很高比例（20%—40%）。但是如上文所述，土地财政的短期行为迅速提高了当地的资产价格，要素成本的提高对培育新兴产业非常不利。正因为如此，雄安新区的尝试才显得非常有意义。雄安新区明确表示不搞土地财政，意在探索一种依靠产业经济税收创造财政收入的新模式。雄安新区将制定全新的住房政策，严禁大规模开发房地产，公租房占主体已经基本形成共识。如果这种新模式取得成功，那么国内其他城市和开发区也可以复制这种经验。

（二）改革财税体系，降低地方政府财政对土地的依赖程度。从某种意义上来说，从土地出让金获取税收之外的财政收入，是地方政府在当前财税制度下比较无奈的选择。为国家长远计，应对财税制度做出以下调整：在合并国税地税的基础上，中央政府和地方政府对税收进行合理分配，使地方政府的财权与事权相匹配。

（三）从战略的高度，对房地产行业的国企进行有规划性的统筹管理。从房地产业近年的发展来看，全国性的房地产商越来越多地集中于国有板块。2016年上半年销售额前50名的房地产商中，竟然有相当一部分是国资背景[1]，具体包括：万科（2017年已被划归为深圳

---

[1] 中国房地产测评中心：《2016年上半年中国房地产企业销售TOP100》，新浪乐居（http：//bj. leju. com/zhuanti/2016Q2phb/）。

市属国资房企），保利地产、中海地产、华润置地、招商蛇口、远洋地产、中国铁建、保利置业、中国金茂、电建地产（央企下属地产集团），绿城集团、首开股份、鲁能集团、上海地产、华发股份、首创置业、越秀地产、深业集团（地方国企）。

由此可见，房地产国企已经在市场中占据了举足轻重的地位。然而长期以来，房地产国企的运营基本出于本位主义，以自身资本增殖为唯一目的。也正因为如此，房地产国企在多起"地王争霸战"中起到了负面示范效应。

社会主义制度下的国有企业不应按照资本逻辑运作。如果房地产国企将自身的利润建立在百业凋敝的基础上，这利润也没法长久。因此，国家有必要做以下两件事情：

1. 整合房地产国企。央企下属的房地产商，适当归并一部分；每个省的省属房地产国企归并为一个，由省国资委直接监管。不排除通过资本运作，收购一些私营房地产商来实现进一步的整合。

2. 出台相关政策，严格规范房地产国企的经营行为。对其利润率、置地成本做出必要的要求，明确什么能做、什么不能做。

（四）各级地方政府将户口与房产脱钩，以更为平等的方式向城市居民提供公共服务。需要高度强调"以人为本、劳动光荣"的理念，城市的公共服务应该面向为城市提供劳动的人，而非坐拥不动产的食利群体。比方说，城市落户不以房产作为限制条件，而考察缴纳社保和个税的年限等反映劳动关系的内容。这就可以从源头上避免工薪阶层被迫购房的问题。

（五）消化房地产库存。有条件的地方政府可以出资购置长期积压的空置房，由专业性国企作为公益性的公租房运作起来。与私人出租房屋不同，公租房允许5年、10年期的长期租赁，而且严格控制租金涨幅。这能够从根本上解决工薪阶层的后顾之忧。

"房地产癌"的病例尽在眼前：日本1991年房地产泡沫破灭彻底终止了高速的经济增长，此后GDP增长率基本在−2%到2%之间波动；香港1998到2003年的房地产崩盘开启了一段经济停滞的痛苦时期；美国至今尚未完全走出 2008 年金融危机的阴影，老百姓的劳动收入扣除通货膨胀后基本没有增长。中国房地产业一旦出现崩盘，后果将不堪设想，极有可能葬送十几亿人民的小康生活。讳疾忌医、片面强调"市场万能"，只会招致更大的灾祸。对房地产业的系统治理，应当是中国经济开启新一轮高速增长之前的必要铺垫。

第 四 章

强国复兴之路

"小政府"不适合中国

徐实　秦博

近十几年间，有些人一直在中国的舆论场制造声音，推崇所谓的"小政府"。他们认为，政府所扮演的角色应该最小化，在社会治理方面应该"少管闲事"；发展经济应当完全依靠市场，政府当"守夜人"就好。

"小政府"其实是西方自由主义政治学的理念，属于典型的舶来品。然而，这个舶来品在中国大地上一直水土不服，遭到全国上下的普遍抵制，直到现在也没能打开市场。于是"小政府"的拥趸倍感失望，四处抱怨"政府保守僵化"，"人民愚昧无知"。总之，不是他们做的鞋太小，而是别人的脚长得太大；只要不肯剁掉脚趾头穿他们做的鞋，那就是"缺乏深化改革的勇气"。

这类人注定要成为历史的笑料。"小政府"为什么不适合中国国情？其实涉及社会科学的深刻原理，值得认真科普一下。人民群众掌握的社会科学知识越多，就越不容易被"忽悠"。

一　公权力必定妨碍个人权利吗？

"小政府"的理念认为，政府不过是为了维持社会不散架、不乱套而存在的"必要的恶"；强大的公权力必定损害公民的个人权利；只要将公权力限制得极小，美好的"公民社会"就会到来。

公权力损害个人权利的情况，历史上确实发生过：从 19 世纪末到 20 世纪初，沙俄政府曾经将数以万计的革命者流放到西伯利亚；国民党杀人如麻的白色恐怖更不用说。但是，如果认为强大的公权力"必定"损害公民的个人权利，那么这种归纳就有问题了——在当今中国，强大公权力的存在是公民行使个人权利的必要保障。公权力萎缩不仅不会带来个人权利的"茁壮成长"，反而会造就基层社会生态的灾难。

在任何一个社会中，对社会的控制力总量都是一定的，而且是零和的——控制力此消彼长，如果政府失去一部分控制力，这部分控制力必然被其他势力攫取。渺小的个人没有能力攫取社会控制力，所以攫取控制力的必然是形形色色的社会组织，形成事实上的"地下政府"。"地下政府"有多种形态，例如带有封建色彩的宗族势力，帮会等黑社会组织，还有对教民实施严格控制的宗教组织。公权力未触及的社会治理，必然被"地下政府"接管。公权力的萎缩不会释放出个人权利的"红利"，只会使"地下政府"坐大。苏联解体后的公权力萎缩使得俄罗斯的黑社会迅速发展壮大，贩毒、绑架、贩卖武器、组织非法移民成为家常便饭。1999 年，美国联邦调查局破获了一个以纽约银行为基地的俄罗斯黑手党洗钱网络，涉案金额高达 70 亿美元，其实力可见一斑。

没有强大公权力提供保护，弱者的个人权利就无从谈起。当黄世仁这种土豪劣绅掌控"地下政府"之时，喜儿的个人权利在哪里？只能被活生生逼成"白毛女"。反过来说，在强大公权力的保护下，某些个人权利才得以实现。新中国成立后颁布的第一部法律就是《婚姻法》，主张男女平等，反对事实上构成压迫和人身控制的旧婚姻，包括包办婚姻、买卖婚姻、童养媳、纳妾等。从旧婚姻中获利的旧势力当然是不情愿的，所以新政权用强大的公权力促进了法律的实施，首先瓦解农村的封建势力，消灭豪强、宗族把持的"地下政府"。先破除基层社会的阻力，再帮助女方解决不情愿的婚姻关系。1950—1956 年，全国累计约有 600 万例离婚，这场"离婚潮"其实是清理旧中国的历史欠账。妇女的人身自由和财产权利,恰恰是在强大公权力的保驾护航之下得以实现的。

从历史实践来看,"公权力必定妨碍个人权利"的观点是狭隘的,这个观点并未考虑社会制度的因素。在少数剥削阶级占据统治地位的社会中,公权力对个人权利的侵害体现了国家机器的镇压职能,何足为怪?麦卡锡主义横行使得美国好莱坞的进步演职人员几乎被一网打尽,被迫告别文艺圈,"自由世界"的境界不过如此。而对于代表广大人民群众根本利益的政权来说,强大的公权力恰恰是消灭不公平、保障弱者行使权利的基石。在公权力萎缩的基层,宗族势力、黑社会组织和宗教门宦便横行乡里,旧中国不就是这个样子吗?在政府和"地下政府"之间,人民群众更加需要谁,不言自明。

二 政府不该为经济发展布局吗?

"小政府"的推崇者一贯认为,政府是低效的,而市场是高效的、尽善尽美的,所以政府不应该为经济发展积极布局,只要将一切交给市场便可。

这种"市场原教旨主义"的理念早在古典经济学时代便已有之,它的基本假设是:个体利益的最大化能够自动带来全局利益的最大化——所以经济运转仰仗个体追求自身利益最大化,不需要政府以"全局规划者"的身份出场。然而,上述基本假设不仅缺乏客观依据,而且经常被社会实践证伪。正因为对基本假设的证伪会动摇庸俗经济学的意识形态基础,庸俗经济学家对此往往采取掩耳盗铃的态度。

能够用于证伪的反例不胜枚举,为了便于大家理解,我们谈一个和日常生活密切相关的例证。这就是城市公交系统的运营。

从个体利益最大化的角度来说,公交公司应该尽可能提高票价,然后只运营热点线路、力保载客人数,这样才能够实现盈利。从城市经济发展的全局来看,这种运营方式却极其糟糕。提高票价导致上班族出行成本剧增，从上班族的个体利益出发，乘公交倒不如自己开车划算了。于是越来越多的上班族被迫买车通勤，造成道路的严重拥堵和交通效率的下降。这就是历史上英国公交改革失败的沉痛教训。只运营热点线路则影响到城市规划：刚建设起来的新城区还未繁荣起来，所以公交载客人数不多，边际效益不足以弥补公交系统的建设、运营成本；但是如果不在新城区超前发展公交系统，很多人就不会过来上班，新城区的企业和经济就很难发展起来。这是在中国快速城市化进程中真实出现的情况。

改革开放以来，中国很多城市都曾经尝试过公交私有化，将公交线路交给私人资本运营的效果可谓一塌糊涂：私企运营的公交系统不仅无法与城市发展的全局利益协调起来，而且频繁制造飞车、闯红灯、抢客、拒载、漫天要价等恶劣行径，在沈阳、长春等东北城市体现得尤为明显。于是，深圳、东莞、沈阳、长春、盱眙、十堰等尝试过公交私有化的城市，最后都被迫走上了同一条道路——将公交运营权重新收归国有。

时下中国各大城市已经普遍形成了这样的格局：城市公交系统由地方国资委旗下的国企运营，不以营利为目的，通过财政补贴维持低票价。公交系统的发展一般紧密围绕地方政府的城市规划和经济发展布局，新城区规划往往伴随着公交系统的超前建设。尽管超前建设意味着公交系统的载客人数在一段时期内低于设计水平，但是由此带来的土地增值和商圈繁荣能够创造丰富的财税收入，远超于对公交系统的前期投入和补贴。举例来说，南京的江宁区的商品房价格在 2010 年以前曾长期低迷，在 6000 元/平方米附近徘徊；这是因为当时此地交通不便，前往南京中心市区需要换乘多次小公交，单程耗时 2 小时以上。南京地铁 1 号线延长线在 2010 年通车，江宁区到中心市区的通勤时间被压缩到 30 分钟—40 分钟。此后江宁房价一直呈指数上涨，现在多在 22000 元/平方米以上。而且，地铁在江宁催生了新的百家湖商圈，金鹰天地、瑞都购物广场等高端商业地产喷薄而出，江宁区也由此成为南京市财税收入增长最快的区县。

在各种各样的尝试之后，中国各大城市最后不约而同地采取了由国企掌控公交系统的格局，因为实践证明这种格局最为合理。社会主义的优越性在于：将国民经济视为整体看待，允许以个体利益的让步换取全局利益的最大化；通过转移支付制度，做出让步的个体也会获得合理的补偿。政府作为全局规划者的角色不可或缺。

三　中国政府为何无法成为"小政府"？

中国政府不是"小政府"，它承担的社会责任远超过西方国家的政府。中国老百姓习惯于向政府表达迫切的利益诉求。例如，中小型私企较多的浙江省，近年来频繁发生欠薪老板卷款"跑路"的事件，经常会有欠薪的工人去找地方政府"讨说法"。为了维护社会稳定，浙江省政府出台了强制性工资保证金制度，规定某些行业的私企和有欠薪"前科"的私企，必须将一定数量的资金存入政府指定的工资保证金账户。一旦老板"跑路"，政府就会使用账户中的保证金给工人发放工资。

这种事情在西方国家是难以想象的。按照美国的思路，如果老板欠薪"跑路"，工人能做的只有报警。然而，在"跑路"老板被缉拿归案、法院做出判决之前，工人不可能拿到任何欠薪和补偿。哪怕穷困得一塌糊涂，地方政府也不会替他们出头。假如工人聚集在地方政府，以游行示威敦促政府解决欠薪，将会面临"破坏公共秩序"的严重罪名，受到警棍和辣椒水的"热烈欢迎"。美国地方政府的逻辑很简单——欠薪的是"跑路"老板，不是政府，妨碍我办公做甚？"冤有头债有主，命苦不能怨政府"。

同样的事情，美国地方政府可以不管，但是中国地方政府却不能不管，这是为什么？原因在于毛主席等领导人在中华人民共和国创立之初确立的政治伦理，在人民群众中造成了深远而持久的影响。这套政治伦理涵盖以下几点内容：

（一）人民政府对群众的福祉承担终极责任。

（二）人民政府致力于使群众享受实质正义，特别重视对弱者的保护。

（三）人民政府必须接受群众监督、听取群众意见。

（四）人民政府承担对群众的教化职能，不断改善社会风气。

在这套"为人民服务"的政治伦理之下，浙江工人的做法就很容易理解了：我们认真工作、没有做错任何事情，遭到欠薪意味着实质正义受损；既然政府对群众的福祉承担终极责任，那就应该听取群众意见，设法实现实质正义。

正是这套政治伦理，才造就了新中国与旧中国政治生态的根本差异。旧中国没有这套政治伦理，所以才有"衙门八字开，没钱别进来"的民谚，普通百姓将与政府打交道视为畏途。而中国共产党通过营造新的政治伦理获得了人民群众的广泛支持，由此取得革命胜利，奠定了当今政权的民意合法性。

"为人民服务"的政治伦理是对人民群众的庄严承诺。与之相比，"小政府"的理念纯属开倒车：不追求共同富裕、不在乎实质正义的政府，还能给群众解决多少问题？政府一旦放弃了庄严承诺，就丧失了民意合法性，群众基础立刻地动山摇。中国各级政府不可能冒这种"为天下之大不韪"的风险，所以注定无法成为"小政府"。

四 究竟谁在推崇"小政府"？

真正符合广大人民群众利益的，是法治框架下的"有为政府"。中央政府在国有经济发展、医疗卫生改革、扶持科技创新等领域出台的诸多政策，充分体现了这种理念。这不免令"小政府"的推崇者肝肠寸断，直呼"中国没有前途"。真应该送他们一句周总理的话——"人民群众喜闻乐见，你不喜欢，你算老几？"

在中国最热衷鼓吹"小政府"的群体，其实就是改革开放后出现的一些暴发户，以及他们在体制内外豢养的利益代言人。此辈鼓吹

"小政府"的实际意图，就是希望政府将社会的管理权让渡给私人资本，以便他们这些野心家用钱换取对社会的控制权。试想一下，倘若公权力萎缩，基层不就变成他们的天下了么？黑老大刘汉这样"黑白通吃"的人物将会层出不穷。倘若国有经济被瓜分殆尽，丧失了经济基础的政府就会变质，最后沦为私人资本的"家丁"。仇和这类干部正是野心家们最喜欢的。鼓吹"小政府"的野心家们在乎的是一己私利，他们眼中标榜"宪政民主"的"理想社会"，对于广大劳动人民来说必然是无尽的噩梦。此辈野心家尚未掌权，实乃天下之大幸。

发展中国科技产业的战略思考

徐　实

一　筚路蓝缕，成就斐然

新中国的科技和产业发展走过了一条"模仿—消化—创新"的道路：先是致力于在各个领域复制发达国家的科研成果，然后再进行真正意义上的自主创新。以模仿和消化为主的阶段长达几十年，但并不意味着缺乏创新精神。"模仿—消化—创新"是后发国家从头开始构建科研体系的客观规律和必经之路。倘若不经过模仿、消化就直接开始创新，那是完全没有可行性的，等于让小孩子跳过四则运算，直接去学微积分。中国的科技发展可大致分为以下几个阶段：

（一）从"一五计划"开始，到改革开放之前，中国的科技发展以模仿和消化为主

早期的模仿限于通过学习图纸或逆向工程，制造出与原产品一致或接近的工业产品。例如，中国空军装备的歼 5 是米格 17 的仿制品，歼 6 是米格 19 的仿制品，歼 7 是米格 21 的仿制品；中国陆军大量装备的 69 式火箭筒则是苏联 RPG－7 火箭筒的仿制品。

作为后发国家，中国在起步阶段的科研能力有限，模仿有两方面非常重要的价值：

1. 模仿意味着走一条已被证明成功的工程设计路线，这无疑是

低成本的选择。创新必然有不确定性，搞创新就意味着要有风险承受能力。曾被美国军方看好的新型自行火炮和电磁炮项目，都在消耗数亿美元研发经费之后被叫停；而被美国军方勒令下马的军工项目，几十年来又何止数百个？这么多钱美国花得起，而处于起步阶段的后发国家肯定花不起，所以通过模仿来控制风险是非常理性的选择。

2. 对复杂工业品进行模仿的过程，会促使国家建立起配套的工业体系。举例来说，要想仿制一种飞机，其动力系统、飞行控制系统、火控系统和制造工艺的开发，涉及数十个科研单位的共同努力。

3. 成功的模仿意味着从根本上解决零部件的不可靠性。我们可以用一个非常简单的数学模型来说明问题：假设我们仿制一个工程产品，这个产品恰好有 100 个部件。但是我们的部件生产工艺不过关，每个部件的故障率都比原品部件高 10%。那么整个产品的总故障率将达到原品的 13781 倍（1.1 的 100 次方），导致最后的产品根本不能使用。如果没有可靠的制造工艺保证零件的可靠性，开发复杂工程产品就如同在流沙之上盖房子一样毫无希望。模仿意味着研究和开发大量的制造工艺，这是中国工业从一穷二白起步、踏踏实实走过的道路。

模仿如同学习走路，没学好走路怎么能跑步？我国"大跃进"时期就出现过这样的教训。由于全社会都在强调"大跃进"的重要性，科研系统也提出了开展"科技大跃进"的口号。于是中国航空工业系统上马了"东风 113"项目，旨在开发出最大平飞速度 2.5 马赫、升限 25000 米的战斗机，性能要达到世界领先水平——而同时代的美苏两个航空大国尚不具备这样的技术。然而，由于我国配套的工业体系尚不健全，也缺乏必要的技术储备，研发该型战斗机所需的超音速风洞、高性能发动机、耐热航空材料毫无着落。"东风 113"项目在制作出全尺寸模型之后便无法再推动下去，短短几年之后宣布下马，所幸并未消耗巨额经费①。这等于让中国航空工业系统用不算高昂的

---

① 航空制造网：《出师未捷身先死，两款东风系列战斗机先后陨落》，2017 年 3 月 20 日，搜狐（http://www.sohu.com/a/129384225_488151）。

代价买到了教训，此后长期通过仿制苏联军工产品夯实技术基础，毕竟成功没有捷径。

印度仍然是"没走好路就想跑"的活生生案例：印度1974年就宣称要研制世界领先的主战坦克，耗时40年造出的"阿琼"坦克是个什么玩意？履带寿命不到100公里，负重轮寿命不到200公里，炮管还经常炸膛——这些零部件的可靠性甚至远低于二战中苏联T-34坦克的水平，拼凑出来的工程产品只能用可悲来形容。

在我国"一五"计划期间，苏联曾经援助建设了156个重点工业项目。对于这些项目所涉及的一切技术，苏联直接转让而不收取任何费用。苏联转让的工业技术代表了20世纪50年代的先进水平。客观地说，这是世界工业史上前所未有的丰厚大礼，以后再也不可能遇到这样的好事了。但是即便如此，苏联老师传授的知识仍然有限——技术文件只告诉你"怎么做"，而没有告诉你"为什么要这么做"。没有传授的设计理念恰恰是原创技术中最重要的内容，因此，模仿的过程虽然能够帮助构建门类齐全的工业体系，但是距离自主创新尚有相当长的一段距离。

（二）从改革开放到2000年前后，中国的科技发展主要体现为消化基础上的局部创新

成功的模仿之后就是"消化"的过程。"消化"指的是彻底吃透原创技术的设计理念。以燃气涡轮发动机的核心机为例：压气机设几级，每一级有多少个叶片，每个叶片的三维结构，都涉及极为复杂的流体力学模型。这个流体力学模型是发动机制造企业的设计理念，建立在耗巨资多年研发的基础之上，"看家本事"绝不外传。如果只获得发动机，而没有掌握流体力学模型，那么最好的结果无非是做出和原品性能接近的产品，但是没有任何进一步提高性能的空间，甚至不知道怎样改进才能提高性能。反过来说，如果掌握了设计理念，在精益设计的基础上进行渐进优化，就可以不断地推出性能更高的产品。

例如，美国 GE 公司在 F101 的核心机的基础上，陆续推出 F110 - GE - 100、F110 - GE - 132、F110 - GE - 134 等一系列涡扇发动机，推力不断递增，成为支撑美国空军 30 多年的动力。与之相似，英特尔公司自从推出了经典 CPU 8086，以后的 80286、80386、80486 以及奔腾系列产品，都是那一套技术开发路线的自然延续。打个简单的比方，先学会炒鸡蛋，以后做青椒炒鸡蛋、西红柿青椒炒鸡蛋，都将易如反掌。

通过逆向工程去吃透设计理念是极为困难的事情。从"一五"计划开始，中国科研人员历经风雨，用了将近 20 年的时间才算彻底消化了苏联转让给我们的技术。20 世纪 70 年代，我国通过"四三方案"向美国、法国、联邦德国等西方国家引进 26 个成套工业项目，接下来又是一轮技术消化。尽管许多技术在被彻底消化的时候已显得有些落后，但中国毕竟培养出了真正掌握设计理念的科研团队。

于是，中国真正意义上的技术创新起步于 20 世纪 70 年代。出于风险控制的考虑，起步阶段的创新往往是局部创新——在现有成功技术的基础上，通过合理改进获得更好的产品。

这一时期的许多科研成果，都有明显的"仿制后改良"的特点，例如：

歼 7II 战斗机借鉴了苏联的米格 21，但通过改进发动机和油箱结构，显著改善了可靠性和作战半径。

运 8 运输机借鉴了苏联的安 - 12，改型加装了气密设施，换装了航空电子设备。

79 式坦克借鉴了苏联的 T - 62，改型加装了 105 毫米口径坦克炮和新型火控系统。

只有技术储备积累到相当厚重的程度，才会催生基于全新设计理念的"大手笔"。有代表意义的"大手笔"当属宋文骢院士主持的歼 10 研发工程："十号工程"从 1986 年正式立项，2004 年歼 10 正式列装部队。歼 10 的出场令世界航空界感到惊艳，是名副其实的"争气机"。而歼 10 采用的航电系统恰恰借鉴了对歼 7 系列战斗机进行多次局部创新所积累的技术和经验。早期的局部创新正是为后来的全面创新打基础，可谓"千里之行，始于足下"。

（三）2000 年以后，中国科研涌现出大量的原创性成果

中国科研在尽可能短的时间内，走过了"模仿—消化—创新"这条必经之路。2000 年以后，中国的技术积累和资金积累能够越来越好地支撑原创性研发。这一转折期发生的有代表意义的事件是著名的"思科诉华为"诉讼案。

美国电信企业思科见华为的设备在美国销售得很好，便想当然的认为，华为没有能力自主完成所有配套软件的研发，于 2003 年 1 月 23 日对华为技术有限公司及其子公司就华为侵犯思科知识产权提起法律诉讼。但出人意料的是，华为以寸步不让的态度在美国应诉，而且拿出了华为技术完全基于自主研发的有力证据。2004 年 7 月，思科不得不主动撤诉[①]。而这场诉讼案让美国的电子电信行业第一次了解了中国企业的坚实研发能力，等于给华为在美国做了个最好的广告。此后华为在美国的业务量反而迅速增长。

进入 2010 年，中国已经建立了高度健全的工业体系。按照联合国的行业分类，中国拥有完整的 39 个工业行业大类，191 个工业行业中类，525 个工业行业小类，1702 个基本分类[②]。在此基础之上，国家研究机构、高等院校和企业研发力量共同支撑起了中国完整的科研体系。体系一旦发挥出巨大能量，中国便迎来了科研成果"井喷"的时期，在诸多领域迅速产生世界领先的原创性科研成果。

近年来比较有影响力的科研成果包括：

·超级计算机（以"天河二号"为代表）

---

① 新浪科技：《思科诉华为知识产权侵权案以和解告终》，2004 年 7 月 28 日，新浪科技（http：//tech. sina. com. cn/it/t/2004 - 07 - 28/2154394678. shtml？from = wap）。

② 国家统计局：《2011 年 12 月份工业生产者价格变动情况》，2012 年 1 月 12 日，中华人民共和国国家统计局网（http：//www. stats. gov. cn/tjsj/zxfb/201201/t20120112_ 127 75. html）。

·量子通信（由潘建伟院士的团队开发）

·铁基超导体（2013 年国家自然科学奖一等奖）

·铁路设备（高铁和地铁项目已成功进军海外）

·无线通信（华为即将逼死"3G 霸主"高通，已开始向苹果公司收取专利授权费用）

·特高压输电（中国电网的跨区域输电和调度能力世界第一）

·3D 打印大型钛合金构件（在中国航空工业已进入实用化阶段，并且领先美国）

·清洁煤利用（节能减排的超超临界火电机组正在全国推广，性能世界领先）

·电动汽车（2015 年，比亚迪的电动车销量占全球 11%，电池和电机技术可圈可点）

中国的先进科研成果当然不止于此，但以上例证足以说明问题——就科技领域的影响力而言，新中国在 60 多年的时间里，从无足轻重的角色成功翻身，跻身当今世界的"第一梯队"。英国《自然》杂志发布的"自然指数 2016 新星榜"显示，中国科研机构正引领全球高质量科研产出的快速增长，在全球 100 家科研产出增加最多的科研机构中，有 40 家来自中国[①]。

二　深刻教训，切不可忘

中国科技产业发展的历程，整体来看是成功的、健康的，而局部来说则有不足。局部的不足是改革开放之初高估了"市场换技术"的意义，放弃了某些领域的自主研发。在大飞机制造、汽车制造、芯片制造等领域，这个问题表现得非常明显。"市场换技术"是指在某个领域向外企开放市场、保证其销售利润，在此基础上让外企转让生

---

① 刘石磊：《活力·实力·动力——中国科技创新爆发巨大能量》，2017 年 1 月 3 日，新华网（http://news.xinhuanet.com/science/2017-01/03/c_135951436.htm）。

产技术。然而事实证明，这种想法实属一厢情愿。

中国在 20 世纪 70 年代就开始了大飞机的研发，在 1980 年成功实现了运 10 首飞。然而当时民航总局对运 10 项目持抵制态度，片面强调运 10 原型机存在的不足，导致该项目于 1986 年因经费不足匆匆下马。此后相关部门转而与麦道公司合作，上海航空工业公司与美国麦道公司签订合作生产麦道－82 的协议。上海航空工业公司共来料组装了 35 架麦道－82，但是麦道公司一再拖延技术转移相关事宜。再到后来，1997 年波音并购了麦道，单方面撕毁了一切与技术转移相关的协议，使得中方获取技术的设想完全落空。

中国曾经拥有完全自主研发的民用小汽车——上海牌轿车。后来上汽与德国大众合作生产桑塔纳等车型，但上海牌轿车于 1993 年底彻底停产。一汽、北汽等其他国有车企也纷纷选择与外企成立合资公司，生产外企授权的车型。这样一来，自主知识产权的中国轿车的血脉就中断了。此后合资车企的销售虽然可观，但外企始终未将发动机、变速箱等核心部件的技术转移给中方。使得合资车企的车型长期依赖进口的核心部件，而命根子始终掌握在外企手中。

中国曾经拥有完整的芯片设计和制造能力。中国的 CPU 研发与美国几乎在同一时期起步，都在 20 世纪 70 年代。但中国将 CPU 研发附属于计算机研发，从而造成 CPU 研发项目因配套的计算机项目下马而夭折，使得中国在 20 世纪 80 年代事实上放弃了对 CPU 的研发。此后中国变成了一个巨大的电子产品消费市场，每年都要从英特尔、AMD、英伟达等国际主流厂商进口大量 CPU、GPU 等高端芯片。2016 年前 10 个月，中国集成电路（俗称芯片）的进口金额高达 11908 亿元人民币，与 2015 年同期相比增长了 9.6%。而同期中国的原油进口仅为 6078 亿元人民币。中国在芯片进口上的花费已经接近原油的两倍①。

---

① 王勇：《一年进口芯片花费超万亿 中国制造在为美国打工?》，2016 年 11 月 30，凤凰国际智库（http：//pit. ifeng. com/a/20161130/50339739_ 0. shtml）。

　　回过头来想想一厢情愿的"市场换技术"，就会发现问题所在。外企对于合资的中方，始终抱有"教会徒弟，饿死师傅"的顾虑和防范意识。站在外企的立场上来看，如果中国消化了技术，掌握了后续开发和生产产品能力，就不会继续大量进口外企的产品。外企怎么会心甘情愿放弃获得高额利润的机会呢？也正因为如此，中国拱手让出了上述领域的市场，却并没有换来多少有价值的技术。

　　外企在技术转让方面"留一手"甚至还有明显的经济利益动机。在巨大的市场需求和较高利润的诱使下，全国各地在1980—1985年期间迅速引进了112条彩电整机生产线（另有15条黑白电视机生产线），生产出50多个品牌，但其中由中央政府审批的只有6条线。在所有引进的彩电生产线中，除极个别的引进香港、德国的外，其余全部从日本引进。这些生产线依靠全套零部件和关键件进行组装生产，于是不得不从日本大量进口彩色显像管和元器件。当中国生产的整机达到一定规模后，日本厂商便通过压低整机价格、抬高散件价格来打压国产整机产品①。更何况，日本厂商一开始转让给中国的生产线，其实是他们已经淘汰或即将淘汰的技术。其用意昭然若揭——使中国的国产整机只能满足中国国内需求，而在国际市场上绝对无法对日本产品构成竞争。

　　失败的"市场换技术"政策造成了多方面的负面效应。从经济层面来说，完全放弃自主研发使得中国缺乏对外企的反制手段。国产工业品即使性能不完美，但它们的存在本身就是一种反制手段，使得外企不敢高价出售同领域的商品。例如，国产心脏支架在2005年前后的问世，使得相关进口产品的价格短时间内暴降35%②。反过来说，

---

　　① 路风：《改革开放后，军工企业遭遇技术替代和市场替代的冲击》，2016年5月17日，腾讯文化（http：//xw.qq.com/cul/20160517059144/CUL2016051705914400）。

　　② 王雅淇：《威高自主研制国产心脏支架代替进口支架：从4万降到2万多》，2016年9月21日，大众网（http：//www.dzwww.com/2016/mtx2016/ytcf/dx/weihai16/bwtg/201609/t20160921_14937176.htm）。

如果没有国产工业品提供反制手段，便只能接受外企凭借垄断地位设置的高昂价格。2015 年 9 月 24 日凌晨，波音公司宣布与中国航空器材集团公司签署了一份关于出售 300 架飞机的总体协议，包括 250 架波音 737 系列和 50 架波音宽体机，按照目录价格计算总价值为 380 亿美元①。按照波音客机近年来的毛利率 15% 估算，这些订单为波音带来的毛利高达 57 亿美元。假如这笔财富留在中国境内，少说也能带动十几万人的就业（航空零部件生产涉及大量下游企业），并且消化产能、拉动消费。

除了经济层面的损失之外，更严重的问题在于，完全放弃自主研发导致研发团队和技术积累两方面的断档，使得国家在相关领域重启自主研发时遭遇了巨大的困难。

研发团队的断档给 2008 年中国商飞重启大飞机项目带来诸多困难：曾参与运 10 研制的科研人员已经凋零，而年轻科技人员此前从未有过大飞机研发的经验。这使得 C919 大飞机由于新技术磨合等研发进程的问题，多次推迟首飞时间，原定于 2014 年的首飞计划直到 2017 年 5 月才得以实现。C919 首飞之际，习近平总书记道出一句金玉良言："过去有人说造不如买，买不如租，这个逻辑要倒过来，要花更多的资金来研发、制造自己的大飞机！"

技术积累的断档则给中国重启 CPU 研发带来了巨大压力。中国科学院计算技术研究所的胡伟武团队重启 CPU 研发时，与英特尔等主流厂商的技术差距很大。2003 年完成设计的龙芯 2 号 500MHz 版约与 1GHz 版的英特尔奔腾 III 拥有相近的综合性能水平；待到 2006 年实现工业化生产，已经比英特尔的主流产品落后了整整一代②。直到 2016 年龙芯 3A3000 实现工业化生产，中国自主知识产权的 CPU 才接近了国际主流产品的水平，初步具备了商业化价值。换句话说，因为 CPU 研究中断了 15 年，重启 CPU 研发不得不用另外 15 年的时

---

① 肖夏：《中国购 300 架波音飞机　民航史最大订单详解》，2015 年 9 月 25 日，21 世纪经济报道（http://m.21jingji.com/article/20150925/f34c19dd6468744d0d0bfa67ed07caeb.html）。

② 维基百科（https://zh.m.wikipedia.org/wiki/龙芯）。

...

间来补课。

"市场换技术"在现实中难以实现,缘于崛起的中国制造业与外企的根本性利益冲突。不过,高铁领域算是一个成功的特例。因为发达国家的铁路基础设施建设趋于停滞,阿尔斯通、西门子等拥有高铁技术的外企苦于市场空间严重不足,中方才有底气坚持以技术转让作为合作的前提。而大飞机制造、汽车制造等领域则不存在市场空间不足的状况,因此中方事实上严重缺乏谈判权。

历史经验证明,在缺乏谈判权的前提下,"市场换技术"的结果很有可能是让出了市场,得不到技术,还耽误了时间。留下的经验教训就是:在任何情况下都不应放弃自主研发的体系。

三 成功经验,借鉴发扬

中华人民共和国成立以来,中国的科技创新和产业发展总体来说走的是一条成功的道路。有比较才有结论,中华人民共和国成立初期,印度的基础设施好于中国(铁路总里程和发电量远远超过中国),人均 GDP 略高于中国。而且在整个冷战期间,印度没有受到美苏两个阵营的封锁,科技和产业发展的外部条件要比中国优越得多。但是到了 20 世纪 80 年代中期,中国和印度的人均 GDP 已经拉平。2016 年中国的人均 GDP 是印度的 4 倍还多[1]。2014 年中国受理的专利申请多达 928177 项,而印度受理的专利申请仅有 42854 项[2],中国是印度的 21.7 倍,这足以表明科技水平的巨大差距。

中国能够成功反超起步点更高的印度,更将其他发展中国家远远抛在后头,正是因为它在科技创新和产业发展上采取了行之有效的长

---

[1] 国际货币基金组织:2018 年,IMF 官方网站(http://www.imf.org/external/pubs/ft/weo/2015/01/weodata/weorept.aspx? pr. x = 31&pr. y = 6&sy = 1980&ey = 2020&scsm = 1&ssd = 1&sort = country&ds = . &br = 1&c = 924% 2C534&s = NGDP _ RPCH% 2CNGDPD% 2CNGDPDPC% 2CPPPGDP% 2CPPPPC&grp = 0&a =)。

[2] 世界知识产权组织:《WIPO IP Facts and Figures, 2015》,2015 年,WIPO 官方网站(http://www.wipo.int/edocs/pubdocs/en/wipo_ pub_ 943_ 2015. pdf)。

期规划。与联邦制政体的印度相比，单一制政体的中国拥有更为强大的中央政府，能够在全国范围内对产业格局进行积极布局。从时间上来看，我国的产业布局可以大致分为以下几个阶段：

（一）1949—1970 年：建立基本的工业体系，优先发展与国防相关的重工业。

这种产业布局是在特定时代背景下的必然选择。新中国成立之初面临着比较严峻的国际安全环境，除了面临西方国家的威胁，也与印度和苏联这两个近邻交恶。因此前三个"五年计划"的重点是建立比较完整的工业体系，特别是要保证国防工业的生产能力。今天与国防工业相关的许多央企，例如，中航集团、航天科工集团、北方工业集团等，其家底都是在这一时期打下的。

（二）1971—1992 年：完善工业体系，调整产业布局以满足国内需求。

前三个"五年计划"使我国建立起比较完整的国防工业格局。由于国际安全环境有所缓和，从第四个"五年计划"开始，我国的产业布局更多地考虑民生需求。我国于 20 世纪 70 年代从西方国家大规模引进成套技术设备的计划史称"四三方案"，其中引进的设备集中于石化、化工、电力和钢铁行业。在制订第四个"五年计划"时，周恩来总理提出："全国重点抓轻工，轻工重点抓纺织，纺织重点抓化纤。"这反映了这一时期产业布局的调整思路。改革开放之初，我国的产业发展仍然以满足国内市场的消费需求为主，家电行业在 20 世纪 80 年代迅速发展起来。

（三）1993—2008 年：充分利用外贸拉动经济增长，深化产业布局调整。

"十四大"之后我国大大提高了对外开放的程度，再加上 20 世纪 90 年代中期，我国出现了内需不足的状况，利用外贸拉动经济增长成为这一时期的主题。由于我国转向社会主义市场经济，市场力量成为这一时期产业结构调整的重要因素。中国企业充分挖掘发达国家当时还比较旺盛的消费能力，抓住了"搭便车"的历史机遇。这一时期，中国出口总额年均增长约 15%[①]，代工制造业得到了极大的发展，也初步形成了海尔、华为等有一定国际声誉的自主品牌。

（四）2009 年至今：构建兼顾内外需求的产业布局。

2008 年爆发的国际金融危机，使得中国外贸在 2009 年终止了持续多年的指数式增长。虽然在此之后外贸又恢复了增长，但发达国家的经济增长普遍陷于停滞，已经很难为中国的经济增长持续提供拉动效应。在这种时代背景下，我国一方面重新重视国内需求对生产的拉动；另一方面开始布局"一带一路"，试图开辟新的国际市场。

虽然我国的产业布局在上述 4 个时期各有侧重，但政府始终发挥着重要的引导作用。负责制定经济政策的陈云同志说得非常明白——在经济实力还不强盛的时期进行投资，是不能"撒胡椒面"的，必须"保障重点，统筹兼顾"，科学而有效地使用有限资金。无论是"一五"计划期间引进 156 项重点工矿业基本建设项目、20 世纪 70 年代的"四三计划"，还是改革开放以后批量引进家电生产线，各个时期都有与经济需求契合的侧重点。大型国企在我国的产业布局中起到了至关重要的作用，不仅承接了从外部引进的重点项目，而且在关键领域培养出了自主研发的科研队伍。

目前中国在科研体系和科研队伍的建设方面领先于所有发展中国家。早在中华人民共和国成立之初，中国便效法苏联，建立了由中科院和中央政府各部委领导的诸多研究机构，承担国家当时亟需的研究任务。在此后的各个时期，国家都会确立一批对国家有战略价值的大型项目，组织科研队伍集体攻关。例如：毛泽东时代我国重点开发"两弹一星"、核潜艇等对国家安全具有重大意义的项目；改革开放初期，我国在财政尚不宽裕的情况下启动"863 计划"，以"有限目

---

① 胡江云：《中国对外贸易主要特征及未来展望》，2014 年（http：//www. esri. go. jp/jp/prj/int_ prj/2010/prj2010_ 03_ 05. pdf）。

标，突出重点"为方针，将科学研究集中在生物技术、航天技术、信息技术、激光技术、自动化技术、能源技术和新材料领域。近年来，由于研发实力和科研经费的增加，我国开始将更多资源投入到航天科技、航空发动机、商用大飞机等高端装备制造，力图在世界范围内占领科技制高点。

开展大型项目的研究是培养和锻炼科研队伍最好的方式。冷战时期，美苏两大阵营对中国采取的技术封锁，反倒促使中国建立起完整的科研体系和科研队伍。毛主席曾说过："核潜艇一万年也要搞出来。"在这种精神的指引下，我国高度重视科研队伍的建设——即使暂时技不如人，也一定要保持科研队伍的完整性，为进一步提升技术水平、实现反超打好基础。我国的坦克研发走过的就是这样一条道路，即使在技术上落后苏联一两代，也从未停止对技术的消化和钻研；直至 2000 年前后，我国的坦克技术终于在自主研发的基础上实现了对俄罗斯的反超。

20 世纪 80 年代，西方国家为遏制苏联，一度向中国示好；冷战结束以后，俄罗斯迫于经济压力，开始向中国输出比较先进的技术来换取资金。时任军委副主席的刘华清提出了"两条腿走路"的思路，一条腿是果断利用历史机遇带来的时间窗口，通过引进先进技术迅速弥补短板；另一条腿是坚持自主研发，防止在任何关键领域因为"别无选择"而遭到外国要挟。这一思路在实践中取得了极大成功：中国从俄罗斯引进苏 27 战斗机生产技术的同时，仍然坚持研发技术水平对等的歼 10。这使得中国在向俄罗斯引进技术的各项后续谈判中能够掌握一定的主动权，而没有像印度那样屡屡"挨宰"。

随着重大科研项目瓜熟蒂落，我国在诸多关键领域培养出了高水平的科研队伍，其年龄结构也很合理。航天科技集团科技委主任包为民在 2013 年表示："从目前情况看，中国航天人才队伍正处于壮年期，载人航天队伍平均年龄在 34 岁左右。而在科研一线，我们的主力军大多是'80 后'，35 岁以下的占 75%；总设计师以'60 后''70 后'为主。这个年龄结构非常适合航天事业的持续发展和创新发展。"①

我国科研队伍的迅速崛起，得益于改革开放之后高等教育的适度超前发展。从1952—1953年的全国高校院系调整开始，我国高等教育长期贯彻"教育为工业化、现代化服务"的理念，高校专业设置应与国民经济发展的实际人才需求高度吻合，以保证学生学有所成、学有所用。当中国尚属于低收入国家的时候，高校就已开设了飞机设计、发动机设计、自动化、精密仪器等诸多专业。高等教育强调学以致用，为国家建立科研队伍和企业开展研发提供了充裕的人才供给。清华大学技术创新研究中心于2014年发布的《国家创新蓝皮书》指出，我国研发人员总量占世界总量的25.3%，超过美国研发人员总量占世界总量的比例（17%），居世界第一。《国家创新蓝皮书》指出，2011年我国科技人力资源总量达到6300万人，其中，获大学本科及以上学历的有2740万人；2011年投入研发活动的劳动力人数达到401.8万人，其中，获博士学历的有25.2万人、硕士学历的有56.6万人、本科学历的有127.9万人②。

反观印度高等教育，由于片面追求"高大上"、将大量资源用于集中建设印度理工等极少数"国际一流大学"，导致高等教育的资源分配严重失衡，以致高等教育的整体质量出现了滑坡③。而且由于印度高校的专业设置与本国产业不能实现良好的对接，导致培养出来的少数高端人才在本国学非所用，甚至学无所用。根据美国国家科学基金会所属国家科学与工程统计中心最新报告，印度是世界上科学家和工程师持续出国移民人数最高的国家，出生在亚洲而后在美国成为科学家和工程师的296万人当中有95万人来自印度，这个数字在10年

① 倪思洁：《包为民院士：人才培养是航天事业首要战略》，2013年4月2日，科学网（http://paper.sciencenet.cn/htmlnews/2013/4/276276.shtm）。

② 观察者网：《我国科技研发人员数量首超美国居世界第一　占全球总量25.3%》，2014年9月4日，观察者网（http://m.guancha.cn/Science/2014_09_04_263981.shtml）。

③ 陈璟春：《印度高等教育水平呈下滑趋势》，2016年12月1日，人民日报（http://news.xinhuanet.com/world/2016-12/01/c_129385603.htm）。

间增长了85%。印度人才的流失不仅体现在科学家和工程师身上，还涉及许多其他领域，拥有高学历的印度人移民倾向更为明显。换句话说，印度的高端人才培养体系最后成了"为他人作嫁衣裳"，这简直是民国教育在当代的翻版。

四 夯实基础，应对挑战

几十年间，国际范围内科研实力的格局出现了不小的变动。在20世纪80年代，美国、苏联、西欧的科研实力呈三足鼎立之势，中国还排不上座次。20世纪90年代以后，苏联解体导致其科研体系迅速崩溃，只剩下美国和欧盟这两大巨头，美国的科研实力略胜一筹。待到2010年以后，美国仍然占据老大地位，而欧盟因经济疲软出现了科研实力的萎缩，从航天科技领域就可以明显看出来；实现了经济腾飞的中国则成为后起之秀，实力直逼美国和欧盟。美国减少科研经费之时，正是中国在科研实力上实现加速赶超的绝佳良机。

中国整体科研实力的增强和产业结构的积极变化，使得中国科技的整体状况正在从"全面追赶"向"开宗立派"转变。这种转变的意义重大，从积极的意义上来说，中国在诸多领域的科技水平逐步走到世界前列自然令人欣喜，而且自主权的高科技产品可以出口创汇、实现溢价销售。但事物都是具有两面性的，我们在"全面追赶"的时代有现成的经验可以借鉴，使得研发路径避开弯路。例如，20世纪六七十年代诞生的变后掠翼战斗机存在诸多技术问题，所以中国自主研制第三代战斗机时果断没有选择这个研发路径，直接奔着鸭式布局和翼身融合的歼10去了。然而，成为"世界领先"意味着没有老师、没有榜样，更没有现成的经验可以借鉴。可谓"山随平野尽，江入大荒流"。大量开展原创性研究，对我国科研体制的建设和科研事业的管理提出了更高的要求。

创新和新兴产业在一定程度上是可以预见的。不承认这种可预见性，反而会错失重大机遇。我国历史上就有一个活生生的案例：

陈伯达曾身兼中共中央政治研究室主任、中国科学院副院长等数职。他有机会接触较多的现代科学动态，知识面比较宽，所以最早领悟新技术革命的趋势。早在 1962 年，时任第八届中央政治局候补委员的陈伯达就提出"以发展电子技术为中心，开展新的工业革命"的意见。1970 年陈伯达被打倒，由于因人废言，"电子中心论"就此流产①。待到改革开放以后，国家意识到电子工业的重要性，我国的电子工业已经被西方落下整整一代，旋即迎来 20 世纪 80 年代到 90 年代的大溃败。

前事不忘，后事之师。在高新科技领域占据领先地位的发达国家尚且积极扶持对国民经济具有重大意义的新技术、新产业，中国又岂能甘居人后？关键在于客观认识我国科技和产业发展面临的挑战，并且有预见性地采取应对措施。

（一）使高校成为发展应用研究的重要力量

就整体而言，我国高校的应用研究仍然不够发达，源于高校并能够在企业中转化为生产力的科研成果仍然有限。目前高校专利的转化率极低：根据中国科学技术协会的统计，2013 年某市市属高校拥有 6850 项专利，但专利出售只有 99 项。另有某校 2013 年专利拥有数为 1526 项，仅出售 10 项；2014 年专利拥有数为 1502 项，仅出售 19 项②。

这种状况其实是有一定的历史原因的：在 1999 年全国高校扩招之前，我国建设高等教育的指导思想长期效法苏联，这使得我国高校缺乏大力发展应用研究的传统。在苏联的体制下，高校的定位是培养专业技术人才的机构，而并非应用研究的中心；真正负责应用研究的是科学院和各部委下属的诸多研究所。这种体制对中国高校构成了深

---

① 丁东：《陈伯达的"电子中心论"流产记》，2010 年 8 月 16 日，人民网（http://www. people. com. cn/GB/198221/198819/198846/12449292. html）。

② 中国科协创新战略研究院：《高校专利成果转化率低》，2016 年 05 月 26 日，中国科学技术协会官网（http://www. cast. org. cn/n200735/n203705/c411924/content. html）。

远的影响，以致高校里存在这样的"地位不等式"——搞科研 > 搞教学 > 做社会服务。

而美国高校的情况则截然不同，它们正是大量应用研究科研成果的发源地。斯坦福大学等旧金山湾区的高校孕育出了著名的硅谷；哈佛大学和麻省理工等著名高校则促成了波士顿地区高科技公司的集体崛起。美国著名高校的理工科专业拥有大力开展应用研究的优良传统。拥有多项专利，在科技企业兼职或开设创业公司的科研人员比比皆是。有些名校甚至还成立了孵化器，大力扶持科研成果转化。

从我国的实际情况来看，高校应用研究整体薄弱，内部因素在于高校管理体制和高校科研人员自身的知识结构，外部因素在于缺乏科技创业公司所需的优秀管理人才。

先说内部因素。1999 年的全国高校扩张启动了一轮高校合并升级和高等教育改革，使得高校的研究水平得到了明显提高。但即便如此，我国高校开展应用研究的历程尚短，所以缺乏积淀。除了清华大学等少数工科实力非常雄厚的高校之外，多数高校要么缺少具有转化价值的科研成果，要么对于科研成果的产品化、商业化力不从心。

受传统思维模式的影响，许多高校直到现在还对科研人员在校外企业任职设立严格的限制条件，对科研人员主动转化研究成果客观上施加了许多障碍。根据我国长期以来的有关规定，高校科研人员的研究成果均属于职务成果，专利的所有权、处置权和产生的权益都属于学校；而对于任职于高校的专利发明人应该获得何种权益和奖励，却一直缺乏明确规定。如果发明人本身无法从专利中得到确定的收益，那么就很难产生积极推动科研成果转化的动机。而且由于国家对于高校科研人员创业缺乏系统的制度设计，从上到下都说不清楚哪些事情可以做，哪些事情不能做，所以才会出现浙江大学原副校长褚健的"中国科技第一大案"。2005—2013 年，褚健一方面掌控着中控科技；而另一方面又是浙大副校长的身份，这段

"两边捞好处"的经历给这位自动化专家带来了 3 年牢狱之灾①。

高校科研人员与产业经济尚未建立广泛的联系，知识结构脱节的现象广泛存在。高校科研人员如果不了解企业的技术需求，就很难向企业提供有效的技术输出。例如，许多"211"高校生命科学专业的学者，对制药企业的研发流程缺乏基本的了解，连生物药安全性评价的要求都弄不清楚，所以中国制药企业很少能够从高校获得有价值的候选药物，只能依靠企业的研发团队。又如，大数据产业正在中国迅速壮大，按理说这是应用数学专业学以致用的最好时机；然而高校应用数学专业对大数据研发的贡献远低于应有的水平，即使中国科技大学、天津大学等高校拥有水平较高的数学学科，也很难找到高校科研人员与企业联合开发大数据平台的案例。

再说外部因素。科技创业公司所需的优秀管理人才在我国属于高度稀缺的资源，这给高校科研人员创业带来了许多困难。从美国科研成果转化的成功经验来看，即使高校科研人员成功创业，他们对公司管理的参与程度也是有限的。运营公司需要法律、财务、营销等诸多方面的知识，而这些并非科研人员擅长的领域。如果高校科研人员冲在一线处理繁杂的事务，必将耗费大量时间，影响教学与科研。

因此，美国高校科研人员创业通常采取这样的模式：持股的科研人员专注于技术开发，创业公司另外聘用高水平的管理团队，专门负责融资、生产、营销、财务和人力资源等方面的日常运作。这种在实践中非常成功的创业模式，特别值得我国学习和借鉴。

大量科技创业公司的存在形成了对优秀管理人才的刚性需求，美国一些高校甚至专门开设专业来培养科技创业公司的管理人才。例如，斯坦福大学商学院就专门开设了以科技企业为导向的 MBA 项目，并且有意将学员与斯坦福大学乃至整个硅谷地区有意创业的科研人员对接，将"学以致用"发挥到极致。大洛杉矶地区的 Keck 研究生院

---

① 杨晨虹：《褚健：我回来了 和大家同甘共苦建更伟大的中控》，2017 年 1 月 20 日，搜狐新闻（http://news.sohu.com/20170120/n479181778.shtml）。

（KGI），其研究生项目专门向生物医药、医疗器械、大健康领域的企业提供专业管理人才，在业内树立了良好口碑。

相比之下，我国当下严重缺乏既有技术背景又懂企业管理的复合型人才，这使得高校科研人员在创业过程中遇到了很大困难。常见的情况有两类：

1. 高校科研人员自己事必躬亲，但是由于缺乏管理经验，往往吃力不讨好还累得不行。

2. 高校科研人员让自己的学生或博士后去管理创业公司，但这些人同样缺乏管理经验，使得科技创业公司"先天不足"，运营得半死不活。

放眼未来，我国应致力于进一步提升高校建设水平，使高校成为应用研究的源头，以高校的科研成果广泛带动科技企业的发展，促进产业升级。因此有必要"对症下药"，解决制约高校发展应用研究的内部因素和外部因素。

从内部因素来说，国家应为高校科研成果转化提供制度上的支持。至少包括以下这些方面：

1. 明确高校和科研人员从知识产权中获益的方式和比例，为科研人员从事应用研究创造合理的利益动机。

2. 效仿美国高校，鼓励应用研究基础较好的高校成立知识产权中心，促进科研成果的商业化进程。

3. 出台一系列政策法规，鼓励高校科研人员在校外企业中参与科研成果转化。在不影响正常教学研究的前提下，为高校科研人员的校外创业和校外兼职提供充裕的操作空间。学以致用是好事，有章可循方能名正言顺，使高校科研人员不必像以前那样偷偷摸摸、担惊受怕。

4. 促使高校建立更为合理的内部资源分配方式。应当破除"唯论文取士"的格局，承认高校科研人员从事应用研究的价值，将其科研成果纳入考评体系，并建立适当的奖励机制。

5. 打通高校与科技行业的人才渠道，建立必要的制度来实现有规律地引进行业内优秀人才进入高校任教或兼职教学，为高校带来行业内的新鲜知识。这种"输血机制"对改进高校的教学和科研有极大意义。

6. 高校应鼓励科研人员经常参加科技行业的展会、论坛等大型活动，利用这些机会广交企业朋友。

可喜的是，一些积极的变化正在出现。2016 年 12 月，教育部公布了《高等学校"十三五"科学和技术发展规划》（简称《规划》）。该《规划》在主要目标中指出，高校引领国家创新驱动发展的能力要明显提升，牵头或参与组建若干国家技术创新中心和一批标志性产业技术创新联盟，建立专业的知识产权运营机构和技术经纪人队伍。该《规划》还指出，要加快技术转移和科技成果转化，加强高校研究开发、技术转移、检验检测认证、创业孵化、知识产权、科技咨询、科技金融等科技服务职能，支撑科技服务产业集群建设；要大力发展众创空间支撑大学生创新创业，鼓励学生利用自主知识产权实施成果转化和产业化；积极参与技术和知识产权交易平台建设，建立从实验研究、中试到生产的全过程科技创新融资模式[1]。

我国一些顶尖高校也开始了系统推进科研成果转化的尝试。例如，清华大学成立科研院作为负责科研活动的组织、管理和服务的职能部门。清华大学科研院下设清华大学成果与知识产权管理办公室，统一处理专利申请与授权、知识产权侵权纠纷处理等事宜。中国科学技术大学创办的先进技术研究院从 2012 年开始运营，聚焦微电子、健康医疗、新能源、新材料、量子信息等领域的技术研发与成果转化。先进技术研究院为在校科研人员兼职创业打开了一扇门，虽然其运作仍有待完善，但是这种尝试是非常有价值的。

从外部因素来说，我国应重视系统地培养科技创业公司所需的优秀管理人才。"纸上得来终觉浅"，管理和运营企业的实际操作经

---

[1] 教育部：《鼓励高校建立专业的知识产权运营机构以及技术经纪人队伍》，2016 年 12 月 27 日，国家知识产权战略网（http://www.nipso.cn/onews.asp?id=34621）。

验只能从实践中来，而无法通过纸上谈兵来获得。考虑到科技企业需要既有技术背景又懂管理的复合型人才，可行性较强的培养方式应该是高校和企业的联合培养制度：高校负责给学员打下知识基础，然后将他们送到企业里摸爬滚打，锻炼成为真正的人才。具体来说，"985"高校和一部分理工科水平较高的"211"高校可以成立专门的科技创新管理人才培养项目，定位为类似法学硕士的职业硕士教育，从理工科专业的本科生中招收学员进行培养。符合条件的科技企业可以申请成立科技管理人才工作站，承接高校的联合培养项目，给硕士学员提供至少一年的业界实习期。这样高校就能够培养出拥有实际操作经验的高素质管理人才，高校科研人员创业也便有了最得力的帮手；而国家则应考虑出台配套制度，保证参与联合培养的科技企业从中获益，例如按培养人才的数量获得抵税额度，等等。这样高校和科技企业可以实现双赢。大量优秀管理人才的出现，能够促进科研成果的转化和创业公司的发展，使得高校科研人员享受的科研经费得到更好的利用，直接创造出生产力。

（二）改善科研经费的管理，更加有效地扶持应用研究

近年来，中国的科研经费以每年20%的速度增长，截至2015年，中国的科研经费总量高达1.4万亿美元，位列世界第二，仅次于美国[1]。从积极方面来说，充足的"弹药"有利于科研领域的攻城略地；但是从另一方面来说，维持科研经费的快速增长并非没有财政压力。如果科研经费的利用效率偏低，日后必然形成财政负担。

现阶段我国科研经费的浪费现象非常严重。在2013年10月的一次新闻发布会上，时任科技部部长的万钢对我国科研经费滥用的现状表示"愤怒、痛心和错愕"。因此，国家在增加科研经费的同时，也应该积极探索改进科研经费管理的有效方式，以防止出现"取之尽锱

---

[1] 付聪、邢卉：《中央两年下六道文，科研经费"松绑"仍然落地难》，2016年8月16日，时代周报（http://www.time-weekly.com/html/20160816/34279_1.html）。

铢，用之如泥沙"的资源浪费。

在我国现行体制下，科研经费来源大致分为两类：

1. 纵向经费，包括国家各部委、省、市政府及政府部门拨付的财政科技项目资助经费和国家自然科学基金委等基金机构拨付的财政科技项目资助经费。

2. 横向经费，包括国内外各种组织机构、企业、事业单位和个人委托的科技项目资助经费，主要为学校教职工从事技术开发、技术服务、技术咨询和职务技术成果转让等所得的经费[①]。

首先，我们应明确"科研经费管理"的讨论范围。基础研究的经费来源相对比较单一，而且基本依靠纵向经费，现有经费管理制度不需要大的调整。应用研究直接对产业发展产生促进作用，投向应用研究的科研经费更容易用投入产出比来衡量，所以重点在于管理好这部分经费。从微观层面上来看，横向经费对科研人员和委托方来说是两相情愿的事情，而且基本不需要政府财政支出，所以也不需要别人来操心。值得重点关注的是——如何有效管理投向应用研究的、由财政支付的科研经费。

投向应用研究的、由财政支付的科研经费主要以纵向经费的形式发放，渠道有以下几类：

1. 中央政府的多个部委。如科技部、环保部、卫计委等部委，各自掌握一些科研经费。

2. 国家自然科学基金委员会等接受委托管理科研经费的全国性机构。

3. 地方政府的某些组成部门。如省级政府的科技厅、环保厅、卫计委等部门，也各自掌握一些科研经费。

由于掌管科研经费的政府部门非常多，统筹协调的难度不小，而且管理水平也参差不齐。国务院在 2014 年颁布的《关于深化中央财政科技计划（专项、基金等）管理改革的方案》中坦诚地指出："由

---

① MBA 智库百科（http：//wiki. mbalib. com/wiki/纵向科研经费）。

于顶层设计、统筹协调、分类资助方式不够完善，现有各类科技计划（专项、基金等）存在着重复、分散、封闭、低效等现象，多头申报项目、资源配置'碎片化'等问题突出，不能完全适应实施创新驱动发展战略的要求。"①

不过真正的问题还不止于此。以行政手段审批和管理科研经费本来就有一些源于制度的问题。政府人手有限，监管能力也必然有限。如果科研经费集中于某些重点项目（如历史上的"两弹一星"，现在的"重大新药创制""传染病专项防治"，等等），政府的管理能力还能应付得来。但是随着我国应用研究的迅速发展，应用研究的领域和覆盖面都在不断地扩大，而政府在管理上应接不暇，以行政手段审批和管理科研经费的弊端便愈发明显地暴露出来。

因为科研经费的审批权掌握在政府部门手中，所以科研经费的申请者其实是和政府官员在打交道。负责审批的政府官员本身并不是科技专家，未必了解一线的技术。这就带来了几方面的问题：由于政府官员决策质量有限，导致很多真正有价值的项目被"毙掉"，许多吹得天花乱坠的项目却得了很多"赏钱"。由于政府官员很难从技术层面判断项目的可行性和优劣，所以往往看重科研经费申请者有多大的名头。于是科研经费的申请者为了增大项目通过审批的概率，竭力找知名专家"抱大腿"——你找"长江学者"在项目上挂名，我就找院士来为项目站台。这使得许多科研项目的审批最后演变成了"政治博弈"，而科技界也由此产生了许多大大小小的"山头"。如果拉帮结派比研究本身更重要，谁还愿意去踏实做事？这种"泛政治化"的风气对应用研究的发展乃至产业的生态都是非常不利的。

而且科研经费一旦通过审批，精力有限的政府部门很难具体过问许多项目的实际操作以及科研成果，支出的科研经费就如同"泼出去的水"。科研项目缺乏后期监管客观上提供了恶意侵吞项目经费的可

① 科技部：《国务院印发关于深化中央财政科技计划（专项、基金等）管理改革方案的通知》，2015 年 1 月 7 日，中华人民共和国科学技术部（http：//www.most.gov.cn/tpxw/201501/t20150106_ 117285.htm）。

乘之机，例如：浙江大学环境与资源学院原常务副院长陈英旭曾接手太湖治污相关课题，获科研经费 3.135 亿元。2008 年 8 月至 2011 年 12 月期间，陈英旭通过授意关联公司开具虚假发票、编造虚假合同、编制虚假账目等手段，将 1022.6646 万元专项科研经费套取或者变现非法占为己有。2014 年浙江省杭州市中级人民法院以贪污罪宣判陈英旭有期徒刑 10 年①。某些科研人员即使没有恶意侵吞科研经费的恶劣行径，但是对应用研究不够上心，以致科研项目最后没有显著成果，或科研成果无法转化。这种最后"不了了之"的科研项目在当下属于普遍现象，例如，高校研究人员历史上承接的小分子药物筛选项目，就基本没有做出能用的产品来。虽然无法向科研项目的负责人"问罪"，但国家的财政支出毕竟"打了水漂"。

以行政手段审批和管理科研经费可能比较适用于基础研究和国家科技重大专项等战略价值明确、资源集中程度较高的领域。以发展的眼光来看，向应用研究提供科研经费支持必须另辟蹊径来提高投入产出比。如上所述，应用研究科研经费管理的两个主要矛盾是项目审批的专业性和项目管理的时效性，解决方案也应当围绕这两个主要矛盾展开。

可操作性较强的新思路是：以投资代替拨款，由专业机构负责管理。应用研究本来就应该有实际产出，国家作为投资人，有权利要求接受投资的科研团队（项目方）做出有价值的成果，这便是新模式强调的理念。中央政府掌握科研经费的部委，可以成立下属的投资机构负责一部分科研经费的运作。省级政府可以建立在省国资委旗下建立多家投资机构，与科技厅、环保厅、卫计委等部门对接，全权管理这些部门计划中用于支持应用研究的财政拨款。

以国资投资机构来投放用于支持应用研究的科研经费，与传统的纵向经费投放模式有很大差别。必要的纵向经费投放渠道仍然应该保

---

① 仇飞：《揭秘科研经费乱象：用来包养情妇 炒黄金买期货》，2014 年 1 月 15 日，凤凰网（http://news.ifeng.com/shendu/fzzm/detail_2014_01/15/33013443_0.shtml）。

留一部分，而实施新模式需要几年的过渡期：不光国资投资机构自身需要团队的磨合，科研团队（项目方）同样需要一个适应的过程。针对承接科研项目的项目方的不同背景，国资投资机构对项目的投后管理和考核方式应有所区别。在此分3种情况来讨论：

1. 项目方是科技企业（包括高校科研人员兼职创办的科技创业公司），以企业法人的形式承接项目。在这种情况下，国资投资机构参考创投基金的操作方式即可，可以采取股权或可转换债的方式进行投资。如果项目进展顺利，国资投资机构可以在后期投资方进入时退出，既在项目初创时期起到了扶持作用，又实现了国有资产增值。

2. 项目方不具备企业法人资格，但科研项目有商业化价值。例如，项目方可能是高校的实验室、农科院的研究组，等等，不具备企业法人资格。在这种情况下，国资投资机构不能通过股权或可转换债对项目方进行约束，但是可以要求项目方按期提交有商业价值的知识产权，并将知识产权委托无利益冲突的权威机构进行评估，最后，国资投资机构享有知识产权的部分收益权，按照事先约定的比例获取知识产权的收益即可。

3. 项目方不具备企业法人资格，但科研项目有显著社会效益。例如，土壤修复、治理水体污染、治理荒漠化的科研项目，其科研成果虽有应用价值，但最终的支付者往往是政府而非一般性企业。对于这类项目，国资投资机构应建立合理的估值模型，然后与项目方约定收益权比例。

与传统的行政审批相比，由国资投资机构负责应用研究科研项目的管理，有以下优点：

1. 国资投资机构可以自由聘请有专业背景的投资经理或外部技术专家作为顾问，这必然大大增加项目审批的专业性，而且还解决了管理力量不足的问题。

2. 负责行政审批的政府官员事实上不需要为科研项目的最终结果承担责任，而投资经理和顾问的绩效与应用研究的投入产出比直接挂钩，谁更上心自不待言。

3. 作为投资方，国资投资机构可以名正言顺地对科研团队（项目方）进行投后管理，例如，每季度召开例会、定期财务核查，等等。作为必要的监督机制，这些投后管理防小人而不防君子。

4. 将一部分科研经费作为国有资产积极地管理起来，使得科研经费不再是"泼出去的水"，这样既可以实现国有资产增值，又能够在一定程度上减轻财政压力。

5. 科研经费仍然处于政府的掌控之中，政府可以对资金的分配进行必要的规划和调剂。例如，某省决定将大数据产业作为重点扶持的方向，就可以将财政经费注入省国资委下属的投资机构进行定向投放。

6. 专业化、规范化的操作有利于提高科研经费的投入产出比。比以往更加合理地分配科研经费，则有助于在科研领域树立健康的风气。依靠垄断资源来维持个人影响力的学霸、学阀，在凭借实力说话的新制度下必然遭到淘汰。让科研人员专心做事、远离"政治博弈"，有助于大大促进我国的科技创新。

五　战略升级，一往无前

除了坚持以往正确的路线之外，还应当审时度势地采取新战略。在此主要谈两点：一是实现公有制经济与非公有制经济的长期协调发展，在促进科技发展、产业升级等方面充分发挥各自的优势；二是通过积极的海外投资和并购，从境外获取有价值的科技成果，来促进国内相关产业的发展。

（一）公有制经济与非公有制经济的长期协调发展

之所以强调协调发展，是为了发挥公有制经济与非公有制经济各自的优势，实现资源配置效率的最大化。在很长一段历史时期里，中国都是资本相对稀缺的低收入国家，因此"吸引外资"曾经是地方政府的重要政绩之一。在这种历史背景下，公有制经济一度承担起所有的重大科技项目。例如，1985 年试航成功的中国第一台水下机器人"海人一号"，就是中科院沈阳自动化所联合国内有关单位合作研发的，国家承担了所有研发经费。在低工资、资本相对稀缺的历史时期，中国一度依靠代工制造业拉动经济增长，充分利用发达国家的市场需求出口创汇，被形容为"搭便车"。当代工制造的利润率较高时，非公有制经济更愿意将利润用于简单的扩大再生产，而不是带有一定风险的研发。

然而，随着中国成为中等偏高收入国家、一些沿海省份步入高收入社会，原有的经济格局已被打破。一方面，由于中国的人力成本和资产价格升高，代工制造业的利润率已出现不可扭转的下降，一部分代工制造业已经开始向越南等人力成本更低的国家转移。所以非公有制经济也意识到问题所在，拥有了通过自主研发实现产业升级的概念。另一方面，非公有制经济已在前些年的高速经济增长中完成了大量的资本积累，再加上近年来稳健的货币政策支持，使得中国摆脱了资本相对稀缺的状况。这使得非公有制经济也大量参与到科技创新和产业升级的进程中来。

非公有制经济已经贡献了大量的科技创新成果。例如，腾讯和阿里巴巴开发的移动支付平台，已使中国成为全世界移动支付最发达的国家；华为开发的手机在性能上不逊于苹果和三星，因此其已占据国内手机市场近 20% 的份额；重庆和浙江的私企开发的全地形车因其优异的性能，已装备武警部队。以发展的眼光来看，非公有制经济必然成为贡献科技创新成果的重要力量，也正因为如此，实现公有制经济与非公有制经济在科技创新和产业升级方面的协同发展，对开创中国经济未来的格局非常重要。对于促进科技和产业发展而言，公有制经济与非公有制经济各有所长。

公有制经济的优势在于"集中力量办大事"：对于有高度战略价值的项目，公有制经济可以在相当长的时期内承受较高的研发成本、较低的边际效益和较长的投资回报周期。例如，C919 商用大飞机的研发费用大约为 450 亿元①。C919 项目于 2008 年启动，2017 年 5 月实现首飞。按照大飞机一般的研发进度推算，C919 最终定型并取得适航证，很可能是 2022 年以后的事情了。这样巨大的投资，这样长的投资周期，是非公有制经济注定无法承受的。

C919 项目由国务院大飞机重大专项领导小组布局，由央企"中国商飞"具体操作，这得益于中央层面的直接支持。而京东方科技集团的崛起，则得益于地方国资系统的积极运作。在 2006 年前后，就在京东方持续亏损资金困难之际，北京市将国资委下属企业的 28 亿元借款转成京东方的股份，这使京东方可以向政府或者特定的"战略投资者"增发股票以获得足够的资本金，使今后政府投资、市场运作的发展模式逐渐形成②。与大规模融资相对应的则是京东方连续多年在主营业务上亏损，好几个年份靠着政府的财政补贴才整体扭亏为盈，而这也成为京东方在舆论上备受攻击的焦点。以史为鉴，这种现象其实是产业发展的必然过程，中国台湾面板厂商用了平均 10 年的时间才实现扭亏为盈。苦难之后便是辉煌，2017 年第一季度，京东方的净利润为 23 亿—25 亿元人民币，是 2016 年同期的 20 余倍③，而京东方大尺寸和中小尺寸面板的市场占有率均居全球第一，京东方的崛起完全改变了国际面板市场的格局。

非公有制经济的优势在于，对于短期商业风险有更强的承受能力，投资决策也更灵活。但凡能够入主私营天使基金、风险投资的投资界人士，几乎都抱定了拿自己的钱"愿赌服输"的信念。所以他们比较敢于"吃螃蟹"，投资前所未有的技术路线和商业模式。正如鲁迅所说："这世上本没有路，走的人多了，也便成了路。"例如，大疆创新的无人机技术和市场开发，都是从无到有摸索出来

---

① 每日金融：《C919：一架能卖 3 亿的不完全国产飞机能赚多少钱？》，2015 年 11 月 2 日，每日金融（http://www.meirijinrong.com/article-108595-1.html）。

② 铁流：《京东方攻入苹果供应链，背后有哪些故事》，2016 年 10 月 13 日，观察者网（http://m.guancha.cn/tieliu/2016_10_13_377004.shtml）。

③ 冉晓宁：《BOE（京东方）2017 年一季度业绩大涨 盈利超 20 亿》，2017 年 4 月 11 日，新华网（http://news.xinhuanet.com/tech/2017-04/11/c_1120788139.htm）。

的。假如没有私营投资机构在早期的支持，许多企业不可能取得今天的成功。在很多情况下，私营投资机构的几位合伙人和创业团队见几次面，就敢于给出投资承诺，其决策的灵活程度非国资投资机构可比。

公有制经济的运作总会涉及国有资产保值的问题，其运营团队绝不可能摆出"愿赌服输"的架势——倘若出现严重的国有资产流失，他们不仅仕途尽毁，只怕连离任审计这一关都过不了。正因为如此，国企和国资投资机构对高风险项目一般会有较多顾虑，在心态上更倾向于接受比较成熟的技术路线或商业模式。相比于"做第一个吃螃蟹的人"，"跟进既有成功者"的策略更容易接受一些。在决策过程中，公有制经济的运营团队很少"直接拍板"，他们要经过较多内部讨论才能集体做出决策。

虽然非公有制经济对于短期商业风险有更强的承受能力，但是对长期商业风险的承受能力反而不如公有制经济。多数私营投资机构能够接受的投资回报周期也就是 3 年。随着时间的推移，投资人的财务状况可能会产生明显的变化，甚至面临财务风险。3 年时间足以催生许多变数，所以投资人自然希望在尽量短的时间之内获得回报，免得"夜长梦多"。国资投资机构倒是不担心财务状况的剧烈变化——央企红旗飘飘，不可能说倒就倒；地方政府则有地方财政收入的支持，关键时刻都会站出来撑住台面。正因为如此，国资投资机构少有"夜长梦多"的担心，制订投资方案的时候也就能够沉得住气、看得长远。国资产业投资基金能够接受的投资回报周期可达 7 年—8 年。

基于上述分析，在未来的科技创新格局中，公有制经济和非公有制经济应该有适当的分工。

对于战略意义重大、资本集中程度高、研发周期较长的重大科技专项，公有制经济是当仁不让的主力。一方面，这类项目的资金门槛和投资回报周期是私人资本难以承受的；另一方面，高度复杂的项目（例如商用大飞机）涉及多家企业、多个工业部门的协作，在公有制经济内部相对容易实现。例如，同为央企的中国商飞、中航集团和中国航发之间就存在着广泛而密切的协作，能够有效地降低供应链的成本。而私企显然不具备这种高级别的资源协调能力。

某些形势剧烈变化、商业风险较高的行业，则更适合非公有制经济去大胆尝试。正如船只随着海上的巨浪起伏，企业往往也会随着这些行业的剧烈运动而起伏。市场形势变化剧烈、产品迭代周期短，意味着企业很可能需要极高的决策效率、经常性地调整企业的运营计划。突然上马新项目、下马旧项目，是互联网行业频繁发生的事情。例如，2016年新浪推出了新浪买车、新浪财经、新浪理财师等手机应用，但是停止了新浪微盘的免费服务。一个获得资金注入的互联网创业公司，其规模可能在一年内由10来个人扩张到200多个人；如果项目开发受阻，或者下一轮融资不顺，为了业务调整可能突然间裁员100多人。这种事情在互联网企业云集的中关村很常见，然而国资委很难允许下属的国有控股企业短时间内出现如此大的人员变动。

鼓励非公有制经济去尝试商业风险较高的行业，并不是意味着公有制经济在这些行业中无所作为。毕竟TMT（电信/媒体/技术）和互联网等高科技行业也有重要的战略意义。如果公有制经济在这些行业中无立足之地，那就等于将国家战略制高点拱手让人，这无疑是非常不合适的。公有制经济在这些行业里也要有积极表现，但要讲究方法艺术：直接操刀在一线奋战并不是好主意，扮演收割者的角色倒是更为稳妥。

具体来说，初创企业都会有业务不稳定、商业风险很大的时期，让私人资本放手去投这些项目好了。很多企业会死于风云激荡的初创期，活下来的会进入相对稳定的成长期，此时也会有相对稳定的营收和团队。国资系统可以依托自有的投资平台来收购发展势头不错的成长期企业，并放在国资系统下进行必要的资源整合，达到"1+1>2"的目的。扮演前期投资者角色的私人资本可以在收购过程中套现获利、满意地退出；而国资系统可以将成长期的企业继续做大做强、通过IPO上市，这更有利于国有资产的增值。所以非公有制经济和公有制经济也有合作的交集，各得其所。

公有制经济和非公有制经济各有千秋，在促进产业升级中扮演着不同的重要角色。非公有制经济更加注重短期利益，从本位的角度来说没错。它们决策灵活、敢打敢拼，是应用技术转化和商业模式创新的有力推动者，如同爆发力强的赛马。而公有制经济并不单纯从财务层面考虑问题，其运作还承担着国家战略的职能。这使得它们可以在较长的时间内专心耕耘某个特定的领域（如先进制造业、半导体、生物制药，等等），如同耐力出众、内力深厚的耕牛。赛马确实比耕牛跑得快，可是赛马却不能够代替耕牛去翻地。就全局而言，短期经济增长最好有"赛马"拉动，而中长期产业升级则离不开"耕牛"。

（二）通过海外投资和并购获取有价值的科技成果

中国在很长一段时间里都是资本相对稀缺的低收入国家。20 世纪 70 年代从西方发达国家大规模引进成套技术设备的"四三方案"，经追加后的总投资为 51.8 亿美元。而 1973 年全国出口总额仅为 58.2 亿美元。也就是说，"四三方案"消耗了国家当时能动用的多数外汇[①]。在资本稀缺的历史背景下，能拿得出外汇来购买发达国家的技术已属幸运。而发达国家出售给中国的往往是相对落后的技术，但中国缺乏选择权和谈判权。

时过境迁，中国通过多年的贸易顺差积累了大量外汇储备，使得积极的对外投资变成可能。中国整体对外直接投资存量及其占 GDP 比重仍较低：中国虽然已是全球第三大对外直接投资国，但存量占全球的比重只有 3.4%，不仅低于美国的 24.4%，也远低于英国、德国、法国、日本等发达经济体。此外，中国对外直接投资占 GDP 比重同样偏低。2014 年，流量上，中国、发展中国家（不包括中国）和发达国家对外直接投资占 GDP 比重分别为 1.15%、2.23% 和

---

① 滑璇：《"四三方案"：与资本主义的第一次亲密接触》，2015 年 10 月 9 日，独家网（http：//http：//www.dooo.cc/2015/10/39092.shtml）。

2.24%；存量上，这一比重分别为 7.25%、25.79% 和 43.75%①。上述数据意味着中国对外投资的空间很大，中国企业未来应该高度重视通过对外投资来获取有价值的科技成果。

从外部获取技术有多种形式，最起码的是获取技术授权（别人能用，我们也能用）；比这高一个层次的是收购知识产权（我们拿来随便用，由此衍生出的知识产权都归我们）；更高层次的形式则是通过资本运作收购外国科技企业，顺理成章地获得其所有技术和知识产权。近年来，中国企业的海外并购迅速走向活跃，2016 年的知名案例包括：

美的集团以 40 亿欧元收购德国库卡机器人公司（KUKA）。

海尔以近 56 亿美元收购通用电气家电业务。

海航集团以 60 亿美元收购美国信息技术企业英迈。

中国化工集团拟以 400 余亿美元收购世界最大农业化工和种子企业先正达。

上述海外投资案例以金额大、溢价高收购备受关注。

2016 年中国企业海外并购交易额达 802 亿美元，同比增长 137.3%，数额与增幅均刷新历史纪录。而且在 2016 年上半年，私企海外并购的交易金额首次超越了国企，在 20 宗最大型的并购活动中占 2/3②。境外并购已经成为中国企业高水平参与国际分工合作的一种重要方式，对提升中国企业在全球价值链中的地位、服务国内经济转型升级都发挥着重要作用，而且确实有企业已经尝到了甜头：山东潍柴集团出于自身需要，2009 年并购了法国发动机名企博杜安公司，利用其专利完成了全系列发动机的国际产业布局；2012 年收购德国凯傲集团和林德液压，通过掌控核心技术专利进入了全球领先的叉车市场，彻底改变了我国高端液压产品长期依赖进口的局面。通过海外并购增

---

① 驻厄立特里亚使馆经商处：《2016 年中国企业海外并购大幅增长的主要原因及特点》，2016 年 6 月 3 日，中华人民共和国商务部官网（http：//www.mofcom.gov.cn/article/i/jyjl/k/201606/20160601332292.shtml）。

② 刘万里：《2016 年上半年中国民企海外并购总额首超国企》，2016 年 8 月 10 日，新浪财经（https：//finance.sina.cn/china/gncj/2016 – 08 – 10/detail-ifxuxnai9825787.d.html？from = wap&HTTPS = 1）。

强知识产权实力，潍柴集团用 12 年时间完成了产值从 100 亿元向 1000 亿元的跨越。

央企和地方国企正在越来越多地通过海外并购以获取先进技术。央企一直是海外并购的主力军。以收购先正达这个著名案例来看，中国化工的出手的确有很好的理由：先正达在全球 68 个国家和地区拥有 1.89 万件专利，涵盖了农药、种子处理、检测方法等既先进，实用性又强的相关技术领域。此次收购不但使中国化工拥有了这些专利的使用权，还使中国化工弥补了种子技术研发能力的不足，完善了自身的产业链，对于中国化工进一步拓展国际市场、提升国际影响力具有实际意义①。

在地方国企中，海外并购表现突出的要数对外开放程度最高的上海。2015 年，上海国企上市公司开展国际并购有 8 项，涉及东方明珠、光明乳业、锦江股份、上海医药、上海梅林、上海电气、上工申贝 7 家上市公司，总金额超过 1700 亿元②。上汽集团通过收购处境艰难的英国老牌汽车企业"罗孚"的品牌和技术，在中国市场创造出自主品牌"荣威"。

国企海外并购的优点在于安全性：在海外购买的资产都处在国资委监管下，用途非常明确，没有资本外逃的担忧。海外并购获得的优质资产和知识产权还有利于提高国企的全球竞争力，助力国内经济转型升级。以发展的眼光来看，国企海外并购的步子还应该迈得更大一些，力量也需要进一步整合。未来值得重视的策略包括：

1. 建立海外并购的协调平台。协调平台的形式可以是合资公司或者投资基金，但形式是为内容服务的——协调平台的职能是统筹行业或业务有关联的央企和地方国企，以合作的形式发起海外并购。符合一定条件的私企也可以加入到协调平台中来。协调平台的价值有多

① 石焱：《海外并购：知识产权"戏份"越来越重》，2017 年 2 月 15 日，中国知识产权报（http://www.iprchn.com/Index_ NewsContent.aspx? newsId=97806）。
② 李兴彩：《国企海外大并购时代来临》，2015 年 9 月 23 日，中国证券网（http://news.cnstock.com/news, yw-201509-3573188.htm）。

个方面：

（1）利益分享。通过海外并购获得的技术和市场资源，可供多家企业使用，提高了使用效率。如果标的持有的知识产权和产品线覆盖面较广，参与协调平台的多家企业可以各取所需。

（2）防止溢价收购。技术领先、价值较高的标的可能引起多家企业的兴趣。协调平台可以通过合理的利益分享来防止恶性竞价和溢价收购，使得国有资产的效用最大化。

（3）分享外汇渠道。海外并购往往需要较多的外汇，对于家大业大的央企而言，这可能不是个问题。但是地方国企和私企如果没有大量海外营收，就未必有充足的外汇用于海外并购，特别是在国家设法控制资本流动性的情况下，短期内获取大量外汇确实有困难。协调平台则可以在这方面提供切实的便利，使得地方国企和私企能够更好地参与到海外并购中来。

2. 与私企合作开展海外并购。资本主义国家普遍将中国的国有企业视为中国政府的延伸，以政治化的方式解读国企的经营。正因为如此，国企海外并购往往被视为"中国势力的扩张"，遭受到政治壁垒，这使得国企的海外并购往往要面临诸多阻挠，并支付更高的价格。在这种情况下，私企就可以扮演"白手套"的职能：央企或地方国企委托私企进行海外目标收购；待海外并购完成以后，或者将标的整体打包出售、收益分成，或者向私企拿回控股权，近年已有这方面的成功先例。

3. 合理选择海外并购的对象。从近几年国企海外并购行为来看，不少企业想要一步到位，直接"摘桃子"。但这种做法会带来几方面的问题："桃子"由于已经具有较大体量，资产价格可能很高，溢价收购会给国企带来明显的债务风险；而且"桃子"的较大体量很容易引起所在国的注意，某些政治力量便会以反垄断审查、国家安全等借口对收购进行阻挠。这种状况在美国和欧盟国家都曾多次发生。

"山重水复疑无路，柳暗花明又一村"。国企可以适当地调整海外并购的策略，这样既能规避收购风险，又能以较高性价比收购有价值的科研成果。具体来说，就是在"摘桃子"之外，培养"种果苗"的爱好——依托海外并购的协调平台，设立产业基金等战略投资机构，用于投资发达国家的中小型科技企业。因为投资的重点在于获取先进技术，所以战略投资机构在投资协议中应当写明，对于项目方开发出的知识产权拥有优先购买权。

其实这种做法已有先例，美国著名大药厂 Janssen 自己开设孵化器吸引生物医药创业公司，而且以优先购买权为条件向一些较好的创业公司注资；这样一来，如果创业公司开发出了有价值的科研成果，作为股东的 Janssen 就能第一时间知情，并按照实际需求加以"收割"。Janssen 的模式最近四五年来运行得比较成功，在业内口碑不错。国资战略投资机构大可学习这种先进经验并将之发扬光大。与体量较大的"桃子"相比，中小企业不太容易引起所在国的过多关注，而且谈判权相对不那么强大。因此，战略投资机构未来的海外并购不能只盯着看似"高大上"的标的，而应该深入发达国家的各个科研中心，探访开发原创性技术的中小企业。

调整海外并购的策略，必然要求国资战略投资机构拥有高水平的资产管理团队。海外并购的瓶颈是缺乏有经验的管理人才。大部分中国企业急需懂得如何评估和执行海外并购，并知道怎样管理并购后企业的专业人士。科技专家、财务专家、法务专家、运营专家，在资产管理团队中缺一不可。

与筚路蓝缕的自主研发相比，通过海外投资并购获取有价值的科技成果可算是"捷径"。在条件允许的情况下当然可以走捷径，但问题在于未必总有捷径可走。即使中国企业拥有足够的外汇，以及高水平的资产管理团队，也不能够指望通过海外投资和并购解决所有领域的技术需求。

以美国为首的西方国家从未放弃对中国的技术封锁。历史上，这些国家曾经组建了臭名昭著的巴黎统筹委员会，其正式名称为输出管制统筹委员会，是冷战时期西方发达国家建立的一个对社会主义国家实行禁运和贸易限制的国际组织。该委员会解散以后，它所制定的禁运物品列表由《瓦瑟纳尔协议》继承，对军民两用货物与技术的出口实行严格控制。

即使在冷战结束以后，美国仍然修订了《出口管理法》《关于常规武器与两用产品和技术出口控制的瓦瑟纳尔协议》等多个法律法规，对涉及出口中国的技术产品施加种种限制，这充分反映出美国政府的冷战思维仍在延续。2007 年 6 月，美国商务部正式公布了《对中华人民共和国出口和再出口管制政策的修改和阐释；新的经验证最终用户制度；进口证明与中国最终用户说明要求的修改》，从而又将中国单列出来，扩大出口管制范围，增加了 31 个技术品种，涉及高性能计算机、航空航天的民用技术、数控机床等等[①]。

美国口头上倡导贸易自由化，但全是让其他国家贸易自由化，而自己却经常搞贸易保护主义。华为收购 3Com、3Leaf 公司先后被美国的外国投资委员会否决，与中兴一起竞标的 Sprint 项目因美国商务部干预而失败，早就成为业界熟悉的案例。反过来看，中国对美国的通信设备制造商给予的待遇符合自由贸易原则，并没有设置过多障碍。苹果、IBM、微软等美国 IT 企业近几年的发展在很大程度上受益于中国市场的开放。就连紫光股份拟以 37.75 亿美元收购全球最大硬盘制造商西部数据 15% 股份，也被美国的外国投资委员会否决。由此可见，美国为了维护自己在某些重要行业的领先地位，玩弄的完全是双重标准，可谓不择手段。

单纯通过海外投资或并购，不可能获取发达国家许多领域的先进技术。当先进技术关系到国计民生乃至国家安全的时候，就会变成一个政治问题，而政治问题不见得是经济手段能够解决的。比方说，无论中国企业给诺斯洛普·格鲁门公司开出什么价钱，它都不可能告诉中国企业 B-2 隐形轰炸机是怎么制造出来的。

因此，中国未来的科技发展应该坚持"自主研发为主，外部途径

---

① 范云波：《美对华技术出口新禁令损害其自身利益》，2015 年 4 月 14 日，新华网（http：//news. xinhuanet. com/world/2015 - 04/14/c_ 1114967689. htm）。

为辅"的理念。把自主研发做好，才不容易受到发达国家的制约或要挟。而在有条件的情况下，又应该积极利用中国在资本上的优势，在发达国家经济疲软之际，通过海外投资和并购获取其科研成果，为中国科技和产业发展积极服务。

如何升级"中国制造"?

徐　实

　　"中国耗时五年造出圆珠笔头，有望完全替代进口"的新闻使得"中国造不出圆珠笔头"的"总理之问"就此终结。这当然是件好事，但是真谈不上多么令人兴奋。中国年产380亿支笔，需要用12万元/吨的价格进口1000多吨生产笔尖的钢材，付出外汇1500万美元[①]。换句话来说，这个细分市场的容量一共只有1500万美元/年，与波音787-9客机高达2.65亿美元的单价比起来只能算是"毛毛雨"[②]。而如此昂贵的波音789-9客机，国航在2010年一下就订购了15架[③]。

　　虽然太原钢铁集团攻克了圆珠笔头这个小阵地，但是摆在中国制造业面前的仍是形势复杂的战场。在广袤的战场上，中国制造业应该选择哪些领域重点出击呢？这倒是一个值得认真思考的问题。最为切实可行的思路，可以简要地总结为相互关联的两点：

　　第一，打破发达国家对市场容量很大或具有战略意义的高技术产品的垄断。

　　第二，开创有自主思路的高技术产品，树立新的技术路线和行业

---

　　① 搜狐新闻（http：//m. sohu. com/n/478133122/? _ trans_ =000115_ 3w）。

　　② http：//planes. axlegeeks. com/l/294/Boeing-BBJ-787-9.

　　③ 羊城晚报：《国航南航暗战波音787飞机》，2013年6月4日，新浪财经（http：//finance. sina. cn/? sa = t74d10999812v39&from = wap）。

标准。

之所以强调组织攻关市场容量很大的高技术产品，是因为高技术产品不见得都有很大的市场容量。要想强行进入一个容量不大的市场，除去诸多研发费用，还需要额外支付高昂的营销费用来挤掉传统品牌。例如，和雅马哈去抢夺电钢琴的市场就不是一个好主意。中国企业显然犯不着支付这么高的机会成本，因为他们的资源本可用于投入产出比更高、更有战略意义的领域。有些产品对于国计民生实在没什么重要影响，所以有些人真没必要哀叹"国产宠物 GPS 项圈不如进口货""中国制造不出高端电钢琴"——那是不必要的自卑。中国需要的是"大国重器"，而不是"奇技淫巧"。

中国制造业需要长期发力，攻克被发达国家长期垄断的、具有战略意义的高技术产品，例如高性能芯片、商用大飞机、高端电气设备等等。打破发达国家技术垄断的重大意义在于，使中国摆脱在对外贸易中遭受剥削，使更多财富留在中国或流入中国，提高中国人民的生活水平。在改革开放后的很长一段时间里，中国通过出口牛仔裤、塑料玩具之类的低端工业品来换取外汇，用来购买商用大飞机等高技术产品。发达国家高技术产品的价格远高于其自身的价值，国际贸易中的不等价交换就形成了剥削，使中国劳动者无法得到合理的劳动报酬。

在庸俗经济学家看来，国际贸易中的价格都是通过市场机制自然形成的，没什么不合理。庸俗经济学家之所以只谈价格而不谈价值，恰恰是想回避和掩饰贸易中存在的剥削。商品的价值是商品凝结的无差别的人类劳动量，与生产该商品的社会必要劳动时间成正比。试图用商品的外在价格来否定内在价值，属于典型的庸俗经济学思路——它的错误在于假定价格都是在公平自愿的格局下形成的；而实际价格往往是人们在受到胁迫的情况下形成的，并不能客观地反映商品的属性。

买卖双方两相情愿的"原生态自由市场"只有在某些特定的情况下才成立，比如农贸市场。农贸市场存在以下特点：

第一，买家、卖家很多，不存在垄断和大宗交易，个别买家和卖家的意志和行为不会对市场构成实质性的影响。

第二，菜贩如果到傍晚还无法顺利出手蔬菜，蔬菜就会因为新鲜程度降低而贬值。

第三，主妇如果到傍晚还没有买到菜，次日的餐桌上就会少些东西。

第四，买卖双方的实际地位和约束条件大致对等，所以成交价格符合价值规律。

而高技术产品的市场从来就不是什么"原生态自由市场"——卖方通过技术垄断控制了供给，而存在刚性需求的买方处于绝对弱势地位，价格往往是在卖方的胁迫之下形成的。武器装备和医疗器械这两个领域就属于典型的例子。

武器装备对一国军事实力的影响巨大。这方面要是出了问题，轻则丧权辱国，重则血流成河，所以诸多国家对此不敢懈怠。然而，世界上的高端武器装备只掌握在少数国家手里，其定价可谓"随心所欲"：法国达索公司 2012 年在印度举办的竞标活动中击败美国和俄罗斯的企业，获得向印度出口 126 架"阵风"战斗机的机会。当时，印度要求全部 126 架中的 18 架由法国生产，其余 108 架由法国转让技术，由印度企业生产。然而，在随后的"独家谈判"中，达索公司不仅拒绝保证实现"生产本土化"，还将"阵风"战斗机的单价从 6500 万美元提高到 1.2 亿美元[①]。自己造不出来，就只有听任"洋大人"漫天要价。

医疗器械背后也是刚性需求，心肌梗死病人敢不上心脏支架吗？股骨头坏死的病人敢不换人工髋关节吗？如若不然，非死即残。2000 年前后，进口的心脏支架垄断国内市场，单价高达 7 万—8 万元；2005 年前后，国产心脏支架刚一上市，进口产品立刻主动降价一半；时至

---

① 柳玉鹏：《印或放弃法国阵风增购苏 30》，2015 年 1 月 24 日，参考消息（http://xw.qq.com/news/20150124020841/NEW2015012402084100）。

今日，国产心脏支架的价格多说 1 万元，而进口产品的价格也只有 2 万多元。打破技术垄断的经济意义一目了然——2015 年中国心脏支架的用量已突破 60 万，近年来病人省下的何止百亿元？外企如此爽快地主动降价，恰恰证明医疗器械的价格曾经包含远高于价值的暴利。

无独有偶，我国人工耳蜗曾长期被外企垄断。2011 年以后，杭州诺尔康等中国企业完全自主开发的产品打破了人工耳蜗完全依靠进口的局面。以前市场上每套进口人工耳蜗要卖 20 多万元；现如今，国产人工耳蜗的售价在每套 7 万元左右，而且性能并不逊色于外企的产品[1]，外企的暴利就此被国货"腰斩"。

西方经济学家不承认劳动价值论并不令人感到意外：人家那是故意装傻，就是不想承认国际贸易中存在的剥削。人家巴不得广大发展中国家的政府和人民永远不要醒悟，成年累月地给他们提供廉价产品。从某种意义上来说，某些发达国家的"高福利"恰恰建立在高技术产品远超实际价值的暴利之上——法国人何德何能，凭什么每周只工作 35 个小时，一年享受 5 个星期带薪休假？然而，中国的某些经济学家竟然也跟着起哄，认为国家不该搞产业政策、不该资助科研，这不仅是真傻，而且傻出了境界。

中国的企业和人民以长期忍受剥削的代价，为中国的工业化和产业升级积累了宝贵的资金。卧薪尝胆数十年之后，中国终于建立了世界上最为完善的工业体系，技术积累也达到了相当高的水平。中国制造业已经在很多领域冲击发达国家的技术垄断，国货在家电、数码产品、汽车等诸多领域正在逐渐完成进口替代，甚至还形成了规模化的出口。例如，中国企业已占据印度智能手机市场超过 50% 的份额[2]。

我们的目光还可以放得更远一些。中国制造业的目标应当从"追随"变为"赶超"：一方面，应继续挑战发达国家占据既有优势的高

---

① 丁璐燕：《诺尔康：打破人工耳蜗国际垄断》，2012 年 4 月 28 日，腾讯财经（http://xw.qq.com/finance/20120428003194/FIN2012042800319400）。

② 凤凰科技：《中国厂商蚕食苹果三星印度市场份额：11 月出货量超 50%》，2017 年 1 月 4 日，凤凰科技（http://mi.techweb.com.cn/tmt/2017-01-04/2466371.shtml）。

技术产品。另一方面，还应当开创有自主思路的高技术产品，树立新的技术路线和行业标准。之所以这么说，是因为发达国家在某些高科技领域的技术路线和行业标准尚未成型，例如物联网、人工智能、纯电动汽车、量子通信等等。

在这些新兴领域，只要不失时机地大力组织研究，中国企业最起码应该与发达国家的企业并驾齐驱。2016 年 11 月，华为通过自身储备的大量专利推动 Polar 码成为电信 5G 标准中控制信道的编码方案，应该说是有益的初步尝试。而在量子通信领域，以潘建伟院士为代表的团队已经推出了具有初步实用价值的产品，初步占据了先发优势；如果后续开发顺利，科大国盾量子、浙江东方、华工科技等企业完全有可能率先树立行业标杆，在容量高达千亿元的市场中大有作为①。在未来的十几年里，中国制造业在多个局部战场的胜利有望扭转全局的战略态势，进而改变世界范围内的分工体系和价值分配格局。

我们应当正视中国制造业面临的挑战。工业化不是一次性完成的工程，而是在激流中的航行。"逆水行舟，不进则退"。如果企业不能持续进行技术升级，就会因为产品缺乏竞争力而倒闭。在 4G 通信广泛普及的今天，3G 手机生产线还有什么意义呢？因为这个原因，历史上有些曾经实现工业化的国家出现了"去工业化"，例如俄罗斯、罗马尼亚等原苏东阵营的国家，以及西班牙、希腊等曾经的中等发达国家。所以，中国制造业必须迎难而上、不断增加研发投入，将工业化的旗帜一直扛下去。

但是我们也不应对中国制造业妄自菲薄，不必纠结于圆珠笔尖、电钢琴之类的小玩意。中国的制造业理应有大格局，着眼于对国计民生有重大意义的领域。国产大飞机 C919 下架，国产标准动车组定型，国产超级计算机升级换代，都是振奋人心的重大事件，须知我们的征途是星辰大海。

---

① 华讯财经：《量子通信商业化加速 10 股机遇》，2016 年 11 月 23 日，华讯财经（http://stock.591hx.com/article/2016 - 11 - 23/0001032729 s. shtml）。

什么管理制度适合创新型企业？

徐 实

2016 年 7 月 20 日，国务院常务会议审议通过了"十三五"国家科技创新专项规划，从六方面对科技创新进行了重点部署，以深入实施创新驱动发展战略、支撑供给侧结构性改革。通过鼓励创新推动产业升级，已经上升为国家战略。

因为生产力决定生产关系，所以企业管理的演进基本与工业化进程同步。"他山之石，可以攻玉"。美国是目前科技水平最高的工业国，也是创新型企业最集中的国家。美国创新型企业的管理制度，对成长中的中国创新型企业有很好的借鉴意义。

因为欧美国家是先发工业国，所以近现代企业管理起源于欧美。19 世纪后期泰罗（Frederick Winslow Taylor）创立的计件工资制，可算是近现代管理学的开端。泰罗制主要包括三个部分：

第一，通过工时研究确定工资标准。

第二，实行差别化的计件工资制，体现劳动的强度和难度。

第三，根据劳动结果而不是岗位计酬。

在传统制造业时代，特别是劳动力密集型生产占据优势的时代，泰罗制确实起到过重要作用。泰罗制虽然源于美国，其影响却波及几乎所有的工业国。不仅日本、韩国等后发工业国纷纷效法，甚至连苏联也一度推广过泰罗制。泰罗制在中国的大发展是 20 世纪 80 年代以后的事情，从早期的乡镇企业到后来的外资劳动力密集型企业，大都采取泰罗制的管理。不过，这些泰罗制企业的剥削可是够严重的：在20世纪90年代末，大连开发区的韩资鞋厂的平均月薪才400多元，单位工时和计件的工资被压得很低。而且工厂管理者对工人人身自由的限制极为严苛：上下班都要打卡，上厕所不但要打报告，还有时间限制，请假几天就会饭碗不保，工厂巴不得工人平时就长在生产流水线上。

美国本是泰罗制的发源地，可是如今在美国的创新型企业里却已经看不到泰罗制的痕迹。旧金山湾区是美国创新型企业最密集的地区，著名的硅谷就位于湾区西南部。湾区孕育了大量优秀的IT、生物制药、医疗器械、新能源等领域的创新型企业，比较知名的有苹果、谷歌、Twitter、基因泰克、迈创、特斯拉，等等。这些创新型企业的工作节奏非常有趣：

第一，压根没有打卡上下班这回事。只要能让同事找得到、能把活干完就行。

第二，工作时间弹性大。经常有员工因为家庭原因，很早就来上班，然后下午回家带娃。

第三，按照有些企业的规定，上班时间出去理发、补牙、购物都不扣工资，还可以带宠物。

第四，有些企业设有健身房，员工可以随时去放松一下。

第五，（在家）远程办公相当普遍。

上述管理制度足以让很多人大吃一惊：这样也能运营得下去？然而从实际情况来看，貌似"懒散无度"的管理并未影响这些创新型企业跻身世界一流的行列。为什么这些企业普遍采取高度人性化的管理制度，而压根不考虑泰罗制呢？

企业管理制度涉及利益分配，而决定利益分配的是管理制度背后的价值观。泰罗制背后的价值观可以总结为两条基本假设：

第一，一切努力都可以很容易地被量化。

第二，调动员工积极性的因素是物质刺激。

创新型企业之所以不采用泰罗制，正是因为这两条基本假设在科技创新领域都不成立。

　　劳动力密集型企业的劳动基本属于重复性劳动，比如缝衣服、焊零件、装手机，等等，这自然容易被量化。然而，创造性的劳动并非重复性劳动，因此难以用工时或计件加以量化。比方说，对于软件分析师、制药科学家来说，他们的劳动价值体现在能否提出技术问题的解决方案，而和他们每天写多少行源代码、养多少盘细胞毫无关系。泰罗制的工时计算和计件工资，根本无法用于衡量创造性劳动的价值。

　　虽然丰厚的薪酬仍会有一定的吸引力，但是单纯的物质刺激并不足以激励创新型企业的员工。为什么这么说呢？我们不妨温习一下美国著名心理学家亚伯拉罕·马斯洛（Abraham Harold Maslow）的需求层次理论：人的需求分为多个层次，从低到高依次为生理的需求、安全的需求、社交的需求、尊重的需求和自我实现的需求。一般来说，人首先需要满足低层次的需求；在低层次需求得到满足的前提下，还会产生高层次的需求。

　　劳动力密集型企业和创新型企业的员工有很大不同。劳动力密集型企业的多数岗位只需要不超过高中文化程度的员工，甚至初中以下文化程度的也能胜任。比方说，20多年前，在沿海地区服装厂里生产成衣的工人很多是来自农村的女孩子。对于成长环境中物质匮乏的员工而言，衣食温饱是首先要满足的需求。1991年的电视剧《外来妹》，以现实主义的手法描绘了这一时期的打工生活，引发了较大社会影响。需求层次较低的员工为了多挣些工资，可以暂时容忍一些不那么人性化的管理制度。但暂时容忍不代表逆来顺受，劳动力密集型企业抗议工作环境和工资待遇的群体性事件，近年来一直呈上升趋势。2016年上半年，我国共出现了1454起相关抗议事件，比2015年同期高出18.6%[1]。

---

　　[1]　德国之声中文网：《中国罢工事件数量继续上升》，2016年9月7日，德国之声中文网（http：//m.dw.com/zh/调查中国罢工事件数量继续上升/a-19390464）。

　　创新型企业需要的是专业素养极高的员工，接受高等教育几乎是"标准配置"。以美国著名生物制药企业基因泰克为例，有资格带五六个人的团队的资深科学家，很多人都有在斯坦福、伯克利、哈佛等顶尖高校或研究所做博士后的经历；哪怕是在团队里做具体工作的实验员，70%以上也都有生物方向的博士学位。这样的员工阵容实在是太华丽了。像谷歌、脸书这些著名IT企业，雇佣的基本都是美国名校毕业的计算机和电子工程专业的硕士、博士。对于这些高水平的员工而言，低层次的需求已经无法满足，他们更感兴趣的是社交的需求、尊重的需求和自我实现的需求。泰罗制衍生出来的劳动力密集型企业管理制度当然不可能适应他们。

　　如果按照富士康的管理思路办企业，应该是怎样一番景象呢？上下班打卡、计算工时自不待言，办公空间应该装满监控摄像头，此外还得监控员工计算机所有的网络访问，这样才能防止员工"偷懒"。无论你给多高的工资，硅谷的工程师都不会去这种监狱般的企业工作。无所不在的监视和控制，恰恰意味着企业没有给予员工应有的尊重和信任。对于高层次人才来说，如果一家企业不能充分满足他们社交、尊重和自我实现的高层次需求，那就绝无可能留住他们。人家图的不光是挣钱，开心也很重要。如果工作环境让人感到压抑，企业文化里缺乏人情味，高层次人才肯定选择用脚投票。设计得比较低端的绩效管理，其实是泰罗制的延续。创新型企业的绩效管理，宜粗不宜细，指标太细反而会束缚高层次人才的手脚。在产业升级的过程中，管理制度和企业文化同样需要升级。如果坚持使用运营劳动力密集型企业的旧思维来运营创新型企业，那非死不可。

　　有人不免要问：如果没有很多限制性的管理手段，员工会不会无法无天？从美国创新型企业的发展来看，基本不存在这个问题：高层次人才整体上很知趣，他们都很清楚一点——但凡不合理的事物，都不可能长久。一方面，企业的确给予了他们很多自由空间；另一方面，企业不可能长期养着一个白吃白喝不做事的人，因为那不合理。员工能够享受优渥待遇和便利条件的前提，正是为企业做出应有的贡献。虽然这种贡献并不像计件工资那样容易被量化，但是长期共事的上司和同事们心里都会有数。一旦面临工作调整，这些人心的分量就显得至关重要。所以，高层次人才并不会滥用企业给予他们的宽松环境。

传统大企业的科层制，同样不适合创新型企业的管理。科层制的特点是等级森严，上面说话，下面做事。美国制药行业呈现这样一种有趣的规律：采取科层制的传统药企普遍走下坡路，内部研发管线萎靡不振，默沙东、辉瑞便是这种状况；而蒸蒸日上的生物制药企业，在管理上都有所创新，并打破了传统的科层制，比较典型的例子是基因泰克。

科层制为什么会阻碍企业创新？看看辉瑞和默沙东就知道了：企业内部权力高度集中，各部门清晰划界，形成决议需要层层审批。过多的企业章程和行政环节催生了一大批政客型的中高层领导，他们将大量精力用于搞政治手腕和讨上级欢心，还少不了部门之间的扯皮，真正用来做实事的时间反而少了。在严密的科层制下，从事一线研发的科学家没什么话语权，而政客型领导并不经常阅读科学文献，对一线工作一知半解。久而久之，信息不对称性使得企业内部实际上形成了"外行领导内行"的格局——政客型领导不善实务，却掌握大量实际权力，可以随意决定研发项目和研发人员的命运。从事一线研发的科学家即使认真做事，也不过是"为他人作嫁衣裳"，而且很有可能落个"卸磨杀驴"的下场。让人寒心的企业文化，岂能留住顶尖人才？

政客型领导醉心权术，常为一己私利而倾轧他人。在近 10 年的光景里，默沙东内部剧烈的权力斗争就没断过，称之为"十年浩劫"亦不为过。这场浩劫什么时候能停止都很难说，但代价是极为惨痛的——2009 年默沙东通过收购先灵葆雅，获得了当时世界一流的免疫学研究团队，上下有好几百人。结果不到 4 年的光景，这批顶尖人才基本上就走光了，而默沙东的研发管线萎靡不振，眼下只好依靠四处收购项目来维持局面。如果一个创新型企业的内部，开始批量出现只做人不做事的政客型领导，衰败便指日可待。

在辉瑞和默沙东走下坡路之际，基因泰克却依然是美国最受瞩目的生物制药企业，这很大程度上得益于高效的管理模式。在采取科层制的传统大企业中，形成一个决议有时竟需要十几位领导签字同意。各方扯皮司空见惯，议而不决乃是常态，沟通成本让人难以承受。为了打破低效的科层制，基因泰克在管理制度上进行了非常有价值的创新：

第一，成立许多项目团队，分头开发不同的候选药物。

第二，每个项目团队一般不超过50人，这个规模可以保证团队中的成员彼此熟悉、便于沟通。

第三，对项目团队进行充分授权，项目团队坐在一起开个碰头会，就可以很方便地形成决议、付诸行动。

正是因为基因泰克看到了一些小企业高效率决策的优势，所以故意把上万人规模的大企业做"小"，使得许多项目团队能够像小企业一样灵活行事。而且，设立多个项目团队还有另外的好处：

第一，防止能人相互倾轧。把能人放在不同的项目团队"挑大梁"，你当你的头，我当我的头，不大容易产生矛盾。企业里政治斗争少了，做实事的时间和人手就多了。

第二，团队编制灵活，可大可小。根据项目的具体需求，人员可以随时调进调出。与科层制相比，人员和资源的利用率都要高太多。

第三，资深科学家以上的研发人员，在项目团队中相对拥有较多的话语权。也正因为如此，基因泰克的研发团队是有名的士气高昂，与辉瑞研发团队的沉闷气氛形成鲜明的对比。

说到这里，我们又要回到马斯洛的需求层次理论。推行人性化管理也好，打破科层制也好，终极目的都是更好地满足高层次人才的高层次需求。必须给予员工充足的尊重、信任，为他们提供必要的上升空间和话语权，才能够真正激发出他们的聪明才智，打造生机勃勃的创新型企业。这种理念浓缩成一句话就是"以人为本"。

琢磨"他山之石"没错，但自家的宝贝也不能丢了。其实，"以人为本"也是中国企业管理的优良传统，它形成于新中国前30年的社会主义建设时期，现在仍然在一些国有企业中得以延续。"以人为本"意味着对员工的真正尊重，将员工作为有血有肉有感情的人来真诚对待。员工对企业有了归属感，才会尽心竭力为企业做贡献、发扬主人翁精神。当年"铁人"王进喜的钻井队遭遇井喷，危急关头，他和一票工人用身体搅拌水泥浆，奋战几个小时才压住了井喷。要知道他们一旦失败，连性命都保不住。你用多少钱才能雇佣到这些不顾个人安危抢险的英雄？假如经济学假设中的"经济人"碰上这种险情，他们能跑多远就跑多远。蕴藏着巨大力量的主人翁精神，绝不是单纯的物质刺激能够取代的。

近年来，许多企业将"人事部"改为"人力资源部"，无非是觉得这名字比较"洋气"。其实，"人力资源"的理念不仅谈不上进步，甚至可以说是一种倒退。如果单纯将人当作资源，等于将人"物化"为一种物件，而物件总会有用坏的时候。所谓"人力资源"的理念，说穿了不过是对劳动者创造的剩余价值感兴趣，而忽略了劳动者作为人的高级需求。"以利相交，利尽则散"。那些抱怨员工忠诚度低、跳槽频繁的中国私企，真的应该从自身管理上好好找找主观原因。而"人事"一词的深度和广度远远超过"人力资源"——生老病死，皆为人事。员工在生活上遇到了困难，是不是应该适当地过问一下？人的精力都是有限的，如果员工的生活都成问题，又怎么能全身心地投入工作呢？作为央企的华润集团有个很好的传统：如果员工生病住院，直接领导照例要去医院问候；如果病得比较重，几位领导甚至要轮班陪护，直到员工家属赶来接手。大概正是因为华润还有这种对员工起码的尊重，每当华润出手收购私企的时候，被收购企业的员工大都欢天喜地，还有专门给华润总部发贺电的。由此可见，"人事"不可荒废，"以人为本"方能凝聚人心。

"百川东流，终归于海"。美国现代管理经验和中国优秀管理传统，在"以人为本"的理念上交汇在了一起。为了顺利实现产业升级，中国创新型企业的管理者应当博采众长、因地制宜，再通过"以人为本"激励员工的方向上不断前进。能够提高劳动者积极性、推动生产力发展的管理制度，才是好的管理制度。

国企应有之"道"

徐 实

2017 年"两会"期间传来一个好消息：在国新办举行的网络降费提速发布会上，三大运营商正式宣布 2017 年 10 月 1 日起将全面取消国内漫游费，这个消息可谓大快人心。

移动通信降价为消费者释放红利自然是好事，可是真正的问题在于，近年来原本就不应该存在什么国内漫游费。国内漫游费是我国运营商历史上内部区域分割的产物。在一段时期内，运营商各省分公司之间实行成本独立结算。用户到了一个新的地方通话，就要使用当地运营商的通话资源设施，所以就要额外付一笔漫游费。随着业务整合的推进，三大运营商已基本实现全集团整体核算成本。国内漫游对各分公司只是数据库提取的问题，几乎不产生任何技术上的成本[1]。在这种情况下照旧收取国内漫游费，如同巧立名目掏消费者的腰包，取消毫无道理的漫游费才是合乎民意之举。

仔细想来，漫游费的背后其实是一个非常严肃的问题：在社会主义市场经济的格局下，国企的价值取向应该是什么？是只追求营利就好，还是"君子爱财取之有道"？在营利之外，国企是否应当有其他方面的考量？

---

① 杜放、罗政、魏董华、邓中豪：《国内漫游成本几乎为零仍在收取——漫游费频惹争议追踪》，2015 年 5 月 20 日，新华网（http：//news. xinhuanet. com/fortune/2015 - 05/20/c_ 1115350432. htm）。

一　史上性质截然不同的国企

要想找到这个问题的合理答案，我们应该回顾一下历史。我们首先要认清一个事实——国有企业并不理所当然地代表社会主义，而且国有企业并非社会主义制度的发明。早在 19 世纪后期，作为后发工业国的德意志帝国为优先发展重工业和军事工业，就培养了大量的国有企业。1879—1904 年，德国政府先后从 23 家大公司和 25 家较小的公司手中收购了铁路，使德国国有铁路的比重由 1879 年的 28.5% 迅猛增长到 1909 年的 93.8%。到第一次世界大战前，德国的国有经济已经涉及采矿业、制盐业、铁路、邮政、电信、森林、金融业等具有重要经济意义的地方基础设施建设①。

然而，恩格斯对德国的国有企业持否定态度，而且坚决批判将其等同于"社会主义力量"的错误观点。国家所有制的性质是由国家的性质决定的。德意志帝国的实际权力掌握在出身容克地主的军官和政府官员手中，恩格斯自然不会看好德国为推行军国主义而实行的国有化。而且这类国有企业完全按照资本主义的方式来运作，一来只在乎自身营利、不在乎公众利益；二来对员工的残酷剥削与私企并无二致，有何先进性可言？

社会主义性质的国有企业则是十月革命以后才出现的。按照列宁的构想，社会主义性质的国有企业应当承担大量社会责任：一是要为人民群众提供廉价的生活必需品和服务；二是应当高度重视员工应有的福利，实现剩余价值的合理分配。1919 年，列宁在红场上对群众发表了这样的演讲："我们的子孙会把资本主义制度时代的文物看作奇怪的东西。他们很难设想，日用必需品的贸易怎么会掌握在私人手

---

① ［德］恩格斯：《俾斯麦先生的社会主义》，1880 年 2 月，人民网（http：//cpc. people. com. cn/GB/64184/180145/180188/10879796. html）。

里？不劳动的人怎么能生存？"①

　　苏联的国企经营长期秉承列宁的思想，以极为低廉的价格为人民群众提供日用必需品，而且为企业员工提供良好的福利。20世纪80年代，苏联平均工资约190卢布，一盒火柴1戈比，一度电2戈比，一大块面包十几个戈比（1卢布=100戈比）②。按一个双职工家庭一个月用掉200度电来推算，4卢布的电费仅占工资的1.05%，如此电价真是厚道到家了。苏联国企的女员工享有长达一年的带薪产假，而美国至今没有法定带薪产假——美国1993年通过的《家庭和医疗假期法》，仅保障女员工12周的无薪产假③。

　　中国也曾借鉴苏联，以国家补贴来保证人民群众在低工资水平下的购买力。曾领导我国经济工作的陈云同志在1980年指出："我看现在还是国家补贴、低工资的办法好。不补贴，大涨价，大加工资，经济上会乱套。"④ 陈云同志的基本思想与列宁一脉相承，将提高人民群众的实际生活水平放在首要位置。虽然在社会主义市场经济的格局下，未必要照搬昔日国家补贴的做法，但是国有企业为群众谋福祉的价值取向是不应该改变的。

二　不能以荒唐的资本逻辑衡量国企

　　随着改革的不断深化，国有企业虽然经历了阵痛，但仍然获得了长足发展。1998年底国有企业资产总额约为8.2万亿元；而截至2015年第三季度末，我国中央企业和地方国有及国有控股企业（不

---

① ［俄］列宁：《在红场上的三次讲话》，1919年5月1日，人民网（http：//cpc.people.com.cn/GB/64184/180146/180266/10902641.html）。

② 郭树清：《27年前郭树清的旅欧笔记：剧变前夜东欧苏联旅行纪实》，2014年9月2日，观察者网（http：//www.guancha.cn/GuoShuQing/2014_09_02_263188.shtml）。

③ 维基百科：Maternity leave in the United States（https：//en.m.wikipedia.org/wiki/Maternity_leave_in_the_United_States）。

④ 陈东林：《陈云晚年的思想与贡献》，2015年10月8日，人民网（http：//dangshi.people.com.cn/n/2015/1008/c85037-27671006.html）。

包括国有金融类企业）资产总额已超过 117 万亿元①。即使刨去通货膨胀，增长也极为可观。然而，国企改革剧烈地冲击了国有企业原有的价值体系，朝野之间关于如何建设和发展国有企业的争论从未停止。

"国企低效"是庸俗经济学家们最喜欢鼓吹的论调，这丝毫不令人奇怪。庸俗经济学家们信奉的是资本逻辑，其基本内涵是：资本是社会经济权利的中心，一切经济活动都围绕资本增殖最大化而展开，资方拥有对企业的控制权和剩余价值索取权，被雇佣的劳动者不过是资本的附属品。在资本逻辑之下，企业存在的唯一意义就是使资本增殖，创收多多益善。

庸俗经济学家们戴着资本逻辑的眼镜来看待社会主义性质的国有企业，那可真是处处不顺眼，因为国企的许多做法还真不是奔着赚钱去的。例如，中国铁路总公司运营的青藏铁路、藏南铁路，按照实际运力恐怕几十年都收不回成本吧？又如，国家电网公司的村村通动力电工程，重点给贫困村改善电网，这边际收益多低呀？再如，中国移动在 2016 年使西藏 5000 多个行政村中的 4000 多个实现了光纤宽带覆盖，可是当地居民那点购买力又能创造多少利润？按照资本逻辑，这些不利于资本增殖的铁路、电网、通信网压根就不应该建，建了就说明"国企低效""国企生产率低于私企"。至于国家战略和人民福祉，根本不在资本逻辑的考虑范围之内。

倘若国企按照资本逻辑来运作，一切以营利为目的，那么收取漫游费岂不"合情合理"？按照新古典经济学的理论，既然消费者对移动通信的需求是刚性的，那么运营商就应该设置消费者能够接受的最高价格，使生产者剩余价值最大化。至于这个最高价格出于什么名义，那就真的随意了：什么初装费、选号费、销号费、漫游费、来电显示费，创意多得是，最后还可以加上一条"对收费概不解释"的

---

① 李丽辉：《百万亿国有资产怎么管？（热点聚焦·国有资产三问①）》，2015 年 11 月 30 日，人民网（http://finance.people.com.cn/n/2015/1130/c1004-27869177.html）。

"霸王条款"。如此一来便达到了资本增值、收益最大化的目标，以前也确实有某些运营商这么做过。

可是如此一来，庸俗经济学家们又不乐意了，跳着脚骂"国企与民争利"。这可就有意思了：指责国企"不会赚钱"、逼迫国企按照资本逻辑行事的是他们；倘若国企按照资本逻辑实现了利益最大化，出来骂街的依然是他们。那么国企到底是应该赚钱，还是不应该赚钱呢？玩这样的双重标准岂不滑稽？

庸俗经济学家们经常指责"国企都是依靠垄断获利"，这种说法的荒诞体现在两个方面。一方面，它违背了最起码的客观事实，我国许多经营状况很好的国企并不依靠垄断获利。招商银行差不多是我国股份制银行中效益最好的，可是它垄断银行业了么？华润置地是中国内地最具实力的综合地产开发商之一，可是它垄断房地产业了么？格力电器在白色家电领域把松下等洋品牌打得满地找牙，可是它垄断家电行业了吗？在激烈的市场竞争中不断攻城略地、发展壮大的国企多得是，庸俗经济学家们之所以视而不见，只不过因为惯于以撒谎来宣传自己的观点罢了。另一方面，"依靠垄断获利"正是资本逻辑倍加推崇的至高境界。近年来国内投资界热捧一本叫《从零到一》的有趣著作。作者彼得·蒂尔（Peter Thiel）是 PayPal 公司创始人、Facebook 首位外部投资者，他在书中详细阐述了自己的创业心得，明确提出了以下观点："所有成功企业都是不同的，他们在他们选定的市场中获得了垄断。""只有失败者才去竞争，成功者走的就是垄断之路。"彼得·蒂尔先生的直白实在是率真可爱，与列宁在《帝国主义是资本主义的最高阶段》中的分析有异曲同工之妙。按照资本逻辑，"依靠垄断获利"体现的是资本的巨大成功，这样的企业简直就是典范。既然如此，庸俗经济学家们为何不去歌颂，反而要咒骂国企的垄断呢？因为他们梦寐以求的是私人资本的垄断，所以国企永远是这条路上的绊脚石，国企怎么做都是错的。也正因为如此，庸俗经济学家们为国企改革开出的药方从来只有一副——引入私人资本。

三　所有制改革从来不是万灵药

庸俗经济学家们鼓吹，只要向某个行业引入私人资本、打破垄断，这个行业的所有问题就都能自动得到解决。如此包治百病的万灵药，比北京天桥卖的"大力丸"还神奇。可是在实践中，向关系国计民生的重要领域强行引入私人资本造成了什么后果呢？这个真值得好好说说。

先说电信行业。向电信行业引入私人资本造就了 42 家虚拟运营商。虚拟运营商打着牟利的小算盘，迟迟不落实手机号码实名制，为电信诈骗提供了难得的便利：2016 年工信部点名批评了 10 家因垃圾短信被投诉的运营商，其中 6 家是虚拟运营商。此外，腾讯手机管家的大数据监测显示，有 44% 的电信诈骗号码来自虚拟运营商运营集中的 170/171 号段①，以致工信部忍无可忍，下重手加以整治。

再说水务行业。向水务行业引入私人资本，使外企在中国一度捡了不少便宜。例如，威立雅水务在控制了兰州自来水供应之后，把水价一涨再涨，在升级设备、更新管道方面则少投点钱，如此"开源节流"，账面盈利不就挤出来了吗？不过，还没等到庸俗经济学家们欢呼"外企效率高、改革成功了"，兰州人民便于 2014 年 4 月喝上了苯超标 10 倍的自来水②。不过事物都是有两面性的，兰州自来水事件让地方政府普遍意识到，水务外企既不"高大上"，也不见得靠谱。"亡羊补牢，未为晚也"，于是外资企业在水务市场的份额从"十一五"期间的 50%，迅速跌落到"十二五"末期的 10%③。

铁路行业的事情更有意思。某些人一厢情愿地希望铁路向私人资

① 张靖超、李静：《电信诈骗频发推动虚拟运营商大洗牌 90% 或倒闭》，2016 年 9 月 3 日，新浪网（http：//finance. sina. cn/2016 - 09 - 03/detail-ifxvqcts9337764. d. html？from = wap）。

② 维基百科：https：//zh. m. wikipedia. org/zh-hans/2014 年兰州自来水污染事件。

③ 闫笑炜：《外资水务公司在中国经历了扩张滑铁卢后，为何裹足不前？》，2016 年 5 月 18 日，能源杂志（http：//m. jiemian. com/article/656223. html）。

本开放，甚至还想尽办法炮制出了为其"开绿灯"的政府文件。可是实际结果又如何？某私企和上海铁路局谈判，上来就抛出一堆条件：我投资的铁路线要盈利，所以不能承担国防运输的职能、不能卖学生票，调度权也不应放在铁路局……上海铁路局的态度很明确：没得谈，送客！

由此可见，强行引入私人资本不仅未能解决关系国计民生的重要领域现有的问题，反而制造出了新的问题，对私人资本的迷信可以休矣。整日抨击"国企垄断"的庸俗经济学家们，竟然连"自然垄断"这个基本的经济学概念都弄不清楚，焉有学识可言？

自然垄断是指因产业发展的自然需要而形成的垄断状态。一般来说，规模经济能够形成自然垄断。例如，水务、电力、电信等行业的企业所需投资很大、覆盖面很广而利润不宜过高，这种情况就会催生自然垄断。例如，某地如果设置多套电力线路，便会造成巨大浪费；如果只由一家电力企业提供电力，该企业可以通过边际成本递减的规模化生产来降低电价，引入竞争反而导致价格上升。又如，高科技产品，由于投入资源而形成的技术研发能力，在一定时期只有一家或少数厂家能够生产，从而形成自然垄断。自然垄断一旦形成，垄断者便享有巨大的价格竞争力和优势。由于余量需求已被完全满足或进入产业所需投资过大，没有其他企业会愿意或有能力进入这个无利可图的市场[①]。也就是说，水务、电力、电信等具有自然垄断特点的行业，发展到最后终究会形成垄断，不是由国企垄断便是由私企垄断。谁要是觉得私企垄断更加高尚，莫不是还没喝够兰州的含苯自来水？庸俗经济学家们只反对国企垄断、不反对私企垄断，其用意昭然若揭。说穿了，他们认为，公有制经济本来就不应该存在，国企是不可能搞好的，而社会主义必然失败。所以他们一贯鼓吹私企才是中国的希望、国企应该为私企让路。让庸俗经济学家们为国企改革建言献策，如同让秦桧等投降派主持国防建设，能有好果子吃吗？

---

① 维基百科：https：//zh. m. wikipedia. org/zh-cn/自然垄断。

所有制不是筐，别把什么都往里装。要想搞好国有企业，关键在于采取行之有效的精益管理措施，而不是在所有制上搞些无谓的名堂。打个通俗的比方：倘若担心自己的孩子管教不好，那就应该格外留意孩子平时的行为习惯；难道引入几个后妈就能保证把孩子管教好？

四 为国企树立健康的价值导向

习总书记"理直气壮做强做优做大国有企业"的指示，让国有经济板块的干部群众感到由衷的振奋，也让指鹿为马的赵高和卖主求荣的秦桧无地自容。在过去的一些年里，一些错误的思想曾严重影响国企的建设和发展。从今往后的国企改革，关键在于应该树立正确的、明确的指导思想，纲举目张才能产生自上而下的执行力。

社会主义制度下的国家垄断，与资本主义制度下的私人资本垄断有着本质上的区别，根本不能混为一谈。一些资本主义国家制定反垄断法、在一定程度上抑制垄断，是因为这些国家意识到私人资本垄断会严重损害消费者权益，并最终阻碍生产力发展。而社会主义制度下的国家垄断，恰恰是对私人资本垄断的根本否定，目的在于防止私人资本通过垄断民生领域来牟取暴利。孙中山在《革命方略》中严正指出："敢有垄断以制国民之生命者，与众弃之。"与列宁相同，孙中山也赞同由国家垄断关系重大民生的经济事业，如铁路、电气、运输等，利益由全民共享，不让私人独享其利。孙中山的想法最后在中国共产党的领导下才得以实现。

既然公有制经济是社会主义制度的经济基础，国企就必然要承担一定的社会责任，所以绝不能用简单粗暴的资本逻辑来衡量和绑架国企。私企以营利为唯一目的，而国有企业既要算经济账，也要算政治账。十八届三中全会的《中共中央关于全面深化改革若干重大问题的决定》提出，以公益性和营利性为标准划分两类国企，这两类国企的区别就是多算政治账还是经济账。

公益性国企多算政治账，旨在提供质优价廉的产品和服务，但也要适当考虑经济账。例如，各城市的公交集团需要保证票价的稳定，但也要合理控制运营成本，防止出现不应有的亏损。对公益性国企的评价标准不应是盈利，而应该是成本核算——生产单位数量的产品和服务的平均成本，自然越低越好。

营利性国企多算经济账，为国家上缴利税乃应有之义，但绝不能不算政治账。政治账应当包括以下这些方面：

（一）国家战略。前文提到的青藏铁路、藏南铁路，就属于典型的国家战略需求。这些铁路本身虽然不赚钱，但对西藏地区，特别是中印边境东段的稳定有着至关重要的作用。这些铁路在国家战略上的收益远远大于其直接经济收益。

（二）公众利益。如前文所说，历史上出现过性质截然不同的国企。如果国企的产品和服务质优价廉，适当让利于民，人民群众对国企的垄断真不会有什么意见。难道大学生会抱怨半价的学生票吗？倘若国企只考虑营利而罔顾公众利益，漫游费、销号费之类的"霸王条款"必然层出不穷，人民群众当然会产生负面看法。

（三）员工福利。作为企业的主人，国企员工应当享有合理的福利，体现在收入和劳动保障等诸多方面。国企在运营中必然获取员工的剩余价值，但是与私企相比，国企必须强调剩余价值的合理分配。时下某些私企的做法是，花三个人的钱雇佣两个人，让他们干五个人的活，美其名曰"压缩人力成本"。名义上的"高薪"掩盖了更加残酷的剥削，让员工不堪重负。相比之下，多数国企还算是厚待员工的，"五险一金"的缴纳比例就足以说明问题。

"君子爱财，取之有道"。在社会主义制度下，国有企业的"道"体现为通过提高劳动生产率来实现盈利，提高劳动生产率靠的是技术创新和优化管理，而不是掠夺公众利益或残酷剥削员工。倘若国企为资本逻辑所绑架，就会堕落为德意志帝国式的国企，"失道者寡助"。运营商取消全国漫游费，正是顺应人心，回归国企应有之"道"。

我国亟待建立对外国
留学生的正向选择机制

徐实　秦博

近年来，随着中国经济水平的提高和科教事业的快速发展，在华外国留学生迅速增加。在很多二线城市也能经常见到外国留学生。

根据教育部提供的信息，2017 年共有 48.92 万名来自 204 个国家的外国留学生在我国共 935 所高等院校学习，规模增速连续两年保持在 10% 以上。其中硕士和博士研究生共计约 7.58 万人，比 2016 年增加 18.62%。北京、上海、江苏、浙江等东部 11 个省市来华留学生共计 34.19 万人，占总数的 69.88%。单从数据上来看，我国已是亚洲最大留学目的国。

教育部的数据还显示，2017 年共有来自 180 个国家的 5.86 万名外国留学生领取中国政府奖学金，占总数的 11.97%①。乍一看这个数据，许多人会认为，绝大部分（近 88%）的来华外国留学生都是自掏腰包来中国读书的。其实不然——教育部对"自费留学生"的定义是没有拿到中国国家奖学金的留学生。然而实际情况是，对于外国留学生的资助，大部分来自于学校的计划内支出、省一级的教育部门支出以及其他种类繁多的奖学金项目。申请这些奖学金的难度整体很低，有些甚至容易到了外国留学生只要申请就发放的程度。毫不客气

---

① 中国新闻网（http://www.chinanews.com/m/gn/2018/03 – 30/8479678.shtml）。

地说，除了医学本科有一些真正自费的留学生之外，我国都是在倒贴钱来供给留学生。在全球范围内，以中央和地方财政大规模引进外国留学生的做法，恐怕中国是独一无二的。

一 外国留学生的超国民待遇

迅速壮大的外国留学生群体，其实处处享受超国民待遇。其待遇水平让国内莘莘学子难以望其项背。

以北京大学为例。外国留学生在入学前可申请中国政府奖学金、北京市外国留学生奖学金、北京大学外国留学生奖学金或孔子学院奖学金等资助。入学后，仍有机会凭借学习成绩及其他综合表现申请北京市外国留学生奖学金等资助，全额奖学金包含学费和生活费。

一些大学不仅大比例地对外来留学生全免学费，而且每年的生活费更高达 10 万元以上。相比之下，国内顶尖高校复旦大学发放的博士生津贴仅为每月 2300 元①，在上海也就勉强够吃饭的。

北京大学留学生奖学金一览表

No.	奖学金名称	授予机构	对象	资助内容	申请时间	申请受理机构	申请阶段
1	中国政府奖学金	教育部	全部留学生	全奖、部分奖	12 月—1 月（具体时间请咨询受理机构）	中国驻外使馆或其他指定机构	入学前
2	中国政府奖学金——高校自主招生项目	教育部	硕、博	全奖	4 月	留办	入学前
3	北京大学外国留学生奖学金	北京大学	本、硕、博	全奖、部分奖	5 月、9 月	留办	入学前、入学后
4	孔子学院奖学金	国家汉办	对外汉语专业硕士普通进修生	全奖	3—4 月	留办国家汉办	入学前

---

① 搜狐教育（https://m.sohu.com/a/164269891_608553）。

续表

No.	奖学金名称	授予机构	对象	资助内容	申请时间	申请受理机构	申请阶段
5	孔子新汉学计划	国家汉办	博士生、高级进修生	全奖	见当年通知	留办国家汉办	入学前
6	北京市外国留学生奖学金	北京市政府	本、硕、博	学费补助	招生期间、10月	留办	入学前、入学后
7	优秀留学生奖学金	教育部	本、硕、博	生活补助	见当年通知	留办	入学后
8	国家开发银行奖励金	国开行	本、硕（限经济、管理或金融类专业）	一次性奖励	见当年通知	留办	入学后
9	郭氏基金奖学金	嘉里集团	马来西亚本科留学生	全奖	2—3月	留办、嘉里集团	入学前

而留学生享受的超国民待遇远不止表面上的奖学金，还有以下各种令人瞠目结舌的显性特权：

（一）住宿：外国留学生公寓都是宾馆的水平，多为单人间，最差不过两人间，拥有独立卫浴。有的还有专门的厨房和全套家用电器，俨然商务套房。各个大学对留学生公寓的服务和管理，都比中国学生要更为细致。更有甚者，中南大学还规定："公费留学生每人每月可免费使用160度电、3吨水，超过部分将按照市价收费。自费留学生用电须按使用量购买，用水每人每月可免费使用3吨，超过部分将按照市价收费。"①

（二）餐饮：有的高校在食堂里单独划出留学生的座位，甚至给外国师生提供专用餐具。留学生和外籍教师在食堂内享受事实上更好的服务。普通食堂对中国学生严格限定就餐时间，过时不候。而涉外餐厅却从早上6点半不间断地开到晚上10点，成为名副其实的"深

---

① 中南大学：关于印发《中南大学留学生公寓管理规定》等文件的通知（http://iecd.csu.edu.cn/info/1039/1938.htm）。

夜食堂"——美其名曰"给留学生更好的体验"。著名高校北京师范大学的清真餐厅分为东厅和西厅两部分，西厅只允许穆斯林刷卡吃饭。放在国外，这种做法会被视为赤裸裸的种族隔离和种族歧视。而北师大给出的解释却是："因为饭菜数量有限，为了保证穆斯林有饭吃，只好请非穆斯林同学去其他地方吃饭，毕竟他们的选择很多。"如此荒诞的逻辑成为我国高校一道"靓丽"的风景线，强迫中国学子从年轻时就认同这样的次序。

（三）学业：不少高校盲目追求所谓"国际化"，但事实上并未招来优质生源。不少来自发展中国家的留学生，毫无门槛地进入国内一流高校。多所高校的教务人员透露，来自非洲国家的留学生学业水平低下，根本无法跟上大部分专业的学习。在学期末，这些非洲留学生的成绩往往不过关，校方只好单独为他们命题，而且在中国学生及格分数60分的基础上再打6折，36分即可及格。如果还有非洲留学生不及格，教务部门会帮助他们修改成绩，直至毕业过关。某些自我标榜"国际化"的国内高校对此讳莫如深。

二　中国招来了什么样的留学生？

中国高校给予外国留学生如此奢侈的超国民待遇，可是招来的都是什么样的留学生呢？

发达国家的留学生到中国来，主要是参与交流项目，而非学历学习。也就是说，他们这些人在中国待上个一两年后，还会回到母国拿学位。在中国完成学历学习的留学生，绝大多数来自发展中国家，如南亚、中东、非洲的国家。这些国家的留学生，要说谁能拿出悬梁刺股的精神发愤读书，用"十不存一"来形容都是客气的。也就是说，我国对于外国留学生并未建立有效的正向选择机制。

国内各大高校的理工科导师，其实主观上非常不愿意接受来自发展中国家的研究生，迫不得已带几个这样的学生，完全是外事部门强行摊派的结果。理工科导师的时间大都非常紧张，因为科研活动本身就要消耗大量的时间。许多导师都是在极其繁忙的工作中，尽可能抽出一些时间来指导学生。倘若碰上水平太差、接受指导后仍不能产生工作成果的学生，导师只能自认倒霉。很不幸，来自发展中国家的研究生大都是这个水平。

笔者的好友任教于著名高校中国药科大学，近年来直接和间接指导过不少外国留学生。让人哭笑不得的案例一抓一大把：

A 君是刚果（金）某酋长的公子。为人倒还和善，就是太爱玩了，不上课的时候大多在逛街、下馆子。哪怕在实验室里，一时兴起也要跳个舞，让拿着瓶瓶罐罐忙碌着的同学们无语。自幼养尊处优的公子哪里担得起辛苦，在实验室里连续工作两小时就累瘫了。他特别不理解的是，为什么中国人无论男女都"极为剽悍"，可以在实验室里埋头工作 8—10 个小时……结论是"共产党员是特殊材料制成的"。导师自然不能指望 A 君做什么像样的研究，好不容易花了两三年时间，用一张"镀金"文凭把他打发走了。

B 君是阿尔及利亚某银行行长的公子。科研能力在留学生里相对还算好些，能和"弱鸡"一些的中国硕士生打平。此君对留学生涯的感受是"乐不思蜀"，以致博士毕业后，又想方设法搞了个名额，以博士后的名义继续在中国晃悠，掐指一算竟已有五六年之久。在 B 君看来，每天晃悠几个钟头就能领高薪、衣食住行都有人管的好地方，只怕世间再难找到了——所以打死也不能离开中国呀。

C 女是蒙古国某官员的千金，留学期间觉得有些寂寞，干脆把丈夫和孩子一起接到中国玩了一阵子。不过丈夫孩子毕竟是来中国做客，玩够了还得回到蒙古去。他们走后，C 大小姐有些不开心。这一不开心就是一个多月，不上课也不去实验室，此事最后不了了之。这要是换成中国学生，在学期中一个月不上课、不做实验，导师肯定找她算账："你咋不上天呢？"

在外国留学生群体中，不学无术甚至不算是太糟糕的状况。前面说的这几位，只是能力远低于中国学生罢了，但是人家至少洁身自好、遵纪守法，而许多留学生甚至连这点都做不到。根据笔者调查，许多高校教师不敢招收来自非洲及南亚的留学生，理由包括"撒谎成性""有骗签证的风险""领取奖学金后不配合学习，不好毕业，不好管理"。部分外籍男性人口涉嫌严重的签证超期、滞留不归，这些已经是公安系统人尽皆知的事情。许多女大学生常受到外国男性留学生（尤其是非洲和南亚裔）的搭讪和纠缠，微信留言则是赤裸裸的性骚扰。笔者在青岛大学的友人，是位长相比较可爱的女医生。巴基斯坦男留学生才和她见过几面，就整天缠着不放，竟然还提出"我想去你的宿舍，就咱们俩，请你给我教教汉语"这样厚颜无耻、居心不良的要求。好在友人当机立断，屏蔽此人一切联系方式，还故意"消失"了好几天，总算躲过一劫。

是不是来自发展中国家的人就一定不行呢？还真不能"一棍子打死一船人"，哪怕是发展中国家，按照概率也会产生人才。当年新中国百废待兴，但是派往苏联留学的都是一时才俊。他们非常珍惜宝贵的留学机会，抓紧时间刻苦学习，归国之后全部成为中国工业化的栋梁。留苏学生中比较著名的有国务院总理李鹏、中国地质大学原校长赵鹏大、农业部原副部长王连铮，等等。由此可见，留学生来自发展中国家，本身不是问题。真正的问题在于，我国对留学生缺乏必要的正向选择机制——以致发展中国家真正的人才没有来到中国，来到中国的反而是一帮不学无术的"八旗子弟"。

说到这里，应该反省外事部门和中国高校开展留学宣传的手段。从背景来看，来自发展中国家的多数留学生，其原生家庭在母国非富即贵，少说也是个小"地头蛇"。从笔者的寻访来看，迄今没有发现出身贫苦却因发奋读书而来华求学的案例，也就是说，几乎没有外国版欧阳修、范仲淹的案例。由此可见，我国的留学宣传还停留在"走上层路线"的低级模式，影响的对象主要是发展中国家的"高衙内"。问题在于，批量引进"高衙内"的意义何在？

三 全面反思引进留学生的意义

在华外国留学生的状况，用"乱象丛生"来形容毫不为过。乱象的起因是错误的指导思想，外事部门的某些干部，将在华外国留学生数量上的增加等同于"扩大对外开放"的政绩；而高校的某些领导，也将留学生数量的增加等同于"提高国际化水平"的政绩。上述政绩观不仅十分荒谬，而且极为危险。

上述政绩观的荒谬之处在于完全忽视国家利益，舍本逐末。如前文所述，引进外国留学生基本上是国家倒贴钱，这些财政经费都是人民的血汗钱。国家做出的投资，理应为中国人民带来实实在在的回报。可是大量外国留学生享受着超国民待遇，挤占了本应属于中国年轻人的受教育机会，却并未做出什么实际贡献；更有甚者整日游手好闲，造成了极其恶劣的社会影响。

要说投资回报率，投资中国学生的回报率可真是比留学生高太多了。2017 年，在全国应届毕业生中，本科、硕士、博士的起薪平均水平分别为 4854 元/月、6791 元/月、9982 元/月[①]。薪酬水平在一定程度上反映了劳动生产率，因为薪酬是劳动者创造的价值中，被拿走剩余价值之后的部分。由此推算，中国高校培养出的一个中国博士，每年至少创造 20 万元以上的产值。而来自发展中国家的"高衙内"们，凭着其"三脚猫"的本事是不可能在中国找到工作的，花钱养他们的意义何在？

或许有人以为，多招收一些外国留学生有利于开展民间外交。那么我们要负责任地说，按照现在这种乱象丛生的模式运作，肯定达不到推动民间外交的目的：

首先，"高衙内"们游手好闲，却毫无理由地享受了大量资源，在华期间给中国人民留下的多是负面印象，还不如干脆别来。

---

① 中国教育在线（http://kaoyan. eol. cn/nnews/201709/t20170914_ 1554129. shtml）。

其次，"高衙内"们不思进取，回到母国也不过是靠着老爹的庇荫吃闲饭，指望这些"废柴"为民间外交长期发挥积极作用？别开玩笑了好吗？

最后，"高衙内"们不学无术，却拿着中国高校颁发的"镀金"文凭装点门面，最后还不是败坏中国高校的形象？

至于把留学生数量和所谓的"高校国际化水平"挂钩，则是国内某些头脑不清醒的学者制造的伪概念。例如，某些学者认为中国重点高校的留学生比例不到4%，而欧美发达国家的高校普遍为10%—20%。比如，澳大利亚留学生占在校生总数的比例达到了19.8%，英国为16.9%。于是他们得出结论：中国高校"国际化水平太低"，要奋起直追。可笑的是，他们忽略了欧美高校的留学生比例高的根本原因。

英国政府因财政赤字严重，近年来不断削减大学科研经费，中国内地留学生（语言学校、本科、一年制授课硕士）已成英国、澳大利亚等国教育产业最大"摇钱树"。换句话说，英、澳等国在作为公共资源的高等教育配置方面，完全没有节操，完全不考虑公平，仅仅在意的是出售教育产品，高额赚取外国学生的利润。教育是生财工具，大学是"商业中心"，将大学当作公司来经营，以盈利为上。

英国大学的学费往往分为多个等级：本地人学费最为廉价，而欧盟以外留学生的学费是本地人的5倍以上。其高等教育产业化主要体现在这几个地方：首先，招生市场化。大学委托多家专门从事留学中介或代理机构代为招生，并以学生学费的一定百分比返佣。其次，专业设置市场化。大学大量设置留学生喜爱的商科等热门专业，并用这部分收入支持学校整体发展。最后，提高录取门槛，让大量学生无法轻易达到要求，主要是语言和标准化考试，由此带动语言学校、语言课项目、语言考试、语言考试培训等市场。由此我们可以清晰地看到，某些英语系国家留学生多的情况，完全是因为其国内生源不足转而寻求国际生源来给高校续命的办法，而不是什么有意营造的国际化，和高校的办学水平更没有半毛钱的关系。

片面地将外国留学生的数量当作政绩，更是一种无视社会公平的危险价值取向。中国的高等教育资源还谈不上充裕，大多数年轻人并没有机会就读一流高校。以"亚洲最大高考工厂"安徽省六安市毛坦厂中学为例，应届一本达线率为 52.06%，本科达线率为 90.09%①，而我国非重点高中的高考整体成绩远低于毛坦厂中学的水平。消耗大量的国家资源让"高衙内"们在中国高校"镀金"，就意味着剥夺了许多中国年轻人的上升空间乃至改变命运的机会。用这种手段来实现所谓的"提高国际化水平"，难道不可耻吗？

这不禁让我们想起名篇《韩非子·五蠹》中振聋发聩的名言："国平养儒侠，难至用介士。所利非所用，所用非所利。"——国家给予利益的人，并不是国家要用的人；而国家要用的人，又得不到任何利益。中国的外国留学生政策，已经到了积弊丛生、不得不改革的地步。

四 纲举目张，正向选择外国留学生

外国留学生政策的症结在于缺乏明确的价值取向。某些头脑不清醒的学者和教育官员，片面鼓吹"提高国际化水平"，却完全不清楚这样做有什么用。当务之急，是为外国留学生政策建立明确的价值取向；纲举目张，在价值取向的基础上，建立对外国留学生的正向选择机制。

外国留学生政策应该树立正确价值取向，大道至简：

（一）为中国的国家利益服务。说到为中国的国家利益服务，那么外国留学生应该充当民间外交的桥梁。这意味着，他们回到母国之后应该发展得很不错，成为栋梁之材。只有这样，他们才能掌握足够的社会资源，进一步推进与中国的交流。

（二）为中国的现代化事业服务。说到为中国的现代化事业服务，那么外国留学生必须掌握真才实学。他们在华期间，要么做出有意义

---

① 搜狐教育（https://m.sohu.com/n/486370766/）。

的科研成果，要么在中国企业发挥重要作用，实实在在地创造价值。

要做到以上任何一点，外国留学生都必须具备极高的素质。由此可知，正向选择外国留学生的出发点只能是：唯才是举，择优录取。现行的外国留学生政策，本质上是"想来就能来，就怕你不来"，荒诞而且无用，必须从根本上推倒重建。

建立对留学生的正向选择机制，其实早有先例。在这方面，美国其实是做得最成功的。尽管美国高校也会出于赢利的目的招收外国留学生，但是主要限于本科以下的阶段。对于研究生，特别是博士生的录取，美国高校普遍建立了非常严格的正向选择机制，对申请者先前的学业成绩和科研成果都有很高的要求。20多年来，美国高校能够持续吸引中国一流大学的优秀学生前往美国深造，这种现象已经说明正向选择机制行之有效。而且美国高校对博士生的管理高度正规化，不可能让外国留学生享受什么特权，在学业的要求上一视同仁。而且在这里，还要澄清一个认识误区——美国高校为博士生提供的不是什么"全额奖学金"，正式的说法是 Stipend，准确译成中文应该叫"研究生津贴"。虽然研究生津贴意味着免除学费并发放生活费，但是美国高校提供研究生津贴的前提，是要求博士生提供实实在在的劳动。这些劳动既包括助教工作，也包括在实验室里的研究活动。所以权利和责任是严格对等的，不存在天天逛街还照样拿津贴的现象。

美国政府同样很精明，对于外国留学生的出路做出了有差别的明确规划，为此专门搞了一个"STEM 计划"。STEM 由"科学（Science）"、"技术（Technology）"、"工程（Engineer）"和"数学（Mathematics）"的首字母组成，是美国鼓励学生主修科学、技术、工程及数学的一项计划。在美国国土安全局网站上可以查到属于"STEM 计划"的专业列表，比如化工、计算机科学、物理、数学、生物科学和航空航天等理工科专业。按照美国现行法规，STEM 专业的毕业生，可以在拿到正式的工作签证之前，最多在美国合法工作36 个月。这36 个月其实就是用于让美国企业选择真正能干的人才，而对人才感兴趣的美国企业肯定会在此期间帮助雇员解决工作签证的问题。可以说，美国政府非常清楚哪部分人是他们真正需要的。"STEM 计划"的目的就是为了吸引外国高端人才，保住美国在高端产业的优势地位。至于哲学、文学、艺术史等专业的毕业生，由于与高端产业无关，美国政府隐藏的态度其实是"最好从哪儿来，回哪儿去"。

借鉴美国的成功经验，我国也应该建立对外国留学生的正向选择机制。可操作性很强的途径包括以下几方面：

（一）从根本上改变招生途径。坚持"唯才是举，择优录取"的导向，通过学术交流访问等途径进入别国的顶尖学府开展宣传活动，让别国真正意义上的有志青年产生来华留学的兴趣。在海外的央企，也可以推荐优秀的本地员工来华接受深造，让他们学成之后为中国做出更多贡献。如果中国高校希望尽快在海外扩大影响力，也可以与留学中介和代理机构合作，但是必须采取法家的手段加以严格管理——招来优秀人才有赏，招来糟粕青年必罚，赏罚分明才能立下规矩。

（二）终结不合理的留学生特权。留学生来华是为了求学，而不是为了享受。留学生获得的超国民待遇，于情于理都说不过去，而且已经招致我国高校师生的普遍反感，应予果断废除。对于留学生在学业上的要求，应当与中国学生一视同仁——对于学业不合格的留学生，应果断清退；要是能培养出外国版的欧阳修、范仲淹，那才是好事。必须引入优胜劣汰的竞争机制，才能保证留学生教育的良性发展。

（三）加强对留学生的日常管理。外事部门的某些干部经常要求高校教师给予留学生额外关照，甚至对于某些留学生的劣迹采取袒护的态度，这种做法是极为错误的。新中国没有治外法权，更不可能承认治外法权。外国留学生既然身在中国，就有义务遵守中国法律，遵循中国的道德规范和传统习俗。如有违法乱纪行为，照样进看守所走法律程序。

（四）加强对留学生的思想教育。忽视汉语和中国文化的教学是自寻死路。不少调查研究表明，外国留学生对中国文化的认同度较低，完全忽视了当代中国的社会风尚与价值观念。所以，要以文化自信为导向发展在华留学生教育。应当联系我国的内政以及外交政策，制订体现中国特色、维护中国利益的留学生教育路线。应当有计划地在留学生教育中增加中国文化的内容作为通识教育，使留学生日后能够在文化传播方面发挥一定作用。

（五）对留学生的出路进行有差别的规划。对于学习理工科专业、有真才实学的留学生，应该为他们毕业之后在华工作提供必要的便利条件。对于做出优秀研究成果的留学生，应有奖励和延揽的政策。对于其他专业的留学生则应加强管控，防止其毕业之后，以非法身份长期滞留中国。

除此之外，我国外事部门和高校领导应该及时转变观念，不应将增加外国留学生的数量作为一种"政绩"来炫耀。中国高校没有必要去讨外国留学生的欢心，倒是应该先把通过高考改变命运的中国学生照顾好。真正的政绩是为中国的国家利益服务、为中国的现代化事业服务。

发展高端制造业需要顶层设计

徐　实

美国对中兴通信的制裁，引起了举国上下对芯片行业的警觉——关键技术依靠他人，一靠不住，二靠不起。谈到时下的对策，有人说，要依照"两弹一星"的成功经验，坚决把中国的芯片产业搞起来；也有人说，不惜代价地发展芯片产业，不见得会收到理想的结果。芯片行业是高端制造业的一个有代表意义的板块。我们应该认真思考，中国的高端制造业到底应该采取什么样的发展模式，国家力量应该发挥什么样的作用。

一　正确定义研发与市场的关系

纲举目张，首先要厘清研发与市场之间的关系。"研发尊重市场需求"与"研发依靠市场驱动"是两个完全不同的理念，绝对不能混为一谈。

"研发尊重市场需求"是发展高端制造业的客观规律。芯片、涡扇发动机等高端制造业产品最终总要投入市场销售，既然如此，那就必须充分考虑市场上用户的具体需求。例如，如果涡扇发动机在耗油率和可维护性这两个关键指标上落后于竞争对手的产品，在民航运营中就会欠缺经济性，销售层面肯定会遇到困难。俄制涡扇发动机被踢出民航市场就是因为这些原因。因此，产品的设计定位和实际性能必须瞄准市场需求，得用户者得天下。

"研发依靠市场驱动"则被实践证明为错误的理念，不摆脱这种僵化思维的束缚和对市场的盲目崇拜，高端制造业将永无出头之日。这种理念错在什么地方呢？它只是从企业个体本位出发来思考问题，并不符合产业和国家层面的利益。

信奉"研发依靠市场驱动"的企业，对研发路径肯定有这样的要求：短期内的收益，特别是边际收益，应该能够很容易地填补企业的研发成本。走这个路数的典型代表就是联想集团，长期以来只看重短期就能获益的项目，回避具有挑战性的技术攻关和自主研发。也正是因为这种思路占据统治地位，联想集团在早期就把主张自主研发的倪光南院士一脚踢开。依靠"短平快"的业务，联想在 2010 年以前还算顺风顺水，但是后来它的体量和影响力被华为等后起的科技企业全面碾压；它的利润空间则被上游供应商和竞争对手极度挤压，以致 2015 年以后陷入持续亏损，股价连续下跌的困境。这倒是应了一句老话：看起来容易的路，最后越走越困难；看起来困难的路，最后越走越容易。

"研发依靠市场驱动"的路数为什么不适合高端制造业？不需要什么晦涩的经济学理论来解释，只要了解一些高端制造业的发展历史，就会对这个问题有深刻的认识。近 30 年来，世界范围内的高端制造业呈现出这样的特点——产业升级对资本密集程度有着极高的要求，高投入、高回报成为一种常态。

以研发民用涡扇发动机为例，且不说发动机上万个部件的迭代设计和制造成本，光是累计上万小时的发动机运行测试，就要消耗 1.3 万吨以上的航空煤油，成本至少 5200 万元——这还仅仅是开发总成本的一个零头。要想成功开发一代新的民用涡扇发动机，没有上百亿元的研发投入，那真是想都别想。

再来说说芯片。光刻技术平台是批量生产芯片不可或缺的。近 20 年来，光刻技术平台的加工精度，从微米级逐步提高到 40 纳米、22 纳米、16 纳米和最近的 7 纳米。而每一次平台的升级，都意味着生产线配置成本的指数式上升。40 纳米的平台，十几亿美元或许还能搞定，而 16 纳米和更高级别的光刻生产线，投入成本已达百亿美元。但是，谁掌握了行业内最先进的生产技术，谁就能够获得"赢家通吃"的巨额利润。

"研发依靠市场驱动"要求短期收益就能弥补研发成本。在高投入、高回报已成为高端制造业常态的情况下，上述思维必然导致一个结果：后发者永远没有可能赶超和挑战行业内既有的领跑者。后发者由于缺乏技术积累和技术储备，起步阶段难免要交些"学费"。建立研发体系、培养队伍，同样需要支付巨额成本。由于研发成本很高，投资回报周期很长，仅从企业本位出发，没人愿意做这样的后发者。

中兴被美国商务部制裁之后，有人在网上探讨过这样一个问题：BAT 这些互联网巨头财大气粗，它们为何没有投资开发高端芯片呢？其实这个问题本身就很搞笑：BAT 都是上市公司，假如在芯片项目上每年投入几十亿美元，然后该项目几年内没有实际盈利，股东还不得造反啊？用不了一年，股价就会跌得一塌糊涂，高管们还坐得住吗？这就是 BAT 压根没有染指这个领域的原因。舆论场上某些声音指望私企成为芯片产业的顶梁柱，纯属痴人说梦。

二　国家力量的意义所在

不客气地说，在向高端制造业冲击的道路上，"看不见的手"已经是过时的理论——"市场万能"的论断才是真正的思维僵化，"拜市场教"的忠实信徒才是改革的阻力。当前正确的发展方向，恰恰是以国家力量驾驭市场力量——既要尊重必要的市场规律，又要克服市场机制固有的不足和劣势。这便是列宁的伟大构想：利用国家资本主义的手段积极发展生产力，以便支持社会主义向更高层次的社会形态过渡。

国家力量相对于私人资本的优势在于，为了实现产业和国家层面的至高利益，可以承受巨额的研发成本，容忍较长的投资回报周期。

例如，中国商用飞机有限责任公司和中国航空发动机集团公司（以下简称"中国航发"）都是央企，这两家央企在集团层面并不是上市公司，所以大可不必担心股价的变动，只要坚决执行国家意志、搞好产业升级就可以。

高端制造业的领跑者拥有技术上的优势和壁垒，后发者不太可能一开始就做出"完爆"领跑者的"超级产品"。更贴近实际的情况是，后发者会先做几个"还凑合"的过渡性产品，目的主要是摸透研发思想、提高研发队伍的业务水平。例如，中国航发对大推力涡扇发动机的研究就是这个路数：涡扇 18 先解决有无的问题，涡扇 20 争取在性能上接近欧美第三代涡扇发动机的水平；要想达到或超越欧美发动机的水平，那真得要等到下一代产品的问世。"小步快跑"是追赶阶段提高研发水平的最优路径，如果非要揠苗助长，就会像印度航空工业那样栽大跟头。

"小步快跑"虽然是提高研发水平的最优路径，然而并不能够保证在短期内制造出具有市场竞争力的产品。在这种情况下，如果没有国家力量的坚定支持，那么后发者研发的过渡性产品、次优产品就会使得企业在一段时期内非常脆弱。我们可以用一个形象的比喻来说明这个问题：大闸蟹长大的时候会蜕皮，刚蜕皮后的大闸蟹是个"软壳蟹"，在对手面前不堪一击。但是几天之后大闸蟹的新壳就变硬了，那时候对手想动也动不了。国家力量的意义就在于，在企业向高端制造业发起冲击的"软壳蟹阶段"，提供必要的保护和支持。一旦企业度过了这个阶段，便可以"尽显英雄本色"，国家就可以收获红利了——京东方的成长历程就很有代表意义。

三 "两弹一星"的经验适合高端制造业吗？

实事求是地说，要想让中国的高端制造业更上一层楼，必须继承"两弹一星"的精神，但不能照搬"两弹一星"的研发模式。

"两弹一星"精神的可贵之处，在于坚持独立自主、自力更生，绝不把希望寄托于外部力量。倘若在这个观念上有所动摇，就会重蹈运－10半途而废、使我国民用大飞机丧失20多年发展机遇的覆辙。因此，在向高端制造业冲击的进程中，必须充分认识到国家力量的重大作用，开弓没有回头箭。那些指望通过对外妥协来避免吃亏的人，以及那些指望通过自由市场来救命的人，说穿了就是一帮"精神跪族"，不足为道。

"两弹一星"的研发模式为什么不能照搬呢？因为目的决定手段的合理性。"两弹一星"是满足军方的需求，终端用户不是民用领域，不需要考虑市场需求和商业生态链。所以说，当年的研发体系是一个内部封闭的体系，给国家提供一份满意的答卷就算成功。而现代高端制造业充满了像安卓手机这样的商业生态链。打造生态链意味着将上下游大量企业连接在一起，而且要保证生态链上各部位的企业都能从市场中稳定收获利润。这确实不是一个内部封闭的体系能够解决的问题，因为只有占据世界市场才能被定义为成功。

"两弹一星"的目的是制造技术上已经可行的工程产品。第一颗原子弹是美国制造的，第一次使用火箭发射人造卫星是苏联的创举，而中国的立足点是"追赶"。既然"追赶"的过程是照葫芦画瓢，那就不能允许失败。

然而，现在中国已经在高端制造业领域占据了重要地位，要想更进一步就只能依靠创新。创新必然是有风险的，许多研发路径在论证阶段虽然看起来不错，但是后来被实践证明不成功。这种失败属于概率事件，在绝对意义上不可避免，在硬件开发、新药开发等领域实属家常便饭。假如坚持"不许失败"的思路，谁失败就惩罚谁，最后就会在研发体系中造就"永不走路、永不摔跤"的消极氛围，这将极为不利于鼓励原创性的研发。

因此，与当年搞"两弹一星"不同的是，国家既要包容不同的技术开发路径，又要宽容开拓者的失败，这种氛围才有利于在高端制造业开宗立派。

四　国家力量应该做出哪些具体的事情？

"千里之行，始于足下。"再伟大的战略也必须落实到具体的操作层面。为了推动中国高端制造业的进一步升级，国家力量应该做出以下这些具体的事情：

（一）整合资源，重点扶持

高端制造业的门槛很高，土法炼钢、遍地开花是没有意义的。近年来，有多个省份都声称要大力扶持芯片企业，这种想法是比较危险的。实际造成的结果很可能是，造就一批在低层次上重复建设的企业，而产生不了一家在业界具有深刻影响力的企业。

美国在芯片产业的生态链中占据了顶端优势，而从美国的情况来看，芯片产业的集中程度恰恰是非常高的。难道美国每个州都有英特尔、英伟达这样级别的企业吗？显然不是。那么中国要想在高端制造业奋起直追，就不应该分散资源，而恰恰应该发挥社会主义国家"集中资源办大事"的优势，将资源投入一家或几家最有能力冲击业界第一梯队的企业。

因此，国家层面必须有清晰明确的顶层设计，积极推进行业内的资源整合。例如，2016年国家成立一家新的央企——中国航空发动机集团有限公司，将从事航空发动机研发的大型国有企业统一划归其领导。这样就大大提高了航空发动机领域的资源集中程度，有利于快速推进重点项目。以此观之，在中兴遭遇美国商务部制裁之后，国家很有可能推进芯片产业的资源整合，中芯国际、清华紫光、华润微电子等大型国企很可能受到重点关注。

（二）长期投入，前期托底

正如前文所述，国家力量的意义在于克服市场机制的不足，即单一企业无法承受研发成本和投资回报周期的问题。因此，国家对高端制造业要舍得进行长期投入，"中国制造2025"展现的就是这种国家意志。国家应该通过发展壮大产业基金等现代金融手段，保证高端制造业企业能够以较低的融资成本获得充足的研发资金。

如果能够以国家投入带动民间资本的投入，那更有可能产生投资的乘数效应，起到事半功倍的效果。因此，发展高端制造业也应保持一定的开放性，就像国家正在构建的"军民融合发展"一样，鼓励民间资本的积极参与：前期有钱出钱、有力出力，后期和"国家队"合理分享利益。

前期托底，指的是国家需要为过渡性产品规划必要的市场空间，使得高端制造业企业能够获得一些营收，平安渡过"软壳蟹阶段"。打个比方，一个原先成绩排名靠后的学生，就算要奋起直追，也必然要先经历一个成绩中等的过程，最后才能成为成绩优异的学生。那么在他处于成绩中等的阶段，家长就应该给予他更多的关心和支持，鼓励他取得更好的成绩，而不是天天指责他和成绩最好的学生还有多少差距。

举几个例子。到目前为止，"龙芯"CPU侧重的是一些基本的数据处理功能，在多媒体方面是没有优化的。不能打3D游戏的CPU，肯定还不适合进入民用个人电脑市场。所以，"龙芯"CPU的前期用户是有数据保密需求的军队和政府部门。但是这些前期营收和用户反馈，对"龙芯"CPU的迭代开发有着极为重要的意义；而"龙芯"CPU与英特尔生产的市场主流产品的差距，确实在不断缩小。从中国航发正在研发的涡扇发动机来看，涡扇18应该会获得军方订单，并优先用于生产轰6K；涡扇20的军方订单可能更多，用于制造数十架新型运－20，满足空军对于远程战略投送的迫切需求。

这些性能谈不上优越的过渡性产品其实是由国家托底的，但是它们的成功将为下一代性能优越的高端产品的生产铺平道路。高端制造业企业从过渡性产品获得一些营收，等于得到了必要的正向激励，也解决了一部分用于迭代开发的经费。最终实现对竞争对手的超越，归根结底还是要依靠高效率的迭代开发。

前期托底虽然是必要的，但是并不意味着国家要承担无限的责任。高端制造业企业不可能一辈子当"软壳蟹"，一段时期之内的适当保护，是为了企业未来更好地面对市场竞争。所以，国家力量提供的前期托底也要依托科学的机制，一定要防止出现"预算软约束"和"爱哭的孩子多给奶"等计划经济时代的弊端。

五　高端制造，剩者为王

从高端制造业的发展趋势来看，国际范围内的竞争越来越激烈，而且入场的门槛不断提高。能"剩"下来的，很不容易：也就是说，最后能够留在场上的选手越来越少。

20 世纪 70 年代，希腊是造船业的旗手，整体技术水平远远领先当时的中国；南斯拉夫和罗马尼亚航空工业的水平也不低于中国，能够自主研发喷气式攻击机。现如今，希腊的工业萎缩得不像样子，坐吃山空；南斯拉夫在内战中灰飞烟灭，罗马尼亚长期经济低迷，色情业泛滥，甚至如芙罗丽卡·罗奥尼之流的罗马尼亚体操名将也入不敷出，竟然沦为性工作者。造船业现在是中日韩领头，航空业是联合国安理会的五大常任理事国的天下，其他国家只能看着眼馋。高端制造业高门槛、高投入的特点意味着，一旦谁因为持续投入不足而退出了军备竞赛，就别再想参与进来。

虽然美国对中兴的制裁敲响了警钟，但是我们也不宜妄自菲薄，要客观地认识到中国在高端制造业的实力——中国毕竟还能完全自主地开发出"龙芯""申威"等 CPU，以及一些高端人工智能芯片。而英国、加拿大、澳大利亚等"岁月静好"的发达国家，甚至还没有这个能力，它们只配在美国控制的世界资本主义体系中跟着混碗饭吃。

中国在高端制造业的研发实力，其实已经超越了诸多发达国家，美国才是真正需要研究学习和认真对待的对象。假以时日，中国在暂时落后的领域也能做到奋起直追。我们应当有这样的信心，毕竟中国是世界历史上唯一未曾中断的文明：

四千年前我们和古巴比伦人一样玩着青铜器；两千年前我们和罗马人一样四处征战；一千年前我们和阿拉伯人一样富足；现在我们和美利坚人一较长短。数千年来，我们一直都在场上，而对手却已经换了好几茬。谁笑到最后，谁就会笑得最好；谁能剩下，其实是胜利。

第 五 章

国际形势之思

2016 美国总统选举的政治经济学分析

徐实 秦博

一 前言

2016 年的美国大选给美国社会带来了前所未有的割裂和创伤。民主党从上到下，对败选始料未及：希拉里（Hillary Clinton）此前认为自己稳操胜券，甚至没有准备败选演说的演讲稿，直到败选次日才勉强出来发表讲话；而希拉里的支持者们如丧考妣，在美国多个大城市制造了多起游行乃至骚乱。

看似意外的选举结果其实内里有着深刻的政治经济学原因：民主党大而无当的社会福利政策在过去 8 年间伤害了美国无产阶级的利益，使得美国无产阶级的大量选票流向了特朗普（Donald Trump）。属于美国五大湖区老工业基地的威斯康星州、密歇根州、俄亥俄州和宾夕法尼亚州曾是民主党的传统票仓，竟然也意外地倒向了特朗普。

二 违背劳动价值论的扭曲福利

民主党的支持者包括黑人、墨西哥裔等绝大多数少数族裔，以及大量"白左"。"白左"这个新鲜的政治词汇是美国华人发明出来的，其实还挺贴切——"白"有两层含义：一是肤色的白，因为该群体的主体是地道的白人；二是政治光谱的白，红色对应无产阶级先锋队，白色则对应小资产阶级改良派。作为小资产阶级改良派的"白左"，包括许多小白领、科技精英、大学生、知识分子等等。需要特别强调的是，美国和中国政治语境中的"左"完全不是一回事。"白左"的观点和主张其实更接近我国舆论场中的"公知"。许多"公知"都曾在微博上力挺希拉里，也为她的落选感到难过，实乃"兔死狐悲，物伤其类"。无产阶级专政、民主集中制、党领导文化和意识形态建设等列宁主义的核心内容，在"白左"看来反而是"极右"。简而言之——此左非彼左，观念不重合。

无论是少数族裔还是"白左"，都特别推崇社会福利——少数族裔社会经济地位较低，可以从社会福利中直接获利；而"白左"往往揣着一颗"圣母心"，认为社会福利越多，人民就越幸福。然而，美国民主党与马克思主义建设社会福利的出发点有着本质的不同：马克思主义的社会福利是建立在劳动价值论的基础上的；而民主党推行的社会福利建立在"人性""人权"等虚无缥缈的口号之上，不承认劳动价值论的存在。出发点的不同，决定了手段的天壤之别。

作为世界上第一个社会主义国家，苏联率先为劳动者建立了较为完善的社会福利体系，被后来的社会主义国家纷纷效仿。马克思主义的社会福利本质上是劳动者权益的一部分：国家获取劳动者的剩余价值以后，将一部分剩余价值返还给劳动者，作为其生活的必要保障。既然劳动创造社会财富，那么劳动者理所当然享受社会福利，不具备劳动能力的人口（如儿童、退休人员和残疾人）由劳动者集体供养；有劳动能力而拒绝劳动，则被视为罪恶——流氓无产者不仅不能够享受社会福利，还要接受强制劳动等必要的行为矫治。

民主党推行的社会福利与劳动价值论无关，所以不以劳动作为享受社会福利的必要前提，用"大而无当"来形容再贴切不过。例如，在民主党长期执政的加州，哪怕是非法移民，只要在美国生了孩子，孩子自动成为美国公民，然后监护人就能够以养小孩的名义获得政府补贴①。在加州，生了 3 个孩子的父母只要证明自己属于"低收入群体"，每月就可以领到多达 1400 美元的支票，此外还可以获得在超市换食物的食品券，用于抵扣房租的房屋券，并且可以申请政府的低收入者廉租房。

这样算下来，哪怕没有工作、天天在家吃社会福利，实际生活质量竟然不低于辛苦挣钱养家的下层无产阶级——美国著名的梅西百货，柜员的税前平均月薪才 2000 美元，却无法获得任何形式的政府补助②；肯德基员工的时薪在 9 美元上下，拿的几乎就是各州最低工资的水平③，即使每周超负荷工作 50 小时，税前月薪也不过 2000 美元。由此可见，努力工作的生活质量未必比得上闲在家吃福利，后者反倒更加逍遥自在！于是乎，国内许多"公知"不禁肉麻地颂扬起美国来："哎呀，看人家美国多讲人权，对每一个孩子和家庭都是这样的照顾，生活在这样的国家才知道什么是幸福！"

且慢，维持规模如此庞大的社会福利的钱从哪里来？当然只能依靠政府的财政收入。与中国政府不同，美国政府一来没有国企上缴的利润，二来主要征收所得税而非流转税。于是，维持社会福利所需的巨大费用，必然以"雁过拔毛"的所得税的形式，摊派到各个家庭的头上。这恰恰是美国无产阶级深恶痛绝的事情。

对高收入群体征收所得税是件非常麻烦的事情，因为高收入群体的主要收入不是工资收入，而是财产性收入，这东西真不容易弄清楚。举例来说，你能估算出某当红明星的年收入吗？你能弄清楚她持有多少家公司的股份吗？在高额片酬之外，她从证券、房产、版权等交易中获得了多少资本利得？高收入群体五花八门的收入来源很难调查清楚，即使想调查清楚也要花费大量的人力物力。换言之，对高收

---

① 加利福尼亚州政府公共卫生部：《How can I get WIC》，2018 年 5 月 13 日（https：//www.cdph.ca.gov/Programs/CFH/DWICSN/Pages/HowCanIGetWIC.aspx）。

② Glassdoor 薪酬报告：Macy's Salaries，2018 年 5 月 13 日（https：//www.glassdoor.com/Salary/Macy-s-Salaries-E1079.htm）。

③ Glassdoor 薪酬报告：肯德基时薪，2018 年 5 月 13 日（https：//www.glassdoor.com/Hourly-Pay/KFC-Hourly-Pay-E7860.htm）。

入群体进行征税的成本非常高。更何况高收入群体拥有多种合法避税渠道，例如设立离岸公司转移资产。法国著名影星德帕迪约为了逃避奥朗德政府设立的高额个人所得税，干脆加入俄罗斯国籍。所以说，让巨富豪绅缴纳重税不过是某些小资产阶级改良派的幻想，在操作层面很难实现。

　　成本最低的征税方式其实是让企业直接从工资中代扣个人所得税：所得税在发放工资之前就已事先扣除，而且工资单上的项目一清二楚，使得以工资为主要收入来源的无产阶级根本没有逃税的空间。（如图 1 所示）美国 2015 年 3180 亿美元的联邦税收中，33% 来源于工资代扣的个人所得税，而企业所得税不过 11%，还有 46% 是自主申报的个人所得税。

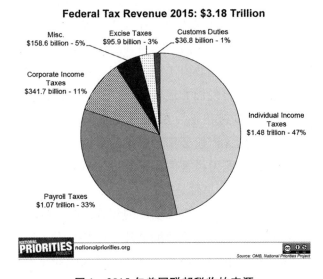

图 1　2015 年美国联邦税收的来源

　　图片来源：https：//media. nationalpriorities. org/uploads/revenue＿ pie% 2C＿ ＿ 2015＿ enacted. png

　　再与图 2 对比一下，便会发现问题的所在：包含广大无产阶级在内的美国 80% 的人口，仅拥有社会资产净值的 12%，然后工资代扣的个人所得税竟然占据联邦税收的 33%，他们心里能好受吗？

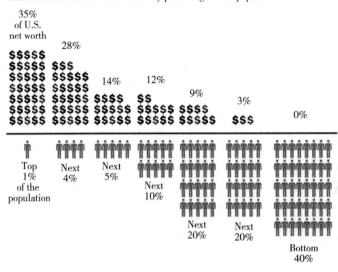

图2　2015 年美国社会财富的分配比例

图片来源：华盛顿邮报 https：//www. washingtonpost. com/news/wonk/wp/2015/05/
21/the-top-10-of-americans-own-76-of-the-stuff-and-its-dragging-our-economy-down/

美国作为联邦制国家，拥有多级税收体系。"羊毛出在羊身上"，
例如，民主党掌控的加州的社会福利名目众多，税负也在全美名列前
茅。我们来算一笔账。假设夫妻税前年薪各 10 万美元，这在美国可
以算做工薪阶层的"顶级配置"了。在养两个孩子的前提下，每年
的联邦税、州税等各种税负，合计 62000 美元左右，这还没计入按照
房产价值 1.5%—1.8% 征收的房产税。也就是说，还没想好该怎么
花钱，1/3 以上的收入就已经没了。如果一部分薪酬是以奖金的形式
发放的话，那就更惨了——奖金的 50% 直接被代扣个人所得税，只能
到手一半。考虑到美国一流大学的学费平均已经超过 4 万美元/年，
抚养儿女的工薪阶层实在不堪重负。

三 民主党"借花献佛"导致
无产阶级相对贫困化

民主党推崇的社会福利本质上是从并不富裕的无产阶级身上获取财富，然后大量用于补贴不劳而获的流氓无产者。这种做法严重践踏了劳动者的权益，客观上鼓励好吃懒做，使得流氓无产者的群体日益壮大。然而，即便雁过拔毛，加州政府仍然处于破产边缘，至 2016年已累计欠下了 4000 亿美元的债务①。由此可见，违背劳动价值论的社会福利政策，不仅伤害了无产阶级，也不具备可持续性。

历史往往是相似的：早在罗马共和国后期，聚居在罗马的破产的自由民就形成了最早的流氓无产者群体。这些流氓无产者不愿自食其力，依靠出售手中的选票获取国家赈济和贵族政客的施舍。庞培（Gnaeus Pompey）和恺撒（Gaius Julius Caesar）等贵族政客都曾收买数以万计的流氓无产者，利用这些人手中的选票为自己上台执政制造"合法性"。2000 多年后，代表华尔街、硅谷等大资产阶级利益的美国民主党，通过大而无当的社会福利收买流氓无产者，用来巩固自己的票仓。手法如出一辙，规模还大得多。待到五大湖区老工业基地那些愤怒的无产阶级把特朗普送上了总统宝座，民主党从上到下才如梦初醒。

"白左"满怀热忱的"圣母心"恰恰为民主党的借花献佛推波助澜，加剧了无产阶级的相对贫困化，而这些小资产阶级改良派却毫不自知。然而，资本主义制度与生俱来的矛盾和弊病使他们备感尴尬：（如图 3 所示）按照 2008 年的美元购买力平价计算，美国平均工资40 年来不但没有上升，反而有所下降，劳动生产率却增长了 50% 以上。也就是说，40 年以来，劳动生产率和 GDP 的增长并未使美国无

---

① Melody Gutierrez, *California's $ 400 billion debt worries analysts*, on February 6, 2016, San Francisco Chronicle (http://www.sfchronicle.com/politics/amp/California-s-400-billion-debt-worries-analysts-6812264.php)。

产阶级获益；资产阶级将科技进步、劳动生产率提高所带来的财富增加值全都装进了自己的腰包。

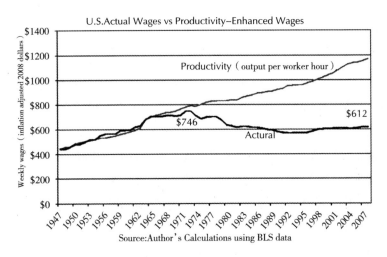

图 3 美国周薪和劳动生产率的变化

图片来源：http://www.outsidethebeltway.com/what-happened-to-the-wage-and-productivity-link/

面对如此明显的收入分配不平等，民主党内只有参议员桑德斯（Bernard Sanders）及其支持者敢出来说几句话。但他们的改良主张也只涉及税收和福利等二次分配，根本不敢触及初次分配（直接与生产要素相联系的分配）不合理的主要矛盾。虽然这些主张止于隔靴搔痒，他们说了总比没说要强，这已远远胜过希拉里等民主党主流派——他们对无产阶级的相对贫困化视而不见，却投入大量精力宣传性变态，纠结于"男人能不能进女厕所"之类的"人权问题"。因此，无产阶级对民主党的竞选纲领普遍失望：很多人要么选择支持特朗普，要么待在家里，也懒得投希拉里的票。与 2008 年奥巴马（Obana）当选时的选票数量相比，2016 年希拉里的得票少了整整 1000 万张①。

---

① Andrew McGill, *Clinton's Popular-Vote Lead Now Exceeds 1. 5 Million—and It's Growing*, on November 20, 2016, The Atlantic （www. theatlantic. com/amp/article/507455/）。

四 改良派的困境与走向

即便民主党候选人赢得下一届大选，那也不意味着"白左"这类小资产阶级改良派的胜利；恰恰相反，他们必定是输家。"白左"一厢情愿地以为民主党高层的政客和他们穿一条裤子，可是他们在民主党政客的眼中不过是一群廉价的"粉丝"。民主党政客真正倚重的是华尔街金融大佬、硅谷科技大佬、军火大佬和能源大佬等大资产阶级。对民主党政客来说，这些掌握强大社会资源的阔佬才是真正的衣食父母，提供了政治活动所需的绝大多数经费；至于基层的"白左"，必要时喂几根骨头就行了，至于制订政策更倾向于谁，自不待言。

奥巴马上台之前信誓旦旦地说，以后绝不允许游说集团继续干预白宫的决策，把"白左"一个个感动得不行。可是奥巴马上台之后，曾为他筹款超过50万美元的筹款人，80%都在奥巴马内阁中获得了重要职位[1]；至2014年，已有多达70名游说客进入了奥巴马的班子[2]。当年的慷慨激昂哪里抵得过利益交易？希拉里也没好到哪里去。她从硅谷募集了大量竞选资金不说，还直接请 IT 企业高管帮自己搭建竞选所需的数据平台和团队，这可真是打得火热。2016年10月，维基解密公布了希拉里在高盛内部演讲的所有内容，充分揭示了她与华尔街的密切关系。哪怕是希拉里成功当选总统，她也得先顾着投桃报李，保证政治盟友都把银子赚足了，"白左"只有回家老老实实纳税的份。

小资产阶级改良派的前途困境源于他们秉承的现代自由主义意识

---

① 中新网评论员：《透过大选看美国　利益交换与金钱政治》，2016年12月21日，中新网移动版（http://ku. m. chinanews. com/wapapp/zaker/gj/2016/11 - 08/8056352. shtml）。

② Josh Gerstein, *How Obama failed to shut Washington's revolving door*, on December 2015（http://www. politico. com/story/2015/12/barack-obama-revolving-door-lobbying-217042）.

形态。它可以简要地概括为：

一个中心：以自我为中心，认为社会的基本单位是原子化的个人，个人优先于群体、社会、国家而存在。

两个基本点：人权至高无上；私有财产神圣不可侵犯。

这套玩意其实就是国内自由派"公知"们吹捧的"普世价值"。然而，无论"白左"还是"公知"，都不曾认真审视"普世价值"的不完备性和自相矛盾。

首先，"一个中心"的基本假设并不成立。社会中的人存在普遍联系，根本就不存在什么"原子化的个人"。马克思主义认为，社会意义上的人就是社会关系的总和。说得通俗一些，你是父母的孩子，又是几位同窗的好友；在工作日你是客户经理，在周末你又是"驴友团"的领队。在社会中生活的你，总是在不同的身份和角色中切换。你构建的社会关系就是你属性的一部分。假如和你发生关系的人都不存在了，那么你就不再是一个社会意义上的人了，"个人优先于社会"的言论纯属胡扯。

接下来，"两个基本点"自相矛盾。"普世价值"认为人权至高无上，"一人一票"的意志不可违抗。如果无产阶级要用"一人一票"的人权来否定按照生产资料分配社会财富的"产权"，拿回剩余价值，那么"人权"和"产权"到底哪个大？这是"普世价值"无法解释的悖论。而马克思主义从来都认为人权高于财产权，不存在上述逻辑矛盾。

坚守"普世价值"的小资产阶级改良派总是生活在矛盾之中：他们看不惯美国社会普遍存在的权利不平等。美国政坛被游说集团掌控，司法演变成金钱的博弈，优质高等教育需要高价购买，这些不平等甚至使他们自身成为受害者。消除权利不平等的根本途径在于消除经济不平等——经济基础决定上层建筑，如果没有富可敌国的寡头，就没有人能用大量金钱影响政局和司法；公有制经济支撑下的国家财力有能力提供更多公共物品、向公众平等开放。然而，改变社会财富分配的方式必然会触碰到"普世价值"的产权信条，所以小资产阶级改良派言及此处便"欲说还休"。

　　小资产阶级改良派梦想着天下大同，却不敢致力于消除经济不平等，对公有制经济讳莫如深。这便是他们的悲剧所在——在自己的理论体系中，永远无法找到通往"理想社会"的道路。"美国梦"渐行渐远，阶级矛盾的激化必然使得小资产阶级改良派在未来出现分化：一部分会继续向资产阶级靠拢；而大多数则会在美国贫富分化日益严重的背景下出现社会经济地位的逐渐下降，这个"无产阶级化"的过程必将重塑他们的价值观和意识形态。

五　对中国社会福利建设的启示

　　2016 年的美国大选落幕了，而真正的好戏才刚刚开始。赢得了选举的特朗普虽然声称要为美国创造更多的制造业就业机会，但实际上却极难实现：美国企业不会心甘情愿地增加人力成本，低端制造业的就业机会也就不可能从南亚、东南亚自动转移回美国；而美国高端制造业面临来自中国的强大竞争——2015 年中国机电产品出口额1.31 万亿美元，已占总出口额的 57.6%[①]。由此可见，美国制造业近期恐怕很难有好日子过，依靠垄断高科技产品获取超额利润的日子已经一去不复返了。

　　美国无产阶级相对贫困化的根本原因是初次分配的根本扭曲：在按照生产资料分配的格局下，劳动生产率增长所带来的巨大收益完全被资产阶级拿走，无产阶级并未从科技进步和经济增长中普遍获益。而特朗普的所有政治纲领都没有触动初次分配，因此不会逆转美国贫富分化加剧、无产阶级相对贫困化的趋势。待到下一场大选来临之际，阶级矛盾更加激化的美国会出现何种新的政治动向，值得我们认真关注。

---

　　① 　商务部综合司：《2015 年中国对外贸易发展情况》，2016 年 5 月 10 日，商务部综合司（http://zhs.mofcom.gov.cn/article/Nocategory/201605/20160501314688.shtml）。

美国民主党社会福利政策的失败，为中国的社会福利建设提供了有价值的负面经验。坚定不移地发展普遍惠及人民群众的社会福利，意味着让人民群众合理分享经济发展带来的成果。但是发展社会福利的具体思路，必须要避开西方国家陷入的泥潭。基于马克思主义劳动价值论的社会福利制度才具备可持续性，劳动价值论的意义体现在以下几个方面：

（一）社会福利水平应该与劳动生产率同步增长。这要从两方面理解：一方面，如果科技和生产关系的进步提高了劳动生产率，社会福利水平就应该相应增加；另一方面，社会福利水平的增长速度不可以远超劳动生产率的增长速度，否则便是坐吃山空。

（二）对于具备劳动能力的公民而言，参加劳动是享受社会福利的前提。要特别强调劳动光荣，劳动越多享受的福利越多。

（三）在收入分配改革中，应强调初次分配的重要性，努力提高国民收入中劳动收入所占份额。社会福利作为二次分配的手段，对收入的调节能力有限。

（四）社会福利应有利于提高劳动参与率。例如，覆盖完善的医疗保险让劳动者保持健康的体魄、更多地参与劳动；弹性退休允许身体较好、经验丰富的劳动者自愿多工作几年。这类福利政策客观上鼓励劳动者为社会创造更多价值。

基于劳动价值论的社会福利制度，能够真正为劳动者服务，切实改善劳动者的生活状况，并且避免出现福利泛滥"养懒汉"的状况。这样的福利制度才能获得广大劳动人民的真心拥护，而且在经济上也具备持续性，中国的福利制度建设一定要走出一条利国利民的道路。

美国地区发展不平衡的深刻原因

徐实　秦博

作为幅员辽阔的大国，美国和中国都存在地区发展不平衡的现象，然而两国的地区发展不平衡有着本质不同。

中国的地区发展不平衡往往在较大的地理跨度上才能看出来。例如，山东省比山西省发达，山东省内的胶东比鲁西南发达。这种大地理跨度上呈现出的发展差异，取决于历史、自然禀赋和交通条件等多方面因素。例如，19世纪黄河改道摧毁了鲁西南绝大多数地上建筑，抗战期间国民党政权再度将此地变为黄泛区，屡次天灾人祸造成的巨大财产损失导致鲁西南的经济状况不如靠海吃海、交通便利的胶东。

但在中国同一个地理区块之内，各地经济发展水平往往比较接近。特别是在大城市里，如果各城区的建成区的面积和比例相差不大，发展水平一般也不会有太大区别。例如南京市的鼓楼区、秦淮区和江宁区，从人均GDP、基础设施到公共服务的水平，都是比较接近的。如果各城区发展水平确实存在差异，地方政府的态度一般是设法缩小差异。例如，北京市在2010年将崇文区、宣武区分别与东城区、西城区合并，出发点就是提高资源配置的平衡程度，逐步消除北京南城与北城在发展水平上的差异。力图缩小发展水平差距的城中村改造也往往被地方政府视为提升城市建设水平的重要工程。

美国也存在较大的地理跨度上的地区发展不平衡。美国东西海岸各州产生了全国70%以上的GDP，被夹在中间的广大国土实在是不太"给力"。但与中国不同的是，美国的地区发展不平衡经常出现在很小的地理区块之内。哪怕是一个城市圈的不同城区，发展水平也会有极大差异。例如，大洛杉矶地区就存在泾渭分明的高收入群体社区、中等收入群体社区和低收入群体社区。Pasadena 是典型的高收入群体社区，绿树成荫，环境优美，在这里，高档餐厅、名牌专卖店、高端会所等各种高级服务设施一应俱全。高收入群体社区的治安一般都很好，差不多可以保证 5 分钟内出警。Alhambra 算是中等收入群体社区，服务设施齐全但无奢华可言，主打性能价格比的 Costco（好市多）超市放在这样的地方真是再合适不过。中南部洛杉矶（South Los Angeles）则属于低收入群体社区，这里的基础设施很差，许多街道都是"补丁路"，路灯还没月光亮，服务设施属于低端水平，脏兮兮的小店很多。这里的治安一塌糊涂，黑帮火并时有发生，天黑以后几乎没有人愿意出门。2012 年轰动一时的南加州大学枪击案就发生在中南部洛杉矶的 Raymond 街，由于现场没有摄像头，此案一度毫无线索，直到凶手因启动受害人吴颖的手机而被定位，警方才最终侥幸破案。如果将经常出现在美国影视作品中的 Pasadena 比做天堂，那么将中南部洛杉矶比作地狱并无不妥——每当夜幕降临，店铺纷纷紧锁大门，只有醉鬼、黑帮、瘾君子和流浪汉在昏暗的街头游荡，要多瘆人有多瘆人。天堂和地狱之间的距离有多远呢？只不过 20 公里而已。

美国比中国更发达，但美国的地区发展不平衡远比中国严重。导致这种差异的不是技术因素，而是社会管理的方式。美国的社会制度会自发地导致地区发展水平的两极分化，这个问题在现行体制下无解。为什么说这是美国的"体制问题"呢？这得从美国的政府架构说起。

在美国的政府架构下，基层政府是市（City）或镇（Town），往上一级是县（County），再往上是州（State），最后是联邦政府。各级政府之间有着比较清晰的权力分配，但是没有领导和被领导的隶属关系。例如，联邦政府负责国防、外交、国土安全等事务，但州政府对州内教育、卫生、交通等事务有着绝对独立的管理权；州长不需要向总统汇报工作，总统也无权撤销或推翻州长的行政命令。州政府和县政府、市镇政府同样有分权机制，各管各的事，但互不统属。由于中国历史上一直是单一制国家，上述情形对很多中国人来说并不容易理解。而且，美国公务员属于具体的各级政府的雇员：州警是州政府雇员，县警是县政府雇员；州警无权指挥县警，因为雇主不是一家。而在实行单一制的中国则截然相反，省公安厅直接指挥到基层派出所都没问题，天下警察是一家。

美国各级地方政府都有高度独立的财政，财政收入直接通过分税来实现。例如，联邦政府和州政府各征一笔所得税，消费税一般归州政府，地产税多由市政府支配。经济基础决定上层建筑，美国城市建设的资源分配方式，本质上是生产资料私有制基础之上的本位主义——"各家自扫门前雪，休管他人瓦上霜"。这种本位主义突出地体现在基层政府的日常运作和资源分配上：各市镇的基础教育，基础设施建设，公园等公共设施的维护，以及警察、消防队等服务团队，完全由基层政府的财政埋单。这种基层政府运作模式确实保证了"高度自治"，但也意味着不存在跨地区的财政转移支付。

跨地区财政转移支付其实在中国相当常见。2008 年汶川地震之后，全国各省市对四川各县市的对口援建就属于典型的跨地区转移支付。类似的例子还有 1994 年启动的 62 项援藏工程（已全部完成），以及 2010 年启动的 19 个省市新一轮对口援疆。在转移支付机制存在的前提下，相对落后的地区正是需要扶持的对象。

然而，实现跨地区财政转移支付的前提是社会主义制度——中国人民和各级政府普遍承认一个大家庭内的互助是必要的。而美国不是按照社会主义意识形态来运作的，美国民众和地方政府也并不认为自己应该为其他地方的民众承担任何责任。因此美国从基层到州的各级地方政府，不存在横向的财政转移支付机制。假如某县遭遇强烈地震，那就活该这个县倒霉，灾后重建工作主要由该县政府自掏腰包，再就是靠向联邦政府"化缘"的本事了。"一方有难，八方支援"和"对口援建"的事情，在美国绝无可能出现。

美国各级政府高度独立、缺乏财政转移支付机制，是导致美国的地区发展不平衡的根本原因。如果某个社区（市镇）内高收入群体较多，则地方财政收入就多，这使该社区（市镇）得以提供高水平的公共服务，例如，有口皆碑的学校、能力强大的警队、平整宽阔的道路、景致优雅的公园，等等……极好的公共服务会吸引更多的高收入群体入驻，并且进一步提升房价地价，为该社区形成极高的准入门槛，彻底隔绝低收入群体地进入。

反过来说，如果某个社区（市镇）内低收入群体较多，则地方财政收入就很窘迫，使得该社区（市镇）提供的公共服务惨不忍睹："毁人不倦"的烂校、极为糟糕的治安、破破烂烂的道路、残缺不全的公共设施，样样都想让人逃离。居住在这种社区的人，但凡增加了收入，负担得起更贵的房子，为了下一代能更好地发展，都会迫不及待地搬走。最后只剩下"贫贱不能移"的低收入群体，使社区（市镇）陷入越来越烂的恶性循环。当然，不管这个社区（市镇）烂成什么样子，其他市镇和县政府、州政府也不会伸手相助，使得烂社区连接受"旧城改造"的希望都没有，更不用说系统的扶贫项目了。长此以往，地区发展不平衡的马太效应将美国社会的不同阶级隔离在发展水平截然不同的社区中。这种物理隔离正是当代美国的残酷和可怕之处。而且在美国当前的社会制度下，两极分化只会愈演愈烈，毫无逆转的可能性。

国内倒是有一小撮人，巴不得用学区房等形式将差异化的公共服务固定下来——这种诉求的性质就是反对社会主义。阶级固化、社会流动消失，恐怕正是这一小撮人梦寐以求的事情，而对于占人口绝大多数的劳动人民来说却是无穷的噩梦。假如把美国的本位主义套用到中国的社会治理中来，我们就会看到以下不堪入目的场景：

第一，中西部省市的贫困县，地方财政完全沦为"吃饭财政"，拿不出任何钱来搞建设。当地经济发展长期陷于停滞。

第二，四川地震灾区的重建主要由灾区的县级、地市级财政负担，以致遥遥无期。

第三，大城市演化出高档社区和贫民窟，提供的公共服务有着天壤之别。普通人的衣食住行、上学、看病全都成了问题，只有住在高档社区的有钱人才觉得"爽"。

第四，因为警务工作经费不足，各级公安机关不能协同，治安状况急剧恶化……

每个社会都有自己的运行规则，但规则不见得都是合理的。本位主义会自发导致两极分化，不断酝酿新的社会矛盾，这正是中国在发展中需要警惕的地方。在中国的政治生态中，类似陈良宇这种具有强烈地方主义倾向的干部往往会受到整肃，从国家的整体利益和长远发展来看，这可能还真是好事。

特朗普减税有多大用?

徐 实

美国总统特朗普上台的头一年,许多施政想法受到共和党建制派和民主党的掣肘,在反对非法移民、改革医疗保险等方面难以取得实质性进展。减税算是特朗普执政以来,头一个能够顺利推进的大政方针。2017 年 12 月 2 日凌晨,美国参议院以 51:49 的投票"有惊无险"地通过了减税法案。

该法案获得通过以后,自媒体上的讨论立刻活跃起来。有人认为,特朗普减税是"伟大的创举""能够再度繁荣美国经济",甚至还有人将其吹捧为"真正的供给侧改革"。说得难听一点,打着财经旗号招摇撞骗的人太多,大家最好掌握一个规律——不以坚实的数据和严密的逻辑为基础的评论,都是"耍流氓"。

特朗普减税对美国经济会有多大刺激作用?其实从减税的力度来看,真不值得大惊小怪。如果减税法案原封不动地得到执行,美国政府在未来 10 年内会总共减少 1.4 万亿美元税收。平均下来,每年减税的额度也就 1400 亿美元;相比之下,2018 年美国的军费预算高达 7000 亿美元①,是减税额度的 5 倍。图 4 能够比较直观地说明联邦政府各组成部门之间的预算安排:国防部的军费支出竟然占了联邦财政

---

① 夏文辉:《7000 亿美元巨额开支 美国军费为何再"飙高"?》,2017 年 9 月 20 日,新华网(http://news.xinhuanet.com/world/2017 - 09/20/c_ 129708071. htm)。

预算的 54.5%，比联邦政府其他部加一起都多。美国的问题恐怕在于想管的事情太多。少一点穷兵黩武、多一分休养生息，比减税的意义更大。

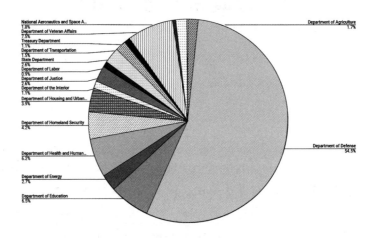

图 4　美国 2018 年预算中联邦政府各组成部门的支出

图片来源：维基百科 https：//commons. m. wikimedia. org/wiki/File：Diagram_ of_ the_ proposed_ 2018_ United_ States_ federal_ budget. png

由此可见，特朗普减税的力度其实不大。况且减税仍然存在不确定性：51：49 的通过比例，足以看出参议院内观点的严重分歧和对立。减税法案能不能顺利推行下去，还要看 2018 年美国中期选举的情况。共和党能否继续掌控国会，将对税改的具体立法起到至关重要的作用。考虑到上述因素，将特朗普减税说成"伟大的创举"实在不合时宜。

特朗普减税能繁荣美国经济吗？参议院法案计划将企业税由 35% 降低到 20%，但法案通过后几小时，特朗普又表示 22% 的企业税可能更为合理①。降低企业所得税应该会让中小企业的日子好

---

① David J. Lynch, Damian Paletta, Hours after Senate GOP passes bill, Trump waffles on size of corporate tax cut, 2012. 11. 02, Chicago Tribune（https：//www. chicagotribune. com/news/nationworld/politics/ct-trump-gop-tax-plan-negotiations-20171202-story, amp. html）.

过一点，但要说光靠减税就能够吸引企业和资本回流，造就经济大繁荣，这就违背常识了。企业税负并不等同于企业成本，更不等同于企业优势。企业选择具体的落地地点，有许多远比税负更重要的考量因素，诸如：

第一，融资渠道：企业要想顺利发展，能否获得风险投资、产业投资基金、银行贷款等多种渠道的注资？

第二，产业链：有没有上下游企业的有力支持？能否顺利获得原材料和销售市场？

第三，人才供给：能否顺利招募到企业所需的高水平熟练员工？

"硅谷"所在的美国旧金山湾区是美国高科技企业最活跃的地区，但旧金山湾区的吸引力显然不在于税收优惠这方面。加州的税负放在全美来看是比较重的，但诸多企业为什么不搬去税率更低的州呢？原因就在于上述几种重要的考量因素：

第一，在湾区一周安排几次路演不成问题，而在某些州几周见不到一个投资人。

第二，在湾区有众多孵化器、咨询公司与合作企业帮助企业成长，而某些州的大玉米地显然长不出这些资源。

第三，在湾区可以很容易地招募到世界一流的资深研发人员，还有斯坦福大学、伯克利大学等名校毕业生源源不断地给企业输血，而某些州的大学就没有拿得出手的理工科专业。

所以即使湾区税率高、地价高，照样能够维持世界级科技研发中心的地位。相比之下，美国五大湖老工业区的税率虽然低于湾区，却很难吸引大量的高科技企业入驻，近年来经济都并无起色。由此可见，把减税说成吸引企业、造就经济繁荣的决定性因素，这并不符合客观事实。更何况如果制造业不见起色，资本的回流还有可能造成经济泡沫。

虽然中国的企业税负看起来略高，但对高科技企业有减至15%的企业所得税优惠，而且地方政府的招商优惠可降低部分企业成本。中国在产业链、人才供给和市场容量方面皆有优势。所以可以判断出，特朗普减税对中国经济的影响不大。

其实，把经济调控的注意力主要放在减税上，本身就是一种错误。这种视角忽略了美国经济的主要矛盾，即资本主义经济制度的主要矛盾——生产与消费的不平衡。站在企业的立场来看，工资属于"人力成本支出"，要尽量压缩控制；而站在劳动者群体的立场来看，工资却是"劳动收入"，是消费的必要前提。而消费恰恰是企业营收和利润的来源。资本逻辑导致收入分配失衡，使占人口绝对多数的劳动者群体的收入萎缩，从而进一步抑制消费，使企业营收停滞乃至下降，这就是马克思阐述的资本主义经济危机。

当代金融制度在一定程度上延缓了资本主义经济危机的爆发：你现在手头紧？没关系，各种金融机构会给你提供贷款、鼓励你继续消费。把明天的钱挪到今天来花，社会消费总量不就上去了吗？这就可以继续给企业创造营收了，于是资本主义经济又可以在"看上去很美"的状态下多运行一段时期。然而，被人为压低的劳动收入，总有一天无法支撑寅吃卯粮的消费。当那一天到来的时候，金融的资金链就会突然断裂。2008 年全球性金融危机的引爆点就是美国的次级房贷。所以说，金融危机本质上是资本主义经济危机的一种变体，该来的早晚得来。

由税收进行的收入分配调节，是经济学意义上的"二次分配"；而"初次分配"是与生产要素相联系的分配，早在发工资之前就完成了。减税并不触及资本逻辑主导下的初次分配，所以不可能解决生产与消费的不平衡这个主要矛盾——真正的问题恰恰在减税之外。近年来，美国劳动者的收入并未出现明显增长，而房价和大学学费等因素造成的家庭支出却在迅速增加，两方面因素共同导致私人债务高企，下一次金融危机的幽灵正在游荡。

通过图5（如图5所示）就知道美国收入分配的不平等有多么严重。以 1993 年为基年，20 多年来美国的人均 GDP 增长了 40% 多，而户均收入中位数仅增加了不到 15%。这中间巨大的差值说明了什么？经济增长的成果被占人口极少数的上层资产阶级享有，而普通劳动者并没沾多少光——经济形势好，仅仅意味着保住饭碗；经济形势变差，连饭碗都保不住。收入分配的严重不平等，使得美国普通劳动者近 20 年来的生活质量并未出现明显的提升。相比之下，同时期中国人民生活质量的提升简直可以用"天翻地覆"来形容。

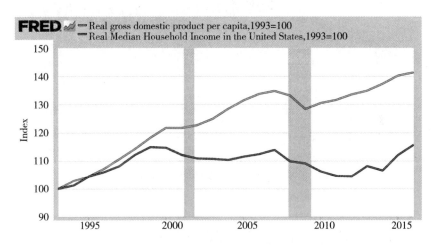

图 5　美国人均 GDP（浅灰线）与户均收入中位数（深灰线）

图片来源：https：//en. m. wikipedia. org/wiki/File：US_ GDP_ per_ capita_ vs_ median_ household_ income. png

　　特朗普减税力度不算太大，谈不上引爆美国债务危机。而且美国的债务危机主要不在于政府债务，而在于私人债务。美国政府欠债总归还有"后门"可进——大不了白宫和国会商量一番，决定再次提高国债额度上限。而私人债务就不一样了，普通劳动者的主要收入来源就是劳动收入，真要是还不上钱也没有"后门"可进。虽然在美国的制度下可以选择个人破产，但个人破产必然会带来金融链条的断裂。虽然 2008 年全球性金融危机已经过去接近十载，但美国的私人债务状况仍然很不乐观，如达摩克利斯之剑悬在美国经济之上。我们看看下面这张反映美国私人债务的柱状图：

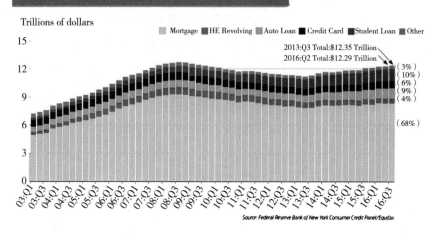

图 6　美国私人债务的额度与组成

图片来源：美联储纽约银行

（如图 6 所示）2008 年全球性金融危机从美国爆发之后，美国私人债务并未出现根本性的化解。虽然私人债务总额在 2009—2013 年间出现了 10% 的下降，但 2016 年第三季度便已重回 2008 年的高位。而且从私人债务的结构上来说，现在的状况比 2008 年更为糟糕：房屋抵押贷款（橙色）的比例略有降低，但学生贷款（红色）的比例却增加到 10%，差不多是 10 年前的 2 倍。在 2017—2018 年度，美国学生贷款利率为 4.45%，比 30 年房贷的利率差不多高出 1%。房贷尚且有不动产作为抵押，如果资金链断裂，银行还能靠拍卖房屋挽回一部分损失。而学生贷款是没有实物抵押的，一旦资金链断裂，银行几乎没法追回损失。由此可见，巨额的私人债务一旦再次引爆金融危机，状况恐怕会比 2008 年更加糟糕。

特朗普减税会给中低收入群体增加极少的可支配收入。粗略估计，按年收入 85000 美元、有两个孩子进行家庭报税，减税额度约 1100 美元，也就够买个 Macbook Air 笔记本电脑。而高收入群体才是真正的大赢家：在税改前，财产超过 549 万美元的个人和 1100 万美

元的夫妻将被征收 40% 的遗产税；税改后，财产在 1098 万美元和
2200 万美元以下的个人和夫妻不需缴纳遗产税。而且遗产税预计于
2024 年完全废止。减税对谁真正有利，一目了然。

特朗普减税调节收入分配作用极小，虽然不会直接触发债务危
机，却无法阻止私人债务滚雪球造成的金融危机的最终到来，连"续
命药丸"的作用都谈不上。因为美国政府并不直接掌握生产资料，货
币政策又受到制约，所以只能在税收改革上做做文章。虽属隔靴搔
痒，但是聊胜于无，特别是对于特朗普本人来说，既有望通过废除遗
产税保住百亿美元家产，又有望短期内提高民意支持率，何乐而
不为？

而中国政府拥有比美国政府强大得多的经济调控能力。中国政府
拥有来自国有企业的强大支持。截至 2017 年 10 月底，国有企业资产
总额已达 1506348.3 亿元①。国有企业的经营方向在国民经济中本身
就有指向标的意义。凭借国有企业的经济基础，加上必要的金融政
策，无论是开展产业结构升级，还是推进收入分配改革，中国政府都
能拿得出办法来。

中国人应该如何看待特朗普减税？别人家里办堂会图个热闹，咱
们站在对门看几眼也就罢了，犯不着太当回事。实实在在搞生产，办
好自己家的事情最重要。

---

① 国务院国资委：《2017 年 1—10 月全国国有及国有控股企业经济运行情况》，2017
年 11 月 23 日，国务院国有资产监督管理委员会（http：//wap. sasac. gov. cn/n2588025/
n2588119/c8253227/content. html）。

俄罗斯近期有望复兴吗?

徐实　秦博

2000 年普京刚当选总统的时候，俄罗斯举国欢腾。当时俄罗斯的舆论普遍认为，年轻有为的领导人让国家复兴指日可待。时光飞逝，17 年过去了，普京管理下的俄罗斯呈现了什么变化呢? 从世界银行的数据来看，2000 年以后俄罗斯出现了一定的经济增长，但是成果并不稳固。2008 年金融危机和 2014 年遭遇西方制裁后，俄罗斯的 GDP 都出现了缩水。2016 年俄罗斯的 GDP 为 1.283 亿美元，这是个什么概念呢? 2016 年广东省 GDP 约合 1.17 亿美元，江苏省 GDP 约合 1.12 亿美元。人口 1.443 亿的俄罗斯，GDP 已和中国一个省份差不多。

遭遇挫折的俄罗斯近期有望实现复兴吗? 无论俄罗斯官方如何宣传，实际情况恐怕并不乐观。认真分析一下就会发现，俄罗斯从经济基础到上层建筑都难以支撑"复兴"的大局。

一　基础不牢，地动山摇

先说经济基础。俄罗斯出口贸易额占 GDP 的 20% 以上，出口结构在很大程度上反映出俄罗斯的经济支柱。美国哈佛大学有一个很有价值的经济学数据库①，提供近 20 年各国对外贸易数据的可视化分析。我们来看一下俄罗斯 2015 年的出口结构（如图 7 所示）。

---

① 哈佛大学（http：//atlas.cid.harvard.edu/）。

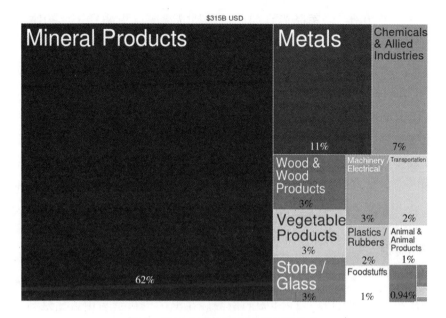

图 7　2015 年俄罗斯出口贸易的结构

俄罗斯的能源矿产资源（包括石油、天然气、煤炭等）占据出口贸易高达 62% 的份额，金属、化工产品的占比分别为 11%、7%，而机电产品占比仅为 3%。这反映了一个"悲催"的事实——俄罗斯的外贸支柱是原材料和初级产品，而制造业已经萎缩得不成样子。

以造船业为例，由于受到船台生产能力（10 万吨以下）的限制，再加上大多数船厂设备陈旧、生产工艺老化，俄罗斯的民用船只生产萎缩到了原始状态，世界范围内的民船生产已基本是中日韩的天下。近年来，北方造船厂等大型造船企业几乎完全依靠少量军方订单勉强维持生存。

苏联的电子产业虽然与西方国家有一定的差距，但从电子元器件到各类成品的产业链大致健全，从雷达到大型计算机都生产得出来。在苏联解体以后，俄罗斯的电子产业一败涂地，如今连产业链都不健全了。俄罗斯出口给印度的 T-90 主战坦克，竟然需要集成法国的热成像仪。直到 2016 年俄罗斯才制造出国产热成像仪，比中国晚了20年[①]。军品尚且如此，民品的状况就更糟糕了。2014年俄罗斯总统普京送给习近平主席的手机，虽然是俄罗斯品牌，但却是在中国制造的[②]。俄罗斯不具备平板电脑的生产能力，不过这也不奇怪，谁让你家没有造面板的京东方呢？

俄罗斯企业研发电子产品的实力究竟如何，我们可以从一则新闻见微知著：因2014年俄罗斯出兵占领克里米亚，西方国家对俄罗斯采取经济制裁，甚至笔记本电脑之类的民用电子产品也被列入制裁范围。制裁之下，俄罗斯企业终于"雄起"，推出了第一款国产笔记本电脑，重量超过10 kg，电池够凑合着用一个小时……[③]说到这里，大家就不难理解机电产品在俄罗斯出口中的占比为何只有3%了。

没有对比就没有伤害，看看美国2015年的出口贸易结构（如图8所示），巨大差别显而易见。美国虽然也卖石油和天然气，但是能源矿产在美国出口中只占8%的份额。在美国出口贸易中占比最高的是机电产品（27%）和交通运输产品（15%）（包括汽车、波音飞机，等等），与高端制造业大国的地位非常匹配。

我们再来看看中国2015年的出口贸易结构（如图9所示）。机电产品竟然占了43%的份额！说到这里，真应该向华为、京东方、大疆、格力等代表"中国制造"的知名企业和辛勤的劳动者致敬。由图3推算，2015年中国出口的制造业产品总量已超越美国不少，而且中国出口贸易的结构和发达国家比较相似。大概正因为如此，即使中国人均收入与发达国家相比有明显差距，国外许多政界人士已经不愿把中国作为发展中国家来看待了。拿俄罗斯的出口数据和中国做个对比，感触真是——人比人得死，货比货得扔。

---

① 浴火：《俄此时高调公开这个好消息：让坦克终于摆脱进口货与中国零代差》，2016年8月27日，东方军事（http://mil.eastday.com/a/160827012247345.html）。

② 搜狐财经：《普京送习近平手机曝光：俄国品牌中国制造》，2014年11月11日，搜狐财经（https://m.sohu.com/n/405942144/）。

③ Sultan Suleimano, "This 22-pound 'Made in Russia' laptop is actually pretty useful", 2015.06.05, Quartz（https://qz.com/419923/this-22-pound-made-in-russia-laptop-is-actually-pretty-useful/）。

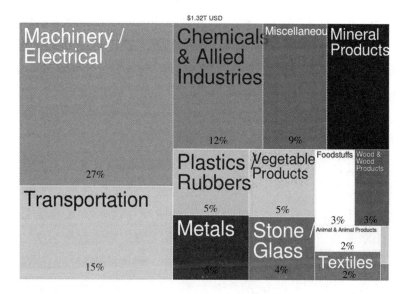

图 8　2015 年美国出口贸易的结构

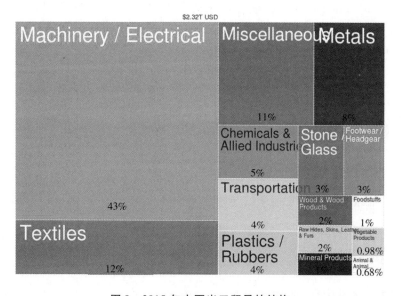

图 9　2015 年中国出口贸易的结构

更糟糕的事情在于，尽管俄罗斯的制造业已经萎缩到了"悲催"的地步，甚至出现"去工业化"，上述趋势迄今仍没有出现扭转的希望。为什么这么说呢？要想重振制造业，唯一的选择就是通过长期投资推动产业升级。可是投资所需的海量资本从哪里来？广东省2016年全年第二产业投资为 11088.49 亿元①，比 2015 年增长了 10% 左右。而在经济体量与之相仿的俄罗斯，制造业投资却比 2015 年减少了 9.5%②。如此下去还怎么翻盘？

即使没有美国和欧盟的制裁，俄罗斯也很难从外部获得充足的资本进行产业升级——西方国家难道会乐呵呵地帮助战略对手渡过难关？要说从内部积累资本完成投资，按照现在这个状况同样无法实现。俄罗斯的很大一部分经济力量掌控在大资产阶级寡头手里，普京上台以后只是消灭了几个不合作的旧寡头，但是很快和一些新寡头达成了妥协，与他们共同分享权力③。寡头们依靠能源和冶金工业挣到钱之后，倒是在世界各地添置了许多豪宅；著名寡头阿布拉莫维奇（Roman Abramovich）甚至还成了英格兰切尔西足球俱乐部的老板。寡头们是愿意将巨额财富用于个人享乐、封妻荫子，还是甘愿冒着不小的风险、忍受 5—10 年甚至更长的投资周期，为了国家和人民的利益去搞产业升级？答案显而易见。

2014 年 10 月 18 日，俄罗斯共产党主席久加诺夫在俄共中央全会所做的政治报告中给出了这样的结论：俄罗斯的金融信贷制度瘫痪。各个经济和管理部门工作人员的职业素养急剧下滑。与官方的宣传相反，俄罗斯的工业持续恶化，很多企业缩减工作周、压低并拖欠工资。而且俄罗斯建立起来的是寄生的资本主义——今天的俄罗斯国家

---

① 广东统计信息网：《2016 年全年广东经济运行情况新闻稿》，2017 年 1 月 23 日，广东统计信息网（http://www.gdstats.gov.cn/ydzt/jjxsxwfbh/201701/t20170123_353629.html）。

② 世界银行：《俄罗斯经济报告》，2016 年 4 月 4 日，世界银行官网（http://pubdocs.worldbank.org/en/481881460390188506/rer35-ENG.pdf#page65）。

③ 张子宇、何敬康：《盘点俄罗斯的新寡头：普京打击的只是不听话的旧寡头》，2014 年 5 月 8 日，凤凰网（http://news.ifeng.com/a/20140508/40203403_0.shtml）。

机关是整个苏联时期的两倍，大量健康劳动力竟然集中在私人保安公司。与 2000 年相比，工人数量缩减了 200 多万，而不动产行业和银行金融部门的就业人数几乎增长了 300 万①。

二　朝中乏人，青黄不接

说过经济基础，再谈上层建筑。普京总统再能干，也不可能单枪匹马领导国家，各级政府都需要大量具体做事的实务型官员。可是这些人才从哪里来呢？俄罗斯目前欠缺的恰恰是有效的人才培养机制，和苏联时代完全没法比。政府所需的大量人才总需要一些输送途径，可是无论是执政的统一俄罗斯党，还是在野的俄罗斯共产党、自由民主党、公正俄罗斯党，都面临严重的人才危机。

统一俄罗斯党的定位是"政权党"，它的职能就是帮助普京笼络各方势力。回顾一下历史，普京于 2000 年初当选俄罗斯总统，而统一俄罗斯党直到 2001 年 4 月才由"团结运动"和被普京收编的"祖国——全俄罗斯"合并而成，其职能显而易见。2005 年成立的"纳什"青年组织，可以理解为"普京粉丝后援会"。"纳什"与统一俄罗斯党的关系十分密切，二者协力对冲西方势力试图输入俄罗斯的文化影响。一旦得知反对派要组织游行，他们就组织多几倍的人把对方的游行队伍整个包裹起来，用"人海战术"对冲影响。

统一俄罗斯党和"纳什"青年组织为维护普京的统治出力不少。但是从内部结构来看，它们不过是"既得利益者大杂烩"。经济基础决定上层建筑，根据俄罗斯科学院社会学研究所通信院士托先科提供的数据，2014 年，俄罗斯 110 个寡头掌控了 35% 的国民财富，3% 的人掌握了 70% 的国民财富，而且这一指标在稳步扩大②。俄罗斯国民财富向少数人手中集中的速度和规模都超乎想象。

---

① 陈爱茹：《当前俄罗斯"新社会主义"的现状及其成因分析》，《马克思主义研究》2016 年第 11 期。
② 同上。

普京总统其实是资本主义制度的拥护者，这从他的经济学副博士学位论文中就能够看出来。既然普京没有自下而上改变俄罗斯社会制度的意愿，那么笼络既得利益者便是他维持影响力、稳坐江山的最为便捷的手段。

统一俄罗斯党自身在理论、组织和实践方面存在着诸多问题，内部组织松散。该党的建立和发展以总统权力为主要依靠，虽然有自己的章程、纲领和宣言，但却脱离不了实用主义的性质。从某种意义上来说，统一俄罗斯党的组织形式与十月革命前后的立宪民主党和右派社会革命党比较相似，这类政党的共同特征包括以下几点：

（一）在思想基础上，并无高度一致的、成体系的意识形态作为依托，惯于以民族主义或民粹主义的口号博取公众的关注。

（二）在发展成员上，以笼络"有头有脸"的既得利益者为要务。虽然标榜自己是"代表全体人民"的政党，但工人、农民等普通劳动者在党内几乎没有话语权。

（三）在组织形式上，没有硬性明确的组织界限和强制性的纪律约束。这使得大量机会主义者为获得利益而加入政党，然后打着党的招牌自行其是、牟取私利，而政党难以制约具体党员的行为。

这种落后的组织形式注定统一俄罗斯党自上而下的腐败。统一俄罗斯党作为普京总统的选举机器和笼络人心的工具还算称职，但是真的无法做到批量培养人才。而当年的苏联共产党（布尔什维克）倒是拥有强劲有力的干部培养体系。斯大林本人是这样说的："人才、干部是世界上所有宝贵的资本中，最宝贵、最有决定意义的资本。应该了解，在我们目前的条件下，干部决定一切。如果我们在工业、农业、运输业和军队中拥有大量的优秀干部，那么我们的国家就将是不可战胜的。如果我们没有这样的干部，那我们就会寸步难移。"

在这种思想的指导下，联共（布）大力发展教育事业，建立了国民教育、党校教育、岗位锻炼相结合的完整干部培养体系。工作表现出色的青年干部往往受到特别关注，在接受培训和锻炼之后得到提拔。尽管斯大林在"大清洗"等问题上犯有严重错误，但无可辩驳的是，斯大林时期建立起来的干部培养体系，确实为政治、经济、军事、科技等各个领域输送了大批优秀人才，有力地支撑了苏联的全方位发展。仔细研究一下历史就会发现，冷战期间在苏联挑大梁的许多重要官员，早在斯大林时期就已经崭露头角，展现出过人的才干。例如：

1940 年，年仅 36 岁的柯西金被任命为人民委员会副主席（相当于中国的国务院副总理），主管消费品生产工作。后于 1964—1980 年任苏联部长会议主席（总理），任期长达 14 年[①]。

1941 年卫国战争爆发时，斯大林委任时年 33 岁的乌斯季诺夫为人民总装备部政委。他成功地将超过 80 家军工企业和超过 60 万工人、技术员、工程师转移和疏散至乌拉尔山以东。斯大林称乌斯季诺夫为"红色领导"，并奖励其最高荣誉"社会主义劳动英雄"。乌斯季诺夫在整个勃列日涅夫时代负责军工板块，并于 1976—1984 年间担任国防部长[②]。

1943 年，年仅 34 岁的葛罗米柯被委任为苏联驻美大使，1946—1949 年间担任外交部副部长。之后，葛罗米柯于 1957—1985 年担任苏联外交部部长，几乎支撑了苏联在整个冷战时期的外交工作[③]。

崔可夫元帅（国防部副部长兼苏联陆军总司令）、格列奇科元帅（国防部部长）和戈尔什科夫元帅（海军司令）等军事人才就不用多说了，都是卫国战争中打出来的高级将领。

与当年组织严密的联共（布）相比，今天的统一俄罗斯党简直就是依靠权力和利益维系的乌合之众。俄罗斯共产党、自由民主党、公正俄罗斯党等在野党资源匮乏，更加没条件建立干部培养体系。普京掌权已有 17 年，可是他身边的高官能和斯大林当年带出来的那些能臣猛将相提并论吗？两则新闻也许能说明一些问题：2017 年 3 月 10

---

① 维基百科：https：//zh. m. wikipedia. org/zh-cn/阿列克谢·尼古拉耶维奇·柯西金。

② 维基百科：https：//zh. m. wikipedia. org/zh-cn/德米特里·费奥多罗维奇·乌斯季诺夫。

③ 维基百科：https：//zh. m. wikipedia. org/zh-cn/安德烈·安德烈耶维奇·葛罗米柯。

日，普京解除了 10 名在强力机构任职的将军的职务；2017 年 7 月 7 日，普京又下令解除内务部、紧急情况部和联邦处罚执行局 8 名将军的职务，普京对当朝高官的看法可见一斑。

俄罗斯的人才匮乏恐怕是自下而上的问题。俄罗斯科研工作者联盟主席卡利努什京于 2009 年透露，10 年内有 50 万—80 万俄罗斯科学家前往国外工作，专业涉及航天、物理学、精细化工、计算机、微生物学、遗传学等①。说得难听一点，苏联时代培养出来的能人差不多都走光了。至于将来由谁来治国、谁来推动产业升级，都成了未知数，"冰冻三尺，非一日之寒"。

三　缺乏思想，路在何方？

俄罗斯的经济基础和上层建筑都存在严重缺陷，然而比一时困顿更为可怕的是缺乏科学合理的国家发展构想，这让人们看不到希望。

苏联立国之初也曾有过"一穷二白"的困难岁月：历经第一次世界大战和内战的破坏，1920 年相比战前的 1913 年，工业产值下降了 86%。直到 1926 年，苏联的工业产值才恢复过来并超过了 1913 年的水平。然而，正因为拥有明确的国家发展构想，苏联才得以通过两个"五年计划"创造了世界历史上的经济奇迹，由一个农业国变为工业产值居世界第二、欧洲第一的工业强国。

这一时期苏联的国家发展构想，被后世称为"斯大林体制"，包括以下几方面的基本内容：

（一）实行中央计划经济，以迅速实现工业化、优先发展与国防相关的重工业作为国家战略。

（二）打造各产业健全的国民经济体系，以此达到不依赖外部环境、"一国建成社会主义"的目标。

---

① 高欣、赵伟：《俄罗斯人才流失现象分析》，《俄罗斯东欧中亚研究》2003 年第 5 期。宋兆杰、王续琨：《俄罗斯科学人才流失及其警示意义》，《科学与科学技术管理》2006 年 6 月 27 日。

（三）从国家内部积累工业化的资金，主要依靠工农业剪刀差。

（四）通过控制居民消费，将尽可能多的国民收入用于投资。

"斯大林体制"诚然存在缺点，但这是在国家安全极为恶劣的历史环境下的必然选择。在当时极端险恶的国际环境下，事实上并不存在更好的道路。苏联通过工资控制和工农业剪刀差大量"收割"工人和农民的劳动成果，可是不这么做就没有资金推动快速工业化进程，只怕难以逃脱灭国的命运。卫国战争的胜利，离不开苏联战时生产的 10.8 万辆坦克、14.4 万架飞机及其背后的强大工业基础。

可是普京总统和统一俄罗斯党有什么成体系的国家发展构想呢？迄今没有说法。用 17 年的工夫还无法提出系统的国家发展构想，只能用思想匮乏来形容了。俄罗斯未来需要建立什么样的经济制度？需要培养哪些支柱产业？产业升级所需的投资从哪里来？如何协调国民经济各个部门之间的关系？从统一俄罗斯党那里很难找到答案。到目前为止，普京总统和统一俄罗斯党基本依靠民族主义的旗帜来维持号召力，长期缺乏科学的思想体系支持。真正意义上的国家复兴恐怕遥遥无期。

俄罗斯的悲哀在于，当权者只有维持现状的本事，却没有开创崭新时代的宏图大略。"维持会"治下的俄罗斯不会立即崩溃，但很难避免痛苦而漫长的沉沦。也许终有一天，俄罗斯人民在沉沦的谷底，将不得不正视伟大的苏联的历史地位。有些人巴不得人们忘却十月革命，但这必然是徒劳。科学的社会制度和国家发展构想，是俄罗斯未来发展中不可回避的问题。

造化弄人，在十月革命 100 周年之际，俄罗斯在沉沦中难以自拔，中国反倒从十月革命这笔历史遗产中受益颇丰。与当年的联共（布）相比，中国共产党可谓青出于蓝而胜于蓝。新中国成立以后，中共先是追随联共（布）的脚步，坚定不移地实现了工业化，培养出大批国有企业作为国民经济的支柱。接下来建立了行之有效的干部培养体系，不仅能够有序产生各个领域和级别的干部，还能够实现执政团队的代际平稳交替——这一点大大超越了联共（布）。关于国家发展的构想，被写入《十三五规划纲要》《中国制造 2025》等重要文件加以贯彻。为什么要强调"既不走封闭僵化的老路，也不走改旗易帜的邪路"？俄罗斯的教训就是最好的证明。

"日本新常态"是什么样子？

徐实　秦博

中日关系趋冷已经有些年头了。自从小泉纯一郎就任日本首相，中日关系便出现了大量不和谐的声音。小泉在2001—2006年任期间，年年以首相身份参拜靖国神社，极大地伤害了中国人民的感情。小泉对日本侵略历史极不负责任的态度，使得中日两国难以建立政治互信。

在鸠山由纪夫于2009—2010年担任首相的短短8个月内，中日关系出现了少许缓和，但很快被其继任者挑起的钓鱼岛争端葬送了。自从2012年安倍晋三、麻生太郎这对"保守组合"搭班子以来，中日关系就没出现过好转的迹象——他们否认南京大屠杀，否认日军强征"慰安妇"，试图插手南海事务，筹划修改"和平宪法"，让日本重新拥有军队，这可真是不嫌事大。

这些日本政客在中国早已声名狼藉。但是客观地说，他们在日本政坛的地位相对稳固。在2017年10月的第48届日本众议院议员总选举中，日本自民党与公明党的执政联盟获得313席，以超过2/3席次的"绝对安定多数"获得压倒性胜利，也使安倍成为《日本国宪法》施行以来首位拥有4次任期的首相。不过，这次选举的投票率仅为53.68%，与2014年众议院选举的52.66%投票率，分列日本史上倒数第二、倒数第一①。相比之下，同样采取内阁制的

---

① 张献忠：《在借鉴历史中打好对日舆论战》，《中国社会科学报》2014年7月28日。

德国，2017 年大选的投票率高达 76.2%①。低投票率反映出日本许多普通群众已对陈腐的政治失去了兴趣——就算投票也不见得带来什么社会变革，索性不去投票了。这反倒使得自民党依靠稳固的基本盘形成了较大的优势。

许多国人不甚理解，为什么这些年日本政坛的右倾愈发严重？他们以为日本人民以前都是淳朴善良、爱好和平的，所以近几年冒出一堆面目可憎的右翼政客，似乎有些不可思议。其实这完全是早些年的信息不对称性造成的误解。右翼政客不是从石头缝里蹦出来的，军国主义思想在日本长期存在影响力。

笔者这里讲一个真实的故事。有个吉林省文物保护单位叫"伪满建国忠灵庙旧址"，位于长春市中国人民解放军空军航空大学校址内。建国忠灵庙是日伪政权迫使逾 14 万名青少年无偿修建的，于 1940 年 9 月 18 日落成，占地 45.6 万平方米，用以祭祀战死的日本和伪满军人。它旨在强化日本人的民族意识，同时削弱当地人的反抗意识，被喻为"东北地区最大的靖国神社"②。一些曾在伪满驻扎过的日本关东军军官，"二战"结束后成了商人。他们趁着 20 世纪 80 年代的中日关系蜜月期，以"日商"的名义来访中国，并且向负责接待的地方外事部门提出，想去建国忠灵庙旧址参观一番。由于参观军事设施必须由部队批准，不明就里的地方外事部门将此事通报沈阳军区空军机关。沈空政委闻讯大怒："绝不能让这些老日本鬼子得逞！"当即驳回请求，此事便不了了之。

这件事情说明，一些怀念旧日本帝国的"老鬼子"们从未放弃反动的立场，更不曾反省自己在侵略战争中犯下的罪行，否则他们怎么会提出如此荒唐无耻的要求？随着时间的推移，"老鬼子"们陆续走进坟墓，但他们却把反动思想的衣钵传给了后人。例如，日本首相安倍晋三的外祖父是甲级战犯嫌疑犯岸信介，1936 年任伪满洲国工业

---

① 中国新闻网：《德国中选会：大选总投票率为 76.2%　高于 2013 年》，2017 年 9 月 25 日，中国新闻网（http://www.chinanews.com/m/gj/2017/09 - 25/8339590.shtml）。

② 维基百科：https://zh.m.wikipedia.org/zh-hans/伪满建国忠灵庙旧址。

部部长，1940 年任日本商工省次官，1942 年出任东条英机内阁商工大臣①。1960 年版的《美日安保条约》就是岸信介一手炮制的。崇拜外祖父岸信介的安倍晋三，难道年轻时会是爱好和平的大好青年吗？难道他是到老了才想到发起修宪、恢复日本军队的吗？很显然，不是老人变坏了，而是坏人变老了。

　　图 10 是拍摄于 20 世纪 50 年代的照片，也能比较直观地说明一些问题。照片中穿浅色西装日本作家三岛由纪夫，是个典型的军国主义者。他在 20 世纪 50 年代以写作成名，后于 1970 年试图策动兵变，恢复旧日本帝国的政治体制，事败后自杀。穿深色西装的是他的密友石原慎太郎，后于 1999—2012 年担任东京都知事（东京市长），公开

图 10　三岛由纪夫（左）和石原慎太郎，一丘之貉的军国主义者

---

　　①　桥本隆则：《安倍修宪引发的二战弃民往事》，《中国新闻周刊》2014 年。

鼓吹推翻日本战后确立的官僚体制①。物以类聚，人以群分。反动思想不是从天上掉下来的，而是一直都在。

　　那么为什么许多国人会误以为右翼政客是突然冒出来的呢？这个原因要追溯到30年前，那个时候中国媒体的宣传方式非常有问题。改革开放之初，中国为了获取外部投资和技术（哪怕是二流技术），大力发展中日关系；而日本则希望通过联合中国来应对苏联的战略威胁。这种互有需求的历史背景，造就了20世纪80年代的"中日关系蜜月期"。自1983年胡耀邦访日以后，官方媒体开足马力宣传中日友好，电视台大量播出日本译制片，广播电台长年播放"跟我学日语"之类的节目。更重要的是，这类宣传只讲日本和日本人如何如何的好，而屏蔽了所有关于日本的负面信息。前文所说的"老鬼子"要求参观建国忠灵庙旧址的荒唐事件，在当时的社会环境下绝对不会有媒体报道，否则外事部门会认为"有碍中日友好"。这种"一边倒"的宣传显然不利于国人客观地认识日本，甚至在一定程度上助长了信息不对称性。现在的中国媒体比以前成熟多了，对国外事务的报道也趋于客观，中国的年轻一代应该不会对日本抱有不切实际的幻想。

　　当然，日本右翼政客越来越活跃，也与政治格局的变化有关。二战以后的日本政坛，在很长一段时间里都按照"1955年体制"运作：自由民主党长期执政，日本社会党和日本共产党作为势力强大的左翼反对党，共同对自民党构成制衡。日本社会党和日共长期控制日本文教系统，传播民主主义、社会主义的进步思想和唯物史观，其实还起到了一些效果：日本在"二战"结束前几乎全民信仰作为国教的神道教；而战后经过对几代人的教育，大约65%的日本人是无神论者、不可知论者或不相信神的存在②。日本左翼对文教系统和一部分媒体的影响，一度在战后的日本形成了比较进步的舆论氛围。1960年岸信介内阁推动修订《日美安保条约》，引发日本全国性的大规模游行

---

　　①　李耐国：《由石原慎太郎当选东京都知事看日本右翼势力的影响》，《外国问题研究》2000年第1期。
　　②　维基百科：https://zh.m.wikipedia.org/zh-hans/无神论人口。

抗议①。正是日本左翼传播的进步思想，为上述群众运动奠定了社会基础。

然而进入 20 世纪 90 年代，随着日本社会党的变异和最终解散，"1955 年体制"终于瓦解。日本共产党虽然奋力走出低谷、站稳了脚跟，但是单凭一己之力已经不能对自民党构成有效制衡。在 2017 年众议院选举中，日共仅获 12 席，与自民党/公明党执政联盟的 313 席根本不在一个数量级上。日本左翼力量出现塌陷，使得日本保守右翼政客变得有恃无恐——以前不敢说的话，现在敢说了；以前不敢做的事情，现在敢做了。通过修宪让日本拥有军队的政治主张，放在 20 世纪 70 年代的日本会被直接骂死，当时可没有政客愿意为这种言论葬送自己的政治前途。然而在 40 年后的今天，同样的政治主张，却被安倍晋三、麻生太郎等自民党领导人当作拉拢选民的工具而津津乐道，真可谓"世风日下，人心不古"。

日本左翼力量怎么就塌陷了呢？这要循着"经济基础决定上层建筑"的思路去找原因。"1955 年体制"下的日本政党带有比较明显的阶级立场：自民党代表传统政商门阀等既得利益者；日共代表无产阶级；而影响力高于日共的日本社会党，主要反映了小资产阶级的利益诉求。因此，"1955 年体制"可以大致理解为，小资产阶级与无产阶级政党联手，对传统政商门阀构成有力制约。当然，这种格局与日本战后的经济格局相关：日本财阀在二战结束后一度受到打压，其势力受到一定程度的限制。日本 GDP 在二战后出现了两个比较明显的稳定增长时期（1951—1969 年，1975—1990 年），在这段时期内，日本社会各个阶层和群体的收入都在提高。经济稳定增长与小资产阶级的话语权增加几乎是同步的过程：在 1989 年的第 15 届日本参议院选举中，社会党取得历史性的胜利，改选部分取得的议席倍增，导致自民党首次失去参议院的过半席次。

可是 20 世纪 90 年代中期以后，日本经济发展陷入停滞，使得日

---

① 维基百科：https://ja.m.wikipedia.org/wiki/安保闘争。

本社会各阶级的力量对比产生变化。在经济下行的大环境下，财阀采取一切可能的手段优先保护自身利益，比如，在税收和劳动法上做点手脚，保证自己的大企业能够稳定盈利。而小资产阶级缺乏实体企业经济实力的支持，在经济下行的大环境下成为"菜板上的鱼肉"。随着越来越多的企业雇员由终身雇佣的正式工沦为合同工，甚至临时工，"一亿总中流"这类口号已经没法再提了。在这种历史背景下，小资产阶级的话语权逐渐下降实属意料之中。1996 年日本社会党走向瓦解，原先的许多支持者转投民主党等多方势力。日本社会党蜕变产生的社会民主党，现在的影响力还不到日共的零头（日共的《赤旗报》好歹还有高达 120 万的订阅量），在 2017 年 10 月的众议院选举中仅获 2 席，沦为议会中最小的政党。

　　小资产阶级在日本政坛已丧失大部分影响力，而在日本经济环境中的处境也非常不妙。有个调查数据很能说明问题：日本人力资源服务公司 Randstad 在世界 33 个国家和地区进行了劳动者意识调查，结果显示有 66.9% 的日本人表示没有创业意愿，在 33 个国家和地区中位列最后一名。回答"想在新兴企业工作"的日本人为 32.1%，仅为世界平均水平的约 60%[①]。为什么日本人缺乏创业意愿呢？这还真得从经济环境上找原因。日本的综合性财阀同时控制金融业和制造业，与政府的关系极其密切，接受政府的扶植和保护。财阀派出得力人员参与政府金融部门的管理，或者吸收政府官僚加入垄断集团要害部门的运营，乃是一种常态。在这种社会环境下，肥水往哪里流简直一目了然——支撑一个独立于财阀之外的大型企业尚且不易，做创业企业就更困难了。所以，日本虽然属于高度发达的经济体，但是从未培养出像美国旧金山湾区、波士顿这样的科技创业中心。

　　经济基础决定上层建筑，日本政坛走向保守，恰恰因为日本的经济格局走向保守乃至封闭。就整体而言，日本社会的阶层流动性很

---

① 薛宇飞：《调查显示日本人最不愿意创业　创业率仅为4%》，2017 年 6 月 19 日，参考消息网（http://www.chinanews.com/jingwei/06 - 19/49145.shtml）。

差。日本政商两界有影响力的大家族，早在旧日本帝国时期甚至明治维新时期就已形成势力。

在政界，日本前首相、现任副首相麻生太郎是个典型的例子：麻生太郎出身名流，母系祖辈中高官辈出，父系则是著名财阀，并与皇室联姻①。母系的高祖父是"明治维新三杰"之一的大久保利通；外曾祖父牧野伸显为大久保利通次子，官至外务大臣、宫内大臣、内大臣；外祖父吉田茂是牧野伸显的女婿，二战后曾五次担任日本首相。而父系的麻生家族是九州著名的地方财阀，以采矿业起家；曾祖父麻生太吉被称为"煤炭大王"，后以多额纳税人资格当选贵族院议员；祖父亦名麻生太郎，早逝；父亲麻生太贺吉继承祖业，二战期间曾强征数万名中国、英国、荷兰等战俘进行生产，赚取超额利润，战后出任财界重镇九州电力会长、日本煤炭协会会长等。就凭胎投得比较有水平，麻生太郎要钱有钱、要人脉有人脉，尽管政治才能平庸，却得以在自民党内呼风唤雨。就连身为首相的安倍晋三也得让着他几分，把他作为重点拉拢和团结的对象。

在商界，以三井、住友、三菱、安田四大商社为代表的财阀，早在 19 世纪末就已成型。由于日本财阀在第二次世界大战中为日本政府提供武器及经济后援，联合国驻日盟军司令部将财阀视为"促成战争的经济基盘"实行财阀解体政策。但这些财阀在战后仍以企业集团的形态再度集结，其集团经营的事业至今掌握着日本大多数的经济市场②。

从普通日本人的视角来看，这可真是一个令人绝望的社会。说得通俗一些，如果你的太太爷爷当年没有发迹，那么你现在可能连努力的机会都没有。对于绝大多数普通日本人而言，个人努力能够企及的上限是医生、律师、教授或者企业中层管理人员。相比之下，中国的社会阶层流动要比日本活跃得多，例如，中国科技大学前校长侯建国

---

① 维基百科：https://zh. m. wikipedia. org/zh-cn/麻生太郎。

② 维基百科：https://zh. m. wikipedia. org/zh-cn/财阀。

（现任十九届中央委员）、华润集团董事长傅育宁、中国商飞董事长金壮龙等高级干部，都是在没有家族背景的前提下，通过自身工作业绩取得成就，这在当今的日本恰恰很难实现。说到这里，也就不难理解许多日本年轻人为何会沦为毫无朝气和进取心的"平成死宅"——他们觉得努力也没用，一生难翻盘，索性看破红尘，直接拥抱电子游戏和充气娃娃去了。

日本政坛未来的走向会是什么样呢？经济基础决定上层建筑，我们还是要在日本经济中寻找答案。马克思主义是分析和认识人类社会最有力的工具。倘若抛开经济基础和阶级分析去谈国际关系，往往不得要领，甚至会得出错误的结论。在日本经济长期停滞的大环境下，小资产阶级的势力已趋于瓦解，社会民主党还能存活多久都很难说；顽强战斗的日共气节可嘉，但在缺乏经济力量支持的情况下难以挑战自民党；立宪民主党、希望之党等保守派反对党的主要领导人，说穿了都是跳出来单干的前自民党高层干部，很难说政治立场与自民党能有多大差别；自民党凭借财阀支持，并利用在野党的不团结，能够在相当长的一段时间内稳定执政，形成"1955 年体制"之后的另一种稳态——姑且称为"日本新常态"。

然而，与缔造战后日本经济腾飞的"1955 年体制"不同，"日本新常态"的突出特点是颓废与保守：政客与财阀结合得愈发紧密，所有政策的出发点都是优先保障既得利益者。日本很难出台有利于国家长远发展的战略规划，因为任何触碰既得利益者奶酪的提议都会被否决，不会转化为社会政策。所以今后的日本政坛将充斥"空喊改革、而无实质性改革"的烂戏。从 2008 年起，日本的人均收入一直在缓慢下降；与此同时，财阀们的吃相越来越难看，以致临时工在就业人口中的所占比例越来越高。毫不夸张地说，日本劳动人民的未来是非常悲惨的，剥削加剧与少子化的作用相叠加，使得日本年轻人的生活水平很难超越父母一辈。

"日本新常态"下的自民党虽然长期执政，但是对于改善人民生活水平毫无建树。在这种情况下，自民党政客总要想出些点子来拉拢选民。于是，依靠煽动民族主义情绪、走民粹路线来唱戏，便成为一种廉价路线。戏码倒也简单：自民党政客会不时跟中国搞点小摩擦，然后向日本国民宣传"中国威胁论"，将自己粉饰为捍卫日本尊严的"硬汉"。在"日本新常态"下，就不应该对中日关系抱有任何幻想。中国要做的就是排除外部干扰，以最快的速度增强综合国力。"日本新常态"会将日本引入漫长而痛苦的沉沦，只要中国埋头发展、妥善解决国内主要矛盾，就会在不久的将来，在综合国力上形成对日本的压倒性优势，到了那个时候，中国就会掌握中日关系的主动权。

印度的经济特区有戏吗？

徐实　秦博

2017 年，印度政府智库 NITI Aayog 提出 3 年行动计划并由印度财政部发表，建议在印度东、西岸仿效中国，设置大型经济特区，发展制造等产业，让印度实现成功转型。

这个 NITI Aayog 其实颇有来头：它的全称是"改造印度国家研究院"（National Institution for Transforming India），是莫迪政府于 2015 年成立的官方智库，总理莫迪（Narendra Modi）亲自兼任智库主席。智库管理委员会的成员包括印度各邦首席部长及级别相似的高级官员[①]。采取"单位成员制"，按照行政职务产生相应的任职资格，未必有利于智库产生高水平的成果。但不管怎么说，莫迪政府对该智库寄予厚望，希望它能够取代从前印度国家计划委员会的职能。也就是说，NITI Aayog 否定了印度国家计划委员会"自上而下"的经济调控职能，而希望在联邦制的印度建立"自下而上"的联邦主体协作。

这个 3 年行动计划是"改造印度国家研究院"近期的研究报告，大致包括以下内容：

有必要"复制"中国于沿海地区设立的大型经济特区，在印度东、西两岸设立两个就业区域。

---

① Goverment estableshes NITI Aayog（National Institution for Transforming India）to replace Planning Commission；(www. planning commission. gov. in/press – release. pdf.).

"印度制造"要取得成功，就要像中国和一些其他国家那样，为全球市场生产产品，为此，印度产品须具有竞争力。

建议印度政府发展软实力，设立类似中国孔子学院、法国文化协会和德国歌德学院的文化中心。

该报告还认为，中国工资水平的提高为印度创造了机会，许多在中国设厂的跨国公司，尤其是劳动力密集型工业的竞争力正在下降，并正在寻找替代的低薪生产地点。报告认为，印度应该成为这些企业的"当然"选择①。

印度是一个人口众多、资源禀赋比较丰富的国家，从长期来看确实有可能对中国构成竞争。前段时间的洞朗对峙，就昭示出印度对中国国家安全构成的威胁。因此中国确实有必要提高对印度的重视程度，密切观察其国内动向。那么，"改造印度国家研究院"的3年行动计划会收到多大成效？印度能否成功打造东、西两岸的经济特区？

说到这里，我们有必要回顾一下我国改革开放之初的历史，谈谈经济特区的意义。1980年5月设立的深圳、珠海、汕头、厦门这些经济特区，其意义主要是试验市场经济模式在中国的可行性。在中国其他地区当时都实行苏联式计划经济的历史背景下，经济特区作为"试验田"的意义便凸显了出来——市场经济模式如果能试验成功，便可以有序地向其他地方推广；如果试验失败，大不了取消经济特区，这样的损失处于可控的范围之内。所幸的是，经济特区的试验成功了。由于首批经济特区在发展中收效明显、积累了有益的经验，我国于1984年5月将大连、秦皇岛、天津、烟台、青岛、连云港、南通、上海、宁波、温州、福州、广州、湛江、北海等14个城市定为沿海开放城市；此后又将长江三角洲、珠江三角洲和闽南厦漳泉三角地区以及辽东半岛、胶东半岛开辟为沿海经济开放区。设立沿海开放

---

① DK Singh, "67 references to China reveal inspiration of Niti Aayog's 3-year action plan", 2017. 08. 28, Hindustan Times（http：//m. hindustantimes. com/india-news/67-references-to-china-and-chinese-betray-inspiration-of-niti-aayog-s-three-year-action-plan/story-qL03ROy5u9HojE8KHv0IIM_amp. html）.

城市和沿海经济开放区的目的是鼓励对外经济合作和技术交流，手段是给予外商优惠待遇。随着改革开放的进一步深入，经济特区和沿海开放城市的成功经验被推向全国，"经济特区"和"沿海经济开放区"的概念自然就淡化了。中国这种先试点、再推广的政策实验方法是比较科学的，始终保证风险可控。反观苏联的戈尔巴乔夫，上台伊始就大刀阔斧地推行未经科学论证、赌上国运的改革，最后葬送了整个国家，这是何等的愚蠢！经济特区的最大贡献，在于为中国探索出了可操作的市场经济改革道路，这种价值远远超过"神话般地崛起座座城"。

经济特区的历史地位涉及两方面问题：

第一，设立经济特区是用来试验什么的？

第二，通过试验获得的经验能不能推广？具体怎么推广？

在中国的改革开放中，这两方面问题很容易回答。经济特区的试验内容是通过吸引外部直接投资带动就业，大量吸收农村剩余劳动力，发展劳动力密集型产业——这是经济特区在20世纪八九十年代一直在做的事情。经济特区的经验推广也相对容易，先让沿海开放城市复制一些经济特区的政策优惠，再将这些政策优惠扩大到沿海地区的规模，直至中国加入世贸组织、外企获得国民待遇。

印度要想"复制"中国的经济特区，同样需要回答以上两方面问题，这对印度而言未必轻巧。

如果印度现在想大力发展劳动密集型产业，时机并不算特别好。中国经济特区起步的时候，恰逢国内农村人口和城市人口同步增收、巨大的消费潜能被释放出来。1983—1991年，西方发达国家经济的年均增长速度约为3.2%①，还算处于相对稳定的增长周期中。所以，中国经济特区赶上了内需和外需都比较旺盛的历史机遇，只要能做出合格的产品必然不愁销路。与上述情况相比，印度现在所处的时机显

---

① 世界当代经济史：《80年代以来缓慢而不稳定的经济增长及其调整》（http：//m.mzhu8.com/modules/article/wapreader.php？aid=383&cid=100732）。

然不算特别理想：西方发达国家普遍处于经济停滞之中，消费增长乏力。全球居民消费总额最近两年竟然出现了下降（如图 11 所示）。这显然不是对于发展外向型经济非常有利的外部环境。

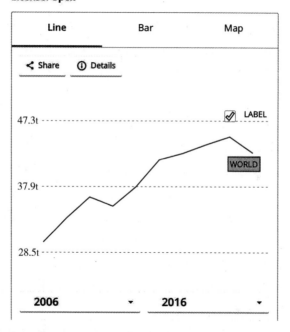

图 11 **依照世界银行的数据，全球家庭消费总额在最近几年出现下滑。由此可见世界经济下行压力有多大。**

而且印度很可能高估了劳动力密集型产业转移能够带来的"红利"。首先，中国国内尚存在地域发展不平衡，一部分劳动力密集型产业可以由沿海发达地区向内陆欠发达地区转移。例如，富士康于2010 年在河南投资建厂，已创造了几十万就业机会。其次，即使某些利润空间有限的劳动力密集型产业从中国转移到劳动力成本更低的国家，为什么一定要转移到印度呢？笔者在美国 Ralph Lauren、Calvin Klein 等著名品牌的专卖店里，经常能够买到由越南、印尼、巴基斯坦、孟加拉国这几个发展中国家生产的服装，而印度生产的物件反而少之又少。这种现象其实说明以下几点问题：

第一，劳动力成本与印度有可比性、甚至比印度更低的发展中国家有很多。

第二，这些国家早已布局以劳动力密集型产业为基础的外向型经济。

第三，印度与这些国家相比并无明显的制度优势，印度的用工机制显然颇有问题。一方面，即使正式职工玩忽职守，也很难以正当理由将其解聘；另一方面，全国 85% 左右的劳动用工属于无劳动合同、无任何保障的"临时工"。

第四，巴基斯坦是世界第 4 大棉花产地（前 3 名是中国、印度和美国），纺织业是该国重要经济支柱之一[1]。孟加拉国是世界上仅次于印度的第 2 大黄麻生产国，也是世界上最大的黄麻出口国[2]。论橡胶产量，泰国、印尼、马来西亚的产量加一起，差不多是印度的 8 倍[3]。印度在劳动力密集型产业上的竞争对手，在原材料方面不乏优势。

所以，印度最好别指望中国的产业升级会造成"天上掉馅饼"的好事，还是先想想怎么和南亚、东南亚国家竞争比较好，况且这些竞争对手的生意早已做得红红火火。

假设印度政府真能拿出当年中国政府建设深圳那股劲头，成功地吸引外来投资、建成了经济特区，那么接下来还要面临如何在全国推

---

① 杨子山：《巴基斯坦棉花生产——2014 年 ICAC 第 73 次大会报告（节选）》，《中国棉花》2015 年第 10 期。

② 黄循精：《马来西亚、泰国和印尼联手促进天然橡胶提价》，《世界热带农业信息》2001 年第 7 期。

③ 《黄麻让孟加拉成为仅次于中国的服装出口国》，《纺织科技进展》2017 年第 10 期。

广经济特区经验的问题。

经济特区办得再好，也就是巴掌大点的地方。如前文所述，经济特区的主要意义不是把巴掌大的地方打造得遍地黄金，而是作为"试验田"带动全国的经济发展。说到推广经济特区的经验，中国有着得天独厚的制度优势：中国自秦朝以来一直是单一制国家，有着统一的行政体系、法律体系和国内市场。中央政府觉得特区的哪些经验好，直接让地方政府执行相似或相同的政策便是。历史上的沿海经济开放区也确实继经济特区之后大放异彩——长江三角洲、珠江三角洲、厦漳泉三角以及辽东半岛、胶东半岛，在中国经济的大格局中已处于支柱地位。

放在印度，事情却没有这么简单。印度的一级行政区包括 28 个邦（中国不承认印度在中国藏南领土上成立的所谓"阿鲁纳恰尔邦"）、6 个联邦属地及德里国家首都辖区。每一个邦都有各自的民选政府，首都辖区与邦处于相同的地位，而联邦属地由中央政府直接管辖①。每个邦都有议会和立法权。依照《印度宪法》第 7 附表，各邦对表 B 列举的各项事务拥有完全立法权②，包括农业、土地、水利、交通、矿产、文化产业，以及与土地、电力、房地产、运输相关的税收，等等。各邦对表 C 列举的各项事务与联邦分享立法权，包括劳动关系、电力、重要原材料的生产与分配、食品和药物监督管理，等等。

由此可见，与发展劳动力密集型产业相关的诸多生产要素，大都处于各邦立法权限之内。假如要推广经济特区的经验，印度的联邦政府得挨个和各邦商量，让各邦议会逐个、逐条修改法律，并且建议各邦政府制订与联邦政府的精神配套的政策。而且，联邦政府推行改革只能与各邦和颜悦色地商量，因为联邦政府并不是邦政府的上级领导，无权要求各邦政府和议会与之保持一致。"联邦主体协作"说起

---

① 孙彩虹：《印度行政区划与层级现状、分析及启示》，《东南亚南亚研究》2013 年第 2 期。

② 《印度宪法》，郭登昊译，世界知识出版社 1951 年版。

来好听，在操作层面上却面临本位主义导致的大量扯皮，以至于印度至今都无法形成商品、资本和劳动力高度自由流通的国内市场。可以想象，即便印度的经济特区真的取得了某些成效，印度的联邦制度也会使得在全国范围内推行制度改革极为困难，岂是"3年行动计划"就能够搞定的？

至于"改造印度国家研究院"鼓吹的"输出软实力"，大家听听就好，不必当真。现代印度文化，往好听了说也就是殖民文化的延续，有什么值得输出的？数不尽的怪力乱神，数不清的种姓，各社会群体间没完没了的隐性歧视，还是留给13亿印度人自己吧！你们好好追求"来世的幸福"，我们抓紧时间建设社会主义现代化的国家，各得其所不是挺好吗？

对于印度，不应低估，也不可高估。一方面，我们要正视印度的实力增长，在经济、国防、外交等领域预先设防，不能让印度在未来对中国构成战略上的威胁；另一方面，我们也不能把舆论场上某些"印吹"的肉麻吹捧当真，什么"印度民主制度对中国有体制优势""印度光靠人口红利就能压倒中国""印度文化比中国文化更有利于社会稳定"，深究起来都荒诞不经，大家当笑话听听就好了。